APPROCHER LES AUTRES,
EST-CE SI DIFFICILE ?

Catalogage avant publication de Bibliothèque et Archives Canada

Nazare-Aga, Isabelle

Approcher les autres, est-ce si difficile?

1. Communication interpersonnelle. 2. Relations humaines. 3. Timidité.
4. Phobies sociales. 5. Confiance en soi. I. Titre.

BF637.C45N39 2004   158.2   C2004-941530-1

DISTRIBUTEURS EXCLUSIFS:

• Pour le Canada
  et les États-Unis:
  MESSAGERIES ADP*
  955, rue Amherst
  Montréal, Québec
  H2L 3K4
  Tél.: (514) 523-1182
  Télécopieur: (514) 939-0406
  * Filiale de Sogides ltée

• Pour la France et les autres pays:
  INTERFORUM
  Immeuble Paryseine, 3, Allée de la Seine
  94854 Ivry Cedex
  Tél.: 01 49 59 11 89/91
  Télécopieur: 01 49 59 11 96
  Commandes: Tél.: 02 38 32 71 00
                  Télécopieur: 02 38 32 71 28

• Pour la Suisse:
  INTERFORUM SUISSE
  Case postale 69 - 1701 Fribourg - Suisse
  Tél.: (41-26) 460-80-60
  Télécopieur: (41-26) 460-80-68
  Internet: www.havas.ch
  Email: office@havas.ch
  DISTRIBUTION: OLF SA
  Z.I. 3, Corminbœuf
  Case postale 1061
  CH-1701 FRIBOURG
  Commandes: Tél.: (41-26) 467-53-33
                  Télécopieur: (41-26) 467-54-66
                  Email: commande@ofl.ch

• Pour la Belgique et le Luxembourg:
  INTERFORUM BENELUX
  Boulevard de l'Europe 117
  B-1301 Wavre
  Tél.: (010) 42-03-20
  Télécopieur: (010) 41-20-24
  http://www.vups.be
  Email: info@vups.be

Pour en savoir davantage sur nos publications,
visitez notre site: **www.edhomme.com**
Autres sites à visiter: www.edjour.com • www.edtypo.com
www.edvlb.com • www.edhexagone.com • www.edutilis.com

Gouvernement du Québec – Programme de crédit
d'impôt pour l'édition de livres – Gestion SODEC –
www.sodec.gouv.qc.ca

Dépôt légal: 4e trimestre 2004
Bibliothèque nationale du Québec

ISBN 2-7619-1987-4

L'Éditeur bénéficie du soutien de la Société de
développement des entreprises culturelles du Québec
pour son programme d'édition.

Nous reconnaissons l'aide financière du
gouvernement du Canada par l'entremise du
Programme d'aide au développement de l'industrie
de l'édition (PADIÉ) pour nos activités d'édition.

ISABELLE NAZARE-AGA

APPROCHER LES AUTRES, EST-CE SI DIFFICILE ?

LES ÉDITIONS DE L'HOMME

L'auteur du présent ouvrage organise en Europe et au Québec des séminaires d'entraînement à l'affirmation de soi et, plus particulièrement, le séminaire intitulé *S'affirmer face au manipulateur.* Veuillez vous adresser à :

Mme Isabelle NAZARE-AGA
28, rue Félicien David
75016 Paris
France

Téléphone : (33) 01-40-50-60-40
Télécopieur : (33) 01-46-47-68-43
Courriel : isanazare@aol.com

Remerciements

En premier lieu, je dois faire honneur au courage et à la confiance que m'ont accordée mes patients pour me livrer, sans ombre, le reflet de leurs pensées et de leurs émotions. Je suis profondément heureuse de contribuer à améliorer la qualité de vie de nombreux anxieux sociaux. Je ne voudrais pas les remercier d'être dans la difficulté, mais signaler à l'occasion de la publication de cet ouvrage qu'accompagner mes semblables sur des voies nouvelles dénuées de souffrances donne un vrai sens à ma vie…

Mes amis et copains sont indispensables à mon équilibre et chacun se reconnaîtra. Je les remercie d'être tout simplement ce qu'ils sont ainsi que de leur présence et de leur soutien sous quelque forme qu'ils soient.

Je remercie chaleureusement l'équipe des Éditions de l'Homme en France et au Québec pour toute l'attention portée à mes projets et je dirais même… à ma vie. Vous êtes tous formidables !

Enfin, je suis reconnaissante à Nicole Raymond d'avoir su respecter mon rythme et le style qui m'est propre, lors de la révision de mon manuscrit. De plus, vous m'avez appris en grammaire des règles que j'ignorais ainsi que des astuces d'informatique fort utiles !

Merci à tous, par votre présence, de me permettre d'évoluer…

Ce n'est pas parce que c'est difficile que nous n'osons pas ;
c'est parce que nous n'osons pas que c'est difficile !

SÉNÈQUE

Introduction

Il y a quelques années, je discutais avec Jean-Paul, libraire à Châteauneuf près du Lac, dans le sud de la France. Celui-ci s'étonnait de l'ampleur récente de la publication d'ouvrages de développement personnel qui livraient des « recettes ». Il estimait la démarche infantilisante car, selon lui, les suggestions qu'on y trouvait relevaient de l'évidence. Or, visiblement, Jean-Paul est un homme bien dans sa peau aux contacts faciles. Discuter avec des inconnus, organiser des regroupements d'individus et s'affirmer dans la vie ne lui ont jamais posé de problèmes. Peut-être n'avait-il pas relevé que beaucoup de gens vivaient l'inverse et qu'ils en souffraient secrètement. Tout comme Jean-Paul, j'ai eu la chance d'avoir profité d'une éducation encourageant la confiance personnelle, le respect de soi et la libre expression des besoins, des refus, des opinions et des sentiments. Mais je sais que la vie est tout autre quand cette base ne nous a pas été offerte au départ…

En effet, combien d'entre nous n'ont pas bénéficié des facteurs environnementaux et de modèles familiaux propices à faciliter la relation aux autres ? Le chiffre de l'anxiété sociale est impressionnant. Pas moins de 40 % de la population canadienne et américaine et de 58 % de la population française souffre d'anxiété sociale ! En tant que thérapeute spécialisée dans le traitement des troubles d'affirmation de soi et d'estime de soi, je réalise malheureusement l'exactitude de ces chiffres.

Fort heureusement, tout adulte a le potentiel de se détourner de la voie tracée au départ, à condition de changer certains modèles internes (façons de penser) et certains modèles comportementaux générant anxiété et échecs répétés. Cendrillon n'a-t-elle pas transformé sa vie lorsqu'elle a cessé de rester soumise et obéissante à sa méchante belle-mère? À la vue des résultats obtenus après une thérapie d'affirmation et d'estime de soi, je suis très optimiste. C'est ma première motivation à partager ces approches à travers ce livre.

De plus en plus de femmes et d'hommes entre 17 et 70 ans recherchent des traitements efficaces pour contrer ce qu'ils appellent «un véritable handicap dans leur vie». Ils affirment aimer les gens mais ne pas se sentir capables de le montrer avec simplicité. Ils disent, par exemple, manquer de conversation, mal s'intégrer dans les groupes ou ne pas maintenir des liens d'amitié authentiques et variés… Comment leur redonner goût à l'expression de signes extérieurs de richesses intérieures?

L'approche comportementale et cognitive a prouvé son efficacité dans ce domaine depuis longtemps. Elle aborde aussi bien le savoir-faire que l'analyse des obstacles secrets à l'expression de soi. Malheureusement, le traitement en affirmation de soi n'est pas la spécialité de chaque comportementaliste cognitiviste. Nous manquons sérieusement de spécialistes et certaines régions de notre pays n'en comportent aucun. Ce constat crée ma deuxième motivation à écrire cet ouvrage. J'ai tenté d'y détailler une partie du programme d'affirmation de soi et d'estime de soi que j'applique depuis de nombreuses années et que je continue de faire évoluer à travers mes groupes de thérapie. Vous pouvez donc considérer ce livre comme un manuel. Ainsi, les personnes qui vivent dans des régions isolées peuvent, en quelque sorte, se faire accompagner si elles veulent procéder à des changements afin d'aller plus facilement vers les autres.

J'ai structuré ce livre en quatre parties et autour des histoires vécues de personnages que nous retrouverons régulièrement (Marie, Claire, Marc et Clément).

La première partie traite des obstacles et des moyens concrets pour prendre enfin sa place parmi les autres. Comment s'adresser à une personne non familière sans être ridicule. Comment cette habileté en sous-tend une autre : celle de s'intégrer rapidement dans un groupe, déjà constitué ou non.

Du savoir-faire démontré dans la première partie et de l'élimination de convictions irrationnelles découle la possibilité d'entrer plus authentiquement en relation et de se créer des amitiés, thème de la deuxième partie.

Une bonne estime de soi, comprenant la perception de ses aspects positifs (vision de soi), l'acceptation et le respect de soi (amour de soi) ainsi que la confiance en soi, est la condition *sine qua non* d'une durabilité des changements. Cette troisième partie est composée d'explications claires des éléments constitutifs de l'estime de soi, d'évaluations du niveau actuel de celle-ci chez le lecteur et de consignes cognitives et comportementales en vue de l'améliorer.

Enfin, la quatrième partie, traitant du sentiment de solitude, démontre le bénéfice à, d'une part, s'occuper des autres au sein de sa communauté et, d'autre part, s'occuper autrement en solo. Il s'agit, là aussi, d'un programme d'entraînement.

Le contenu des pages suivantes donne plus la priorité aux stratégies de changements que le lecteur peut mettre en œuvre en appliquant les tâches qu'aux longues explications théoriques. C'est tout à fait volontaire. Ces dernières font l'objet d'ouvrages retenus dans la bibliographie, utiles à consulter pour un complément de connaissances.

Toute évolution relève de changements. Ceux-ci demandent souvent un effort conscient. L'automatisme adéquat n'arrive qu'en un second temps. Mais ne nous méprenons pas : cela peut survenir très vite ; et ce changement n'est pas « uniquement superficiel et temporaire », comme le souligne un certain courant. En thérapie, quelques mois suffisent souvent pour apporter le changement, grâce à la pratique active de démarches mentales et comportementales pourtant nouvelles. L'effort requis n'est pas synonyme de douleur. Bien au contraire. Les conséquences positives sont très rapides, parfois même immédiates. Ainsi, elles déclenchent du soulagement, diminuent l'anxiété et créent l'enthousiasme et la fierté d'avoir réussi à faire un pas. Une nouvelle énergie s'installe alors et donne l'envie de recommencer puis d'aller plus loin. Si, jusqu'à présent, aller plus loin vers les autres représente un domaine inconnu et anxiogène pour vous, considérez ce manuel comme une carte géographique. Vous ne vous perdrez pas !

Première partie

Prendre sa place parmi les autres

CHAPITRE 1

Qu'est-ce que l'anxiété sociale ?

En groupe de plus de trois personnes (réunions, dîners, apéritifs, cocktails, grandes soirées, formations, etc.), *faites-vous partie de ceux qui participent spontanément à la conversation ou restez-vous en retrait ?*

Engagez-vous facilement le dialogue avec une personne inconnue, en groupe ou non ?

Il ne se passe pas une semaine sans que nous soyons en contact avec un groupe de plus de trois personnes à un moment ou un autre. De la garderie à l'école, du monde social à celui du travail, nous sommes exposés à jouer et à travailler ensemble. Pourtant, de nombreux adultes persistent dans leur malaise à être parmi les autres… à ne pas oser sortir de leur coquille !

Or, *la place de chacun* d'entre nous est véritablement *d'être parmi les autres.* L'homme est essentiellement social. Il est génétiquement programmé pour vivre avec ses congénères. Tout comme les abeilles et de nombreuses autres espèces animales. Mais l'humain est un animal complexe et passionnant à comprendre.

Si l'on n'y prend pas garde, on pourrait conclure que l'exposition régulière aux groupes n'engendre pas une accoutumance et une adaptation systématique pour tous. C'est en partie vrai. Mais, d'un autre côté, le manque de contacts avec différents groupes sociaux depuis notre enfance aura une nette répercussion sur notre bien-être dans ces circonstances. On a constaté que les vrais *phobiques sociaux* (2 à 4 % de la population) ont très souvent grandi chez des parents qui n'invitaient aucune nouvelle personne à leur domicile. Seuls quelques membres de la famille et éventuellement un couple d'amis de longue date avaient le rare privilège de passer quelques heures autour de leur table.

Si, à la première question, vous avez répondu «En groupe, je reste en retrait et j'observe assez longtemps sans intervenir» et si, à la deuxième question concernant l'abord d'un inconnu, vous avez répondu «jamais», «non» ou «rarement», il y a de fortes chances que vous vous reconnaissiez dans l'un des groupes suivants (finalement, vous faites bien partie d'un groupe!):

- les phobiques sociaux;
- les personnalités évitantes;
- les timides.

À l'exception du terme «timide», ces concepts sont encore peu connus du grand public. En effet, de nombreuses études en psychologie et en psychiatrie ont pu déceler des degrés dans ce que les professionnels appellent *l'anxiété sociale*. Celle-ci relève d'une peur des autres et de leurs réactions ou encore d'un malaise particulier envers ceux qui représentent une menace émotionnelle, par exemple les étrangers, les figures d'autorité ou les personnes du sexe opposé. Il est donc fort possible que chacun ait expérimenté ce sentiment au moins une fois dans sa vie (80% des gens, d'après des études faites aux États-Unis, sachant que 7% d'Américains affirment n'avoir jamais été timides de leur vie[1]). Malgré un cœur qui bat plus fort, un léger rougissement ou tremblement, une respiration quelque peu entravée, le «non-timide» supporte ces désagréments passagers pour considérer davantage l'aspect positif de la situation. En revanche, les anxieux sociaux ont tendance à trop se concentrer sur ces symptômes physiques. De fait, ils n'attendent pas de se trouver dans ces situations embarrassantes pour éprouver les symptômes à l'avance et préfèrent renoncer, convaincus de courir à la catastrophe. On peut donc se sentir ridicule ou anxieux lorsqu'on

---

1. Études réalisées sur 5000 sujets en 1977 par P. Zimbardo, Université de Stanford, Californie.

est seul, rien qu'à l'idée d'avoir commis un faux pas ou d'avoir à rencontrer certaines personnes. C'est ce qu'on appelle *l'anticipation anxieuse.* Celle-ci peut d'ailleurs déjà commencer dans l'enfance ou l'adolescence…

Contrairement aux autres phobies (des ascenseurs, de l'eau, des oiseaux,…) où le scénario catastrophe ne se produit pas (exemple : suffoquer et mourir dans un ascenseur), l'anticipation anxieuse des phobies sociales peut être renforcée par le fait que l'exposition aux situations sociales anxiogènes apporte effectivement son lot de symptômes. Si la personne redoute de trembler, de rougir, de mal s'exprimer, d'être crispée, d'être maladroite, cela a de fortes chances de se produire si elle se confronte, *sans préparation spécifique,* à la situation sociale.

L'intense anxiété passagère que peut ressentir à peu près 73 % de la population adulte[2] lors de la prise de parole *face* à un public, est une *anxiété de performance* reconnue sous le terme de « trac ». Le trac s'associe à de fortes manifestations somatiques comme l'augmentation excessive du rythme cardiaque liée à la sécrétion d'adrénaline et de noradrénaline. C'est aussi une anxiété sociale, mais particulière dans le sens où le stress est limité dans le temps, se produisant le plus souvent juste avant la situation anxiogène. On ne parle pas de « trac » lorsque l'on évoque un mal-être plus généralisé *parmi* les autres (et non *face* à un auditoire ou à un jury), où aucune performance à fournir n'est en jeu.

Mes propos, tout au long de ce livre, ne concernent donc pas ceux d'entre nous qui sont soumis au trac transitoire. L'anxiété sociale revêt plusieurs degrés de handicaps et nous pouvons dire que les limites entre les uns et les autres ne sont pas encore clairement définies. Les recherches se poursuivent. Cependant, nous pouvons aider le lecteur à mieux comprendre ces nuances de termes par des descriptions simplifiées qui font, par ailleurs, l'objet d'ouvrages entiers[3]. Avant d'expliquer le fonctionnement de troubles répertoriés dont je vais décrire les nuances, je souhaiterais apporter

---

2. *Idem.*
3. C. André et P. Legeron, *La peur des autres. Trac, timidité et phobie sociale,* Paris, Éditions Odile Jacob.

quelques précisions générales sur ce que l'on appelle «la conscience de soi personnelle» et «la conscience de soi publique», puis sur ce qu'on nommait anciennement «le timide manifeste» et «le timide masqué».

➤ La conscience de soi personnelle et publique

Une des caractéristiques de l'ensemble des anxieux sociaux est l'excès d'attention qu'ils se portent à eux-mêmes. Ils passent une grande partie de leur temps, à leur insu parfois, à s'examiner, à s'autoanalyser et à capter leurs signaux corporels et physiques. Pas moins de 85% d'entre eux avouent trop s'interroger sur eux-mêmes. Cette conscience de soi se place sur deux aspects : un aspect personnel et un aspect public.

Dans *la conscience de soi personnelle,* le mental se replie sur lui-même et y ajoute une traduction négative comme «Je suis nul»; «Je ne suis pas à la hauteur»; «Comme je suis bête!» L'analyse obsessionnelle du vécu interne à laquelle se livre l'anxieux social devient une fin en soi et limite fortement l'action. Toute l'énergie passe dans cette évaluation égocentrique. Dans ces circonstances, l'anxieux social peut se convaincre de bien se connaître à cause de sa grande réflexion sur lui-même. Il est très attentif à ses sentiments intimes, s'interroge constamment et s'observe. En bref, il tente sans cesse de s'évaluer.

La conscience de soi publique s'exprime dans la préoccupation qu'un individu a de l'effet qu'il peut produire sur les autres : «Qu'est-ce qu'ils pensent de moi?»; «Ils ne m'aiment pas»; «Je dois leur faire une drôle d'impression»; «Est-ce qu'ils m'aiment?» Ainsi, la personne se préoccupe de sa manière de se présenter, de son image, de sa manière de faire les choses et de ce que les gens pensent d'elle. Elle a généralement une conscience aiguë de son apparence extérieure.

➤ Le «timide manifeste» et le «timide caché»

Les «timides manifestes» se devinent comme tels quand on les observe. Ce n'est pas le cas des «timides cachés» que l'on ne décèle pas facilement.

Les travaux de Paul Pilkonis[4], dans les années 1970, ont porté sur ces deux manifestations de l'anxiété sociale (pas encore appelée *anxiété sociale* à cette époque mais englobée sous le terme de *timidité*).

Les «timides manifestes» redoutent de mal se *comporter* en public. Les «timides cachés», eux, redoutent surtout de *ressentir* des sensations désagréables.

Le «timide manifeste» est angoissé à l'idée d'être maladroit et de ne pas se débrouiller en situation sociale. Il a donc une grande *conscience de soi* dite *publique*. Il entre dans le cercle infernal de la peur du jugement d'autrui qui détermine alors son opinion sur lui-même et donc ses comportements d'inhibition pour ne pas se faire remarquer. Il ne fait pas part de ses sentiments, de ses peurs, de ses incertitudes ni de ses désirs. Il ne peut ni se faire reconnaître par les autres ni se faire aider à cause de son manque de communication. Il ne demande pas conseil aux autres pour résoudre un problème personnel de peur qu'on le juge ignorant, incompétent, idiot, etc. Sa difficulté à agir efficacement devient un obstacle à une réussite professionnelle. D'ailleurs, il est trop introverti pour devenir un chef ou un «leader».

Le timide dit *caché* est *extraverti*! Il sait plaire, se faire accepter et se faire remarquer. Il a donc plus de chances de réussir, surtout s'il est compétent. Nous trouvons un grand nombre de timides cachés chez des artistes célèbres. Ils paraissent parfois arrogants ou dominateurs. Or, ils dépensent une énergie considérable à prévoir des détails pour s'assurer une prestation parfaite. Malgré le succès, le «timide caché» n'est pas souvent satisfait de lui-même. Il surprend beaucoup son environnement lorsqu'il dit soudain: «Je suis un timide.» En effet, cela ne se voit pas. À notre époque, on ne dira pas qu'il est «timide caché» mais anxieux social... caché. Il a des

---

4. P. A. Pilkonis, *Shyness: Public Behavior and Private Experience* (thèse, Université de Stanford, 1976).

amis et sait être en représentation (il chante, raconte des histoires drôles, danse, etc.). Le «timide caché» doute de lui-même et se culpabilise, mais cela ne se voit pas...

➤ Qu'entend-on par «phobique social»?

Si l'on se réfère à la classification américaine des critères diagnostiques du DSM-IV[5], le phobique social ressent une peur persistante et intense d'une ou de plusieurs situations sociales ou de performance durant lesquelles il est en contact avec des gens non familiers ou bien peut être exposé à l'éventuelle observation attentive d'autrui. Il craint de se conduire d'une manière embarrassante ou humiliante (ou de montrer des signes d'anxiété). Le fait de se confronter à la situation sociale redoutée provoque chez lui une réaction *systématique* d'anxiété, qui peut même prendre la forme d'une attaque de panique. Cette peur est excessive et irrationnelle, ce que le phobique social reconnaît parfaitement.

Ainsi, les situations sociales ou de performance redoutées sont évitées. Dans le cas où aucune échappatoire ne se profile, l'anxiété est très intense voire vécue comme une détresse. Contrairement au trac, l'évitement, l'anticipation anxieuse et la détresse dans les situations sociales redoutées interfèrent avec le fonctionnement de *la vie de tous les jours*; cela touche donc le fonctionnement professionnel ou scolaire, les activités et les relations sociales. Remarquons que cette peur ou l'évitement ne sont pas dus aux effets physiologiques directs d'une substance (drogue ou médicament), ni à une maladie mentale ou liée à un autre trouble mental connu.

Les phobiques sociaux sont invalidés par deux choses: leur anxiété intense éveillée par des situations très banales (signer un chèque devant autrui, entrer seul dans un café, appeler un serveur au restaurant...) et les évitements qui les amènent à devenir de fins stratèges pour cacher leur trouble. Affronter le regard d'autrui est quasi insoutenable pour eux. L'anxiété est telle que les manifesta-

---

5. *Mini DSM-IV – Critères diagnostiques,* Traduction française par J.-D. Guelfi *et al.,* Paris, Éditions Masson, 1996.

tions neurovégétatives liées au stress comme rougir, transpirer, trembler ou bégayer deviennent à leur tour objet de la crainte (et si tout le monde le remarquait ?).

Des études datées de 1993 constatent que de 2 à 4 % de la population générale de la plupart des pays est touché par la phobie sociale. Ce pourcentage peut même atteindre 10 % chez les Japonais[6]. Les phobies sociales apparaissent plutôt à l'adolescence.

Dans le but de déceler la présence d'une véritable phobie sociale, des questions concrètes et précises se doivent d'être posées. Outre l'évitement des groupes et des inconnus, évitez-vous d'entrer seul dans un café ? De prendre un repas seul (voire accompagné) dans un restaurant ? De lever le bras pour héler un serveur ? D'appeler ou de répondre au téléphone ? De signer un chèque sous les yeux de quelqu'un ? D'exécuter une tâche et d'être observé ? D'inviter des gens chez vous ? De converser avec quelques commerçants ?... Lorsque la liste s'allonge, la phobie sociale est dite « généralisée ». Autre question significative : êtes-vous *obnubilé* à l'idée de rougir, de trembler, de transpirer ou de bégayer en présence d'autrui ? *Redoutez*-vous que cela se remarque ?

➤ Qu'entend-on par « personnalité évitante » ?

Toujours d'après les critères diagnostiques du DSM-IV, la « personnalité évitante » est un trouble de la personnalité. De son côté, la phobie sociale n'est pas un trouble de la personnalité mais un trouble anxieux. La personnalité évitante est un ensemble envahissant d'inhibitions sociales, de sentiment de ne pas être à la hauteur et d'hypersensibilité à l'évaluation négative, apparaissant au début de l'âge adulte et présent dans des contextes divers, se traduisant par *au moins quatre* des manifestations suivantes :

1. évite les activités professionnelles qui entraînent des contacts importants avec autrui, par peur d'être critiqué, désapprouvé ou rejeté ;

---

6. Études multiculturelles réalisées en 1977 sur la timidité et ses formes diverses par P. Zimbardo, Université de Stanford, Californie.

2. est réticent à s'impliquer avec autrui, à moins d'être certain d'être aimé;
3. restreint ses relations d'intimité par peur de se sentir honteux ou ridicule;
4. craint d'être critiqué ou rejeté en situation sociale;
5. reste réservé lors de nouvelles situations interpersonnelles, car ne se sent pas à la hauteur;
6. se perçoit comme socialement incompétent, sans attrait ou inférieur aux autres;
7. est particulièrement réticent à prendre des risques personnels ou à s'engager dans de nouvelles activités par crainte d'éprouver de l'embarras.

Deuxième comparaison avec la phobie sociale: cette dernière peut être diagnostiquée pendant l'enfance (adolescence) alors qu'on ne s'y risque pas pour la personnalité évitante.

Troisième comparaison: alors que le phobique social est conscient d'un bon nombre de ses handicaps, la personnalité évitante minimise voire *nie* ses problèmes. L'intéressé dit manquer d'intérêt pour les contacts sociaux et les activités qui en impliquent. Il peut prétexter un manque de temps pour cela.

Autre différence: ses compétences sociales et sa communication non verbale sont moins développées que chez les phobiques sociaux.

Les personnalités évitantes n'ont pratiquement aucune tolérance à éprouver des émotions fortes surtout d'anxiété ou de tristesse. Elles se réfugient dans l'isolement et dans des rêveries de succès. Le monde imaginaire prend le pas sur la réalité. Il ne s'agit pas d'agir mais de renoncer et de se protéger en se donnant l'impression que tout se règle comme par miracle. Il se produit une alternance entre l'autodévalorisation et des rêves de succès, de richesse, de bonté et de beauté. Elles passent donc d'un monde médiocre (par conséquence de ce fonctionnement) à un monde fictif extraordinaire. Convaincue par la seule présence de ses rêveries de réussites en tout genre, la personnalité évitante s'arrange finalement pour ne pas se croire si nulle, pauvre, moche, etc.; elle croit à ses chances...

C'est une manière de pouvoir conserver un minimum d'estime personnelle, même si elle ne prend pas ses rêves pour des réalités. Elle envie secrètement le succès des autres et en devient souvent aigre…

L'appréhension de se voir envahie par les collègues de travail, les voisins et autres rencontres est centrale. Elle se dit déçue par les autres pour justifier son isolement. Sa devise : « Pour vivre heureux, vivons cachés. » Elle ne s'entoure donc que de son conjoint et de ses propres enfants. Elle n'a de très rares amis que si elle est certaine d'en être aimée ou appréciée. Le monde des autres représente une sorte de danger. Irrationnelle, la personnalité évitante passe son temps à inventer des prétextes, des mensonges pour justifier ses évitements. Évidemment, elle évite soigneusement les situations de groupes et de rencontres avec des personnes peu familières (« Je suis fatigué(e) » ; « C'est trop loin, il faut que je me lève tôt demain » ; « Je suis malade » ; « Ces gens ne m'intéressent pas »). Comme l'écrivent de façon humoristique les spécialistes des personnalités pathologiques Quentin Debray et Daniel Nollet[7] : « Dans l'écosystème des relations humaines, les personnalités évitantes occupent la niche des êtres furtifs qui ne doivent leur survie qu'à leur invisibilité, tels des guérilleros qui se contenteraient de raids de ravitaillement sans combattre, suivis d'un vif repli vers leur maquis. »

À force de se convaincre à l'aide de fausses raisons, la personnalité évitante se croit déçue par le monde, devient méfiante pour des banalités et se persuade de ne pas avoir « besoin d'eux ». Malheureusement, s'il suffisait d'être persuadé de la véracité de ces nombreux prétextes pour ne pas encourir les conséquences sociales, psychologiques, psychosomatiques et matérielles de la situation, il n'y aurait pas de problèmes. En effet, outre le fait d'être taxée de misanthropie (ce qui n'est pas une qualité, nous en conviendrons), la personnalité évitante est sujette à la prise d'alcool en cachette et à la dépression notamment lors d'une rupture conjugale ou profes-

---

7. Quentin Debray et Daniel Nollet, *Les personnalités pathologiques,* Paris, Éditions Masson, 2001.

sionnelle. Comprenons alors qu'il existe une forte dépendance à deux choses : le travail et la famille nucléaire[8].

Son mode de vie admet peu de changements et elle fait tout pour protéger ses routines. En général, la personnalité évitante entraîne, sans le savoir, sa cellule familiale dans un système similaire. À moins que son conjoint ait compris le niveau d'angoisse de son partenaire et qu'il en vienne aussi à le protéger de toute exposition au monde des autres ?

Ici, c'est la personnalité tout entière qui est touchée. Le mode de pensée, les comportements et les attitudes générales par rapport à la vie sont tous relatifs à la peur des autres. Il s'agit là de la version pathologique de l'anxiété sociale. Sa prévalence est faible parmi les degrés de l'anxiété sociale : entre 0,4 % et 1,3 %[9]. On trouve plus de femmes que d'hommes (53 % à 74 % d'après diverses études) dans cette catégorie.

Compte tenu du déni de ses problèmes, la personnalité évitante ne recherche en général pas de traitement. Dans le rare cas où elle fait appel à un thérapeute, elle a tendance à ne pas persévérer ou à manifester une très grande lenteur dans ses progrès.

➤ Qui sont alors les timides ?

Bien moins grave que la phobie sociale ou la personnalité évitante, la timidité n'est pas une maladie à proprement parler. Elle n'en reste pas moins une entrave retentissante à l'épanouissement personnel et social.

Souvent, on observe le début de la timidité dans l'enfance ou à l'adolescence[10]. Beaucoup de timides se rappellent l'avoir « toujours été ». Des adultes qui observent des enfants trop réservés ont encore la fâcheuse tendance à croire que « cela passe *avec le temps* ».

---

8. Le terme de « famille nucléaire » s'utilise pour désigner le noyau familial, c'est-à-dire les conjoints et leurs enfants.
9. Étude de Zimmerman et Coryell réalisée en 1990 et portant sur 697 sujets.
10. Gisèle Georges et Luis Vera, *La timidité chez l'enfant et l'adolescent,* Paris, Éditions Dunod.

Cette conception est une erreur courante et regrettable. D'une part, parce que c'est rarement vrai. D'autre part, puisque l'enfant est perçu uniquement comme un enfant «sage», on ne s'en soucie pas outre mesure. J'espère que l'information diffusée au plus grand nombre depuis quelque temps dans nos contrées alertera plus tôt des parents davantage conscients.

La timidité n'est pas un simple trac passager. Elle regroupe à la fois un malaise intérieur par rapport à certaines situations sociales et un ensemble de comportements d'inhibition. Elle est durable. Contrairement à ce que d'anciens timides peuvent dire, elle ne disparaît pas avec l'âge. Sous-entendu : plus on vieillit, moins on est timide. Si certains sont devenus effectivement moins timides ou plus timides du tout, c'est qu'ils se sont remis en question de façon efficace.

La personne timide est réservée, inhibée et fuyante malgré son désir de se trouver parmi les autres. Tout comme le phobique social, elle est consciente de son problème. Mais contrairement au phobique social, le timide cesse de fuir une situation sociale précise une fois le premier cap passé. Sa gêne n'est pas aussi intense et ne va pas jusqu'à la panique.

Le timide aime les gens, mais ne le montre pas d'emblée. Il ne participe pas spontanément à la conversation d'un groupe lors d'un apéritif, d'un dîner ou d'une réunion d'association par exemple. Ceci est généré par un facteur important de son inhibition : il ne connaît pas tout le monde ! Il doit d'abord jauger l'ambiance d'un groupe pour s'y sentir ou non rassuré. Il fonctionne comme s'il était un intrus ; comme s'il ne constituait pas un élément de ce groupe au même titre que les autres. De fait, il ne s'inclut pas assez rapidement, voire pas du tout.

Outre la difficulté à prendre la parole en public, la personne timide n'aborde pas l'inconnu à côté d'elle. Elle a de la difficulté à maintenir la conversation, car ses phrases sont courtes et ne comportent pas d'informations d'ordre personnel. Elle redoute très souvent le contact avec une personne du sexe opposé (surtout si elle est attrayante). Elle se positionne systématiquement de manière à satisfaire aux besoins et aux opinions d'autrui. Elle est en difficulté pour exprimer ses demandes, ses refus et ses sentiments. Elle se sent d'emblée inférieure aux autres par son statut ou simplement par sa personnalité.

Pour ne pas se faire remarquer, les timides n'osent pas parler trop fort et donc parfois se font mal entendre (ils se font interrompre dans des discussions animées). Ils regardent moins leurs interlocuteurs dans les yeux[11]. J'ai remarqué qu'au début des rencontres de mes groupes de travail en affirmation de soi et estime de soi, la plupart n'osent pas dire «Bonjour» en arrivant (sauf à moi). Ils ne se regardent pas entre eux et ne se synchronisent pas aux autres. Leur corps et leur visage sont assez figés. Les mouvements des bras et des mains sont quasi absents (réflexe de les croiser, bien souvent) lorsqu'ils prennent la parole. Le vrai sourire spontané est plutôt rare. Tous ces comportements s'améliorent au fur et à mesure des séances en groupe, lorsqu'ils se sentent en confiance. En revanche, ce phénomène d'adaptation est rare chez le phobique social et la personnalité évitante. Ces derniers peuvent rester impassibles dans un groupe familier depuis des mois voire des années!

Le timide apparaît comme une personne douce et gentille. C'est souvent le cas, car le timide cherche avant tout à être apprécié, aimé et approuvé. Pour ce faire, il est très consciencieux à son travail (voire perfectionniste) et cherche à aider ses semblables une fois qu'il les connaît. Cependant, sa peur de prendre des initiatives ne le conduit pas à une ascension professionnelle pourtant méritée, car il est compétent.

Malheureusement, il se fait mal connaître par manque d'aisance pour parler de lui et, ce faisant, se constitue difficilement des réseaux d'amis. Par ailleurs, son comportement distant lors des premiers contacts peut être interprété, à tort, comme une attitude de suffisance et de jugement négatif intériorisé sur les autres personnes en présence. Autrement, il ne génère qu'indifférence après quelques tentatives de certains pour l'inclure dans la dynamique du groupe.

---

11. Normalement, si le sujet parle, il regarde moins son interlocuteur que lorsqu'il écoute (41 % de la durée du contact pour 75 % environ). Si les sujets sont de sexe féminin, les pourcentages sont plus importants que s'ils sont de sexe masculin. Voir Jacques Corraze, *Les communications non verbales,* Paris, PUF.

Certains timides trouvent la force de dépasser leur handicap, qui les contraindrait à se limiter professionnellement ou à subir l'échec. C'est par exemple le cas de nombreux acteurs et comédiens. Comment peut-on être à la fois timide et acteur reconnu et doué ? L'explication est aisée : un acteur ou un comédien *joue* un autre personnage sur les planches. Son art consiste justement à ne pas être lui-même. Il incarne toutes sortes de personnalités et son anxiété se limite à celle de la performance (d'où le trac, avant de monter sur scène). Il n'est pas impliqué personnellement autant qu'on le croit. Lui, le sait. Lorsque certains disent « Il est timide, il lui faut faire du théâtre ! », nous devons réaliser ceci : on peut faire du théâtre et rester timide hors des planches, en société. En revanche, le théâtre est un bon complément à un travail personnel sur notre anxiété sociale, à partir du moment où le professeur n'est pas tyrannique et où il concourt à une meilleure approche de notre corps dans l'espace et en relation.

En dehors de cet exemple, lié au spectacle, des timides sont encouragés à lever certaines de leurs inhibitions à partir du moment où ils sont dans leur rôle professionnel.

La timidité concerne plus de la moitié de la population de certains pays occidentaux : 51 % en France[12] et 40 % aux États-Unis[13] (comme au Canada, semble-t-il). Il y a donc une chance sur deux que ce livre vous concerne personnellement !

➤ L'anxiété sociale en général

Comme nous venons de le voir, l'anxiété sociale peut se manifester selon des degrés divers de gravité. Elle peut cependant se traduire par des attitudes plus discrètes que lorsqu'il y a timidité, trac, vraie phobie sociale ou personnalité évitante. Il existe des anxieux sociaux qui n'éprouvent pas de difficultés à participer spontanément à un groupe ni même à initier des conversations avec des inconnus (parfois, le problème consiste à maintenir ultérieurement

---

12. Sondage IFOP d'avril 1992 pour le magazine *Top Santé*.
13. Études de Zimbardo, Université de Stanford, Californie.

les relations). En revanche, on retrouve chez eux des inhibitions exagérées ou des comportements dits «agressifs» dans des situations de la vie quotidienne dès lors qu'ils doivent s'adresser ou répondre à autrui.

Ces anxieux sociaux ne sont pas des timides dans le vrai sens du terme; ils ont, pour certains, une réticence à demander un service, de l'aide ou à poser une question. Les prétextes sont nombreux. Les plus fréquents sont liés au fait de ne pas vouloir déranger, de vouloir se débrouiller seul, de ne pas passer pour un exploiteur, un incompétent, un ignorant ou autre. Aussi, l'anxieux redoute de souffrir d'un refus, car il l'interprète comme un rejet personnel.

Pour beaucoup, les anxieux sociaux éprouvent de la difficulté à prononcer des refus comme ils aimeraient le faire. Soit ils rendent tous les services qu'on leur demande; soit ils acquiescent sans dire ce qui les gêne et échappent à leur engagement au dernier moment («j'ai oublié»; «je suis grippé», etc.); soit ils refusent en mentant sur leur raison; soit le refus est net et catégorique (agressif); soit encore ils sont dans l'obligation de refuser (rendez-vous pris ailleurs, par exemple) mais se justifient à outrance.

De même, exposer leur gêne ou leurs griefs directement à des copains, à des amis, à des collègues, à des clients, à des voisins ou même à des membres de leur famille, sous forme d'une critique, génère chez eux une forte anxiété. Ainsi, ils gardent le silence. Si la situation perdure, la pression intérieure monte. Soit elle explose soudainement après un long temps de latence sans que personne ne s'y attende (parfois après des années); soit la peur du conflit est telle que de nouveaux prétextes du style «Ce n'est pas si grave. Je peux quand même prendre sur moi!» ou bien «Elle est comme ça. Je n'y peux rien!» viennent à bout du sentiment de frustration (en apparence).

Les anxieux sociaux ont du mal à faire reconnaître leurs droits, le plus souvent par inhibition traduite par des comportements de soumission, des propos teintés de doute («Un petit peu»; «Peut-être que ce serait bien si...»; «Je m'excuse... Excusez-moi... Je ne voudrais pas vous ennuyer avec mes questions...») et d'autres maladresses dont beaucoup n'ont pas conscience. Mais il y a aussi le comportement opposé : celui de provoquer facilement un conflit inutile, un scandale illégitime dans le seul but de pouvoir se faire entendre. Ainsi, certaines personnes agressives dans leurs attitudes et parfois dans leur propos (elles ne sont pas insultantes mais manquent de diplomatie) ne sont pas aussi affirmées qu'on le croit. Elles sont impulsives et décident rapidement pour les autres. Elles compensent souvent leur peur de se faire marcher sur les pieds (par refus d'une tendance antérieure à l'inhibition ?).

Les anxieux sociaux en proie à ces inhibitions ou à ces comportements agressifs, parfois en alternance, ont ce qu'on nomme un trouble d'affirmation de soi.

L'affirmation de soi est comportementale et situationnelle. Elle a trait à l'action de demander, de refuser, de faire une critique, d'exposer son point de vue, ses opinions et ses sentiments selon les besoins qu'engendrent la situation et le contexte. De plus, elle implique le respect d'autrui dans le sens où nous laissons celui-ci exposer également ses demandes, ses besoins, ses opinions, ses sentiments et ses refus. Ce fonctionnement se place sur un plan égalitaire quel que soit le statut des uns et des autres. Le temps de latence entre le besoin, l'idée et son expression en est une composante capitale. *Savoir s'affirmer réclame que le temps de réaction soit court.* Attendre un mois et demi avant de poser une question d'ordre professionnel à un collègue plus ancien ou attendre des mois avant de se manifester auprès d'un voisin qui écoute sa musique trop fort le soir dénonce une inhibition excessive.

La majorité des anxieux sociaux timides ou non, phobiques sociaux ou à la personnalité évitante présentent des troubles d'affirmation de soi. Ce n'est pas toujours le cas avec les personnes touchées par le trac, qui éprouvent une très forte anxiété lors d'une prise de parole en public ou d'une performance sportive, musicale ou théâtrale. Les thérapeutes spécialisés dans l'anxiété sociale ont l'habitude de vérifier le degré des troubles d'affirmation de soi. À cela s'ajoute un constat quant au niveau *d'estime de soi* que présente chacun de ces anxieux sociaux...

CHAPITRE 2

D'où vient l'anxiété sociale ?

➤ La part de l'inné et de l'acquis

Naît-on anxieux social ? Le devient-on ? Et pourquoi ? Plusieurs facteurs semblent répondre à cette question.

L'influence de l'inné

La question de l'inné, c'est-à-dire ce qui existe à la naissance[14], a fait l'objet de plusieurs études. *L'origine biologique* dysfonctionnelle découverte par certains chercheurs semble exister mais ne témoigne pas d'une présence *antérieure* à la phobie sociale. Cependant, on a constaté que de 15 à 20 % des bébés américains observés dès la naissance ont un cerveau limbique (particulièrement l'amygdale de ce « cerveau des émotions ») très réactif à certaines situations. Il s'agirait d'une hypersensibilité aux nouveautés vécues comme des évènements stressants. Les causes en seraient-elles génétiques ou prénatales ? Les études sur les jumeaux monozygotes (nés d'un même œuf) portent à penser que *la phobie sociale* aurait une cause génétique dans 30 à 40 % des cas. Dans le cas où les facteurs génétiques de

---

14. Ce qui existe à la naissance n'est pas nécessairement du domaine génétique.

l'inhibition anxieuse seraient existants, il n'en reste pas moins que la part liée à l'histoire personnelle du sujet et celle liée aux modèles parentaux recouvrent la plus grande partie des origines de l'anxiété sociale.

De plus, certains enfants de deux ans prédisposés à l'inhibition comportementale et à la peur *de la nouveauté* garderaient (toujours selon certaines études) pour les trois quarts les mêmes aspects craintifs à l'âge de huit ans. Or, *cette tendance peut s'inverser* selon des facteurs environnementaux notamment liés au système éducatif et aux modèles familiaux!

Les facteurs culturels, environnementaux et familiaux de l'anxiété sociale me semblent, en tant que praticienne dans ce domaine, beaucoup plus évidents à repérer dans l'histoire de chacun des patients. De plus, les études en démontrent la pertinence.

Le sexe

Le sexe d'un individu influe sur la nature de ses relations aux autres en société. Selon la culture du pays, on trouve quelques différences. Les femmes sont plus timides que les hommes en Inde, en Israël ou au Mexique, par exemple[15]. Dans d'autres contrées comme aux États-Unis, on ne trouve pas de différences. En revanche, le problème atteint surtout les hommes au Japon et à Taïwan (anciennement appelée Formose).

En France, au Québec et ailleurs, malgré un nombre croissant d'hommes venant consulter pour anxiété sociale, les femmes sont nombreuses à vouloir confronter ce handicap. Ceci dit, depuis l'avènement des thérapies ou des stages en développement personnel, nous constatons encore que les individus qui se remettent en question font davantage partie de la gent féminine. Ceci explique cela, mais pas seulement. Le modèle d'éducation encore présent dans de nombreux pays incite les petites filles à rester plus discrètes, voire plus soumises que les petits garçons. Aussi, ce qui était valable pour les générations passées de ce point de vue ne le sera peut-être plus

---

15. Études multiculturelles réalisées en 1977 par P. Zimbardo, Université de Stanford, Californie.

pour les générations futures, du moins dans certaines contrées marquant un net progrès volontariste de rendre les filles aussi affirmées et dégourdies que les garçons…

Les conceptions sociales de chaque culture

Proche de cette notion de différenciation entre l'éducation d'une fille et celle d'un garçon, il en existe une autre du point de vue de *la culture*. Les conceptions sociales de toute une nation peuvent amener un peuple entier à se soumettre à des règles générant la crainte de se montrer tel que l'on voudrait être. Nous avons pu constater cela au cours des longues périodes de tyrannie gouvernementale dans certains pays. Montrer obéissance, faire silence à cause du risque de délation, garder un profil bas face à des injustices sont alors des moyens de survie.

Mais il existe des nations entières, non régies par une tyrannie meurtrière, où la peur du jugement d'autrui accompagne chaque acte de la vie quotidienne (jusqu'à la façon de marcher !). Je pense au Japon, par exemple. De toutes les nations du monde, c'est celle qui comprend le plus d'individus intimidés par presque toutes les situations sociales. De plus, fait étonnant, 20 % d'entre eux se considèrent satisfaits de cet état, y trouvant des avantages. Les règles sociales du Japon, quasi entièrement vouées au maintien du bon ordre collectif, s'établissent selon des normes d'humilité individuelle strictes et généralisées. De plus, le système indique des variations de comportements entre les femmes et les hommes, ainsi qu'entre les individus de statuts différents. La peur du rejet social se trouve au centre de ce type de système. La crainte de ne pas être à la hauteur des attentes de ses semblables ou de ses supérieurs hiérarchiques au travail ne peut qu'entraîner une hypervigilance de tous les instants.

Je me souviens d'une anecdote dont je me suis étonnée à l'époque. Dans le quartier chinois de Singapour, mon mari et moi étions sur le point de croiser un groupe de Japonais sur le bas-côté de la rue sans trottoir. Un véhicule s'approchait de l'arrière du groupe lorsque le dernier Japonais (qui s'avérait être le guide) lança quelques mots. À cet instant précis, ils se resserrèrent par deux sans détourner la tête d'un centimètre pour vérifier l'approche de la voiture. Tous continuaient leur conversation tout en marchant. Ce qui me frappa alors, c'est qu'aucune des 20 personnes n'avait regardé derrière elle ou sur le côté! Je fus tellement intriguée par ce comportement général qu'en rentrant en France, j'en demandai l'interprétation à une amie ayant été mariée à un Japonais et ayant vécu au Japon. Elle m'expliqua qu'en effet, cet homme à l'arrière était sûrement en charge du groupe et que personne ne pouvait douter du bien-fondé de son ordre puisque, nécessairement, il ne pouvait se tromper par une évaluation erronée de la situation. Autrement dit, continua-t-elle, il détient le rôle de responsable et se doit d'être à la hauteur de ce que les Japonais attendent d'un guide, jusqu'à leur assurer de marcher en sécurité dans la rue (mon amie a été guide de Japonais)... Ce sens du devoir *(giri)* fait partie des valeurs japonaises tout comme le contrôle émotionnel qui interdit toute expression personnelle spontanée de l'angoisse ou de la colère. Les Japonais dépensent une énergie formidable à essayer d'éviter le sentiment de honte. Il leur faut attendre patiemment le moment où leur mérite sera reconnu par des supérieurs hiérarchiques sans se mettre en avant d'aucune façon. Attirer l'attention sur soi relève au Japon d'une grande «immaturité» et peut freiner un avancement professionnel. Le groupe exerce un contrôle très puissant sur le plan psychologique. Malgré l'application commune de ces règles et des attitudes consentantes apparentes, les répercussions dans la vie personnelle des Japonais s'avèrent catastrophiques...

A contrario, la Chine communiste (après la révolution culturelle), pourtant centrée sur le groupe, n'écrase pas le potentiel individuel. Nous observons la même chose en Israël. Le succès, la connaissance et le talent de chacun doivent être mis au service de la collectivité et la force du groupe s'en trouve accrue. En revanche, l'action solitaire et égoïste est condamnée. Chacun dispose d'une place dans la société et détient une responsabilité pour contribuer aux objectifs du groupe. En cas d'échec personnel, contrairement au Japon, la responsabilité est rejetée sur les conditions extérieures ou les influences sociales. Des psychologues américains en visite sur place constatèrent que les enfants de la République populaire de

Chine manifestaient beaucoup d'indépendance, de vivacité et de contrôle ainsi qu'une sécurité intérieure remarquable.

Dans une étude du Dr Ayala Pines menée en Israël sur la nature de la timidité auprès de 900 sujets entre 13 et 40 ans, seulement 35 % de la population interrogée s'est reconnue timide. Selon le directeur de cette étude, ce manque de timidité des Israéliens est essentiellement expliqué par la culture. D'une part, la conviction d'être le «peuple élu de Dieu» induit une fierté que rien n'a pu détruire. La crainte de la persécution renforce le repli sur la vie communautaire et met la famille, et surtout l'enfant, au centre de l'existence. Les enfants représentent le symbole de la vie et la promesse du futur de toute une nation menacée. La vie dans un kibboutz, où les enfants sont élevés en groupe, prévient l'avènement de l'anxiété sociale en encourageant toutes les démonstrations de la confiance en soi (être timide dénote une faiblesse, une soumission et un abandon spirituel, tout en rendant inefficace) et même l'aptitude au commandement. Les parents ne détiennent pas seuls le pouvoir d'appliquer la discipline et ont toute latitude pour offrir l'amour, les encouragements, la tendresse qui engendreront la sécurité psychologique de leur progéniture. La grande majorité des Israéliens ne sont pas gênés d'être le point de mire ; ils ne semblent pas impressionnés par les inconnus, les figures d'autorité, les jugements d'autrui, les situations nouvelles, les possibilités de s'affirmer et les situations sociales en général.

Qu'en est-il des juifs américains ? Deux cultures se croisent et les enquêtes montrent qu'il s'agit de la partie de la population américaine la moins timide : 24 % seulement des juifs vivant aux États-Unis se disent timides, alors que la moyenne générale est de 40 %. Ils sont moins réservés et les seuls moments de timidité sont très ciblés. Le concept de *Chutzpa* pourrait expliquer cette observation. La *Chutzpa* ne se traduit pas avec exactitude mais pourrait ressembler au culot. Celui d'oser, d'agir et de s'exprimer sans se préoccuper de l'opinion d'autrui. Cette notion s'accompagne d'une idée intéressante : « On obtient davantage de choses en se comportant comme si on les méritait. » Les échecs ne sont que des épreuves momentanées et on s'en relève. La *Chutzpa* est un mélange de forte confiance en soi et de fierté émanant d'un concept culturel.

Une expérience négative

Peut-on déclencher une anxiété sociale à partir *d'un seul évène-ment de sa vie*? Chez certains êtres sensibles, oui. Une humiliation publique particulièrement marquante peut constituer le début d'un repli sur soi et d'une terreur de se retrouver le point de mire d'un groupe. La plupart des témoignages se rapportent à un souvenir d'enfance. Nombreux sont les cas de personnes relatant une humi-liation unique ou répétée, ou encore des moqueries odieuses, pro-férées par un parent, un professeur ou des camarades de classe. Les sentiments de honte et de rejet peuvent être si intenses que cet ins-tant, qu'on voudrait n'avoir jamais vécu, déclenche un processus de conditionnement. L'association entre le contexte d'être seul face à un groupe ressenti comme hostile et des sentiments intenses d'im-puissance et d'imperfection peut initier une phobie sociale ou une timidité durable. De même, le seul fait de regarder les autres se faire humilier et échauder peut aussi créer une peur tenace d'être la pro-chaine victime.

Un complexe physique

Chez l'enfant et l'adolescent, l'intégration dans un groupe dépend en grande partie de sa conformité comportementale, ves-timentaire et physique. Les enfants ne se font pas de cadeaux et les moqueries ostentatoires sont très courantes chez eux. Or, une dif-férence de couleur de peau, de taille, de poids, une difformité phy-sique peut être mise à l'index régulièrement et déclencher une honte difficile à éliminer avec le temps. Malheureusement, la classe et la cour de récréation ne représentent pas les seuls lieux d'expo-sition au jugement négatif. Certains parents ne manquent pas de faire savoir plus ou moins subtilement à leurs enfants qu'il existe une différence de beauté ou d'intelligence entre eux. D'une manière générale, la comparaison sur ces aspects peut donner l'impression à un enfant d'être le vilain petit canard d'une fratrie. Le complexe physique est rarement anodin et peut perdurer à l'âge adulte. Se montrer le plus discret possible constitue alors une tentative d'évi-tement à faire face aux remarques. Certains ont recours à la chirurgie réparatrice ou esthétique afin de se soulager de leur obsession d'être mal aimés à cause de leur défaut. Parfois cela suffit, parfois non.

La mobilité géographique

Le psychosociologue américain Robert Ziller a mis au jour les conséquences psychologiques de la mobilité géographique[16]. Certaines professions impliquent un nomadisme permanent et les enfants suivent tout en changeant d'environnement, d'école, de club sportif et de camarades. En faisant passer des tests à trois groupes d'enfants de 13 ans répartis selon le nombre de déménagements vécus, Ziller a relevé que les enfants qui avaient déménagé sept fois en 13 ans étaient plus isolés socialement et s'identifiaient davantage aux adultes qu'à leurs pairs. Ils se décrivaient en ces termes : « solitaires », « différents », « étranges » et « bizarres ».

Le modèle parental

Dernier point, et non des moindres : l'anxiété sociale peut être véhiculée par les parents eux-mêmes. Dans ma pratique clinique, je n'ai pas rencontré un seul vrai phobique social qui n'ait pas eu au moins un de ses parents timide, phobique social ou encore doté d'une personnalité évitante. Il existe une relation entre l'anxiété sociale des parents et celle de leurs enfants. Pas moins de 75 % des enfants ayant un père timide le sont aussi ; 62 % de ceux qui ont une mère timide le deviennent aussi. Ainsi, il y a des familles d'anxieux sociaux. D'ailleurs, les mères timides décèlent à 80 % d'exactitude l'existence d'une anxiété sociale chez un enfant. Cette perspicacité est rare chez les pères et chez ceux qui ne souffrent pas de ce trouble.

Chaque fois que je demande des précisions sur le caractère des parents et sur leur mode de vie au cours de son enfance, le phobique social me décrit une absence de sorties à caractère social et surtout

---

16. R. C. Ziller, *The Social Self,* New York, Pergamon, 1973.

la pauvreté relationnelle de parents qui n'invitaient pas à domicile. L'enfant qu'il était avait alors peu de chances d'imaginer que le monde extérieur puisse être bienveillant et sécurisant. Les propos négatifs récurrents sur les «dangers» que représentent les autres sont certes marquants; mais le simple modèle du fonctionnement parental suffit. Les parents anxieux sociaux verbalisent *leur vision du monde* à travers leurs croyances et donc par des réflexions comme: «Ce qui se passe à la maison ne regarde personne!»; «Tout le monde n'a pas à connaître nos problèmes!»; «On ne parle pas à n'importe qui de n'importe quoi»; «Dans la vie, il ne faut compter que sur soi-même; ainsi, tu ne seras pas déçu!» Mais encore, ils transmettent leur propre peur du jugement d'autrui et donc du regard de l'autre. Des propos comme: «Tu n'as pas honte?»; «Tu es ridicule!»; «Tout le monde va se moquer de toi!»; «Tu ne vas pas faire ça? Que vont dire les gens?»; «Sois sage et tais-toi, ça vaudra mieux pour tout le monde!»; «Tu sais, les gens… devant ça te sourit, mais par-derrière…» sont autant de points de vue adultes établis comme des vérités qu'un enfant n'est en mesure ni de vérifier ni de réfuter. Le problème est que ce même enfant, devenu adulte, aura suffisamment fait d'évitements qu'il ne pourra pas conclure à l'aspect exagéré et erroné de ces «vérités». Ceci tient particulièrement pour les phobiques sociaux.

Chez les timides, le modèle parental peut être différent. Certains parents de timides ne sont pas timides eux-mêmes. Cependant, d'après les témoignages, on retrouve plusieurs profils. Soit un des parents est perfectionniste (très rarement satisfait, ses compliments sont rares); soit un des parents est anxieux mais d'une façon générale, c'est-à-dire envahi par des pensées anticipatoires de l'échec, de la catastrophe, du malheur ou de tout autre aspect négatif que peut nous apporter la vie. Aussi, on peut relever au contraire des parents redoutablement actifs, extravertis, volontaires et brillants, donc exigeants sans le reconnaître. Ou encore, l'inverse: un parent longtemps dépressif peut amener son enfant à se croire responsable de l'humeur et du bonheur de son parent; l'enfant s'inhibe donc pour ne pas «empirer» la situation.

La plupart des timides qui consultent relatent un *manque de vraie communication* avec au moins l'un des parents; un père ou une mère autoritaire et peu affectueux, l'un des parents (rarement les deux) avare de félicitations et de compliments voire pire, régulièrement dévalorisant comme si l'amour reçu devait dépendre des performances ou du mérite. Il ne fait aucun doute que dans une telle situation, l'estime de soi, dans tous ses aspects, ne se construira pas harmonieusement. Si le comportement hypersensible de quelques enfants peut être décelé précocement et expliqué par des origines innées, la construction de l'estime de soi d'un enfant est l'affaire des parents… des deux !

➤ Pourquoi restons-nous des anxieux sociaux ?

Si les cas de chacun peuvent trouver une explication plausible par ce qui vient d'être dit, comment 30 ou 50 années d'expériences et d'occasions multiples peuvent-elles ne pas venir à bout d'une anxiété sociale persistante ?

De façon inconsciente, beaucoup d'entre nous sommes influencés par l'étiquette de «timide» posée de façon quasi définitive par des parents, des frères et sœurs ou des amis. Une fois que ceux-ci se sont forgé une opinion de ce type sur ce que nous sommes, ils se comportent de manière à nous empêcher de changer. Comment ? En excusant nos faiblesses, en compensant nos inhibitions, en faisant les choses ou en s'exprimant à notre place, en doutant de notre réussite dans nos initiatives… Inconsciemment, ils nous engagent à ne pas trahir l'idée bien établie qu'ils se sont faite de nous depuis longtemps.

Mais la véritable raison de notre persistance dans un tel modèle est la suivante : **Nos formes de pensée, nos interprétations et nos croyances actuelles sont les principales responsables !**

Avez-vous réalisé que d'autres individus voient parfois le monde, le futur, les gens et eux-mêmes d'une façon différente de la vôtre ? Avez-vous remarqué la distinction de comportements face aux évènements de la vie ? Et s'il y avait un lien ?….

Effectivement, il existe un lien direct de cause à effet. Notre conception du monde, des autres, du futur et de nous-même explique telle ou telle attitude dans notre vie quotidienne et notre destinée. En psychologie, nous appelons *l'ensemble des traductions mentales systématiques* face aux évènements de la vie des *cognitions*[17]. Voici une définition officielle : « La cognition est l'ensemble des activités par lesquelles toutes les informations sont traitées par l'appareil psychique, comment il les reçoit, les sélectionne, les transforme et les organise, construit des représentations de la réalité et élabore des connaissances » (Codol).

Elles peuvent nous habiter une vie entière et nous empoisonner l'existence sans même que nous le sachions. C'est aussi le cas de ce qu'on appelle des *schémas précoces inadaptés*[18]. Ceux-ci ravivent systématiquement, chez certains d'entre nous, un sentiment douloureux dans le présent à la suite d'expériences nocives dans le passé. Un *schéma précoce inadapté* est « une perception inébranlable du monde, d'autrui et de soi-même qui se dessine tôt dans l'enfance à la suite de certaines carences éducatives. Cette façon de percevoir devient rigide et "toxique" à l'âge adulte[19] ». Je vous incite vivement à découvrir l'influence de ces *schémas précoces inadaptés* dans votre vie et comment y remédier grâce aux ouvrages cités en références.

L'humain pense et vit en grande partie selon ses pensées, ses conceptions, ses principes (ses cognitions, donc) même si certains vont à l'encontre de ses intérêts pour accéder au bien-être et finalement au bonheur.

D'où viennent nos pensées ?

Sur le plan neurologique, nous pouvons avancer sans trop nous tromper que les pensées proviennent de notre cerveau. Quant à

---

17. Attention, selon le dictionnaire, une cognition peut signifier une connaissance intellectuelle ; ce mot n'a pas le même sens en psychologie. De plus, le terme d'évènement ne signifie pas ici une circonstance exceptionnelle mais n'importe quel fait, même banal.
18. Jeffrey Young et Janet Klosco, *Je réinvente ma vie,* Montréal, Les Éditions de l'Homme.
19. Stéphanie Hahusseau, *Comment ne pas se gâcher la vie,* Paris, Éditions Odile Jacob.

déterminer quels sont les processus et les voies neurologiques qui expliquent les formes et les contenus de nos pensées spécifiques, cela reste un mystère…

En revanche, sur le plan psychologique, nous savons que nos cognitions sont le fruit de plusieurs facteurs auxquels nul ne peut échapper. Autrement dit, il est impossible à l'humain de ne pas avoir de croyances du tout. Les cognitions sont donc des *discours intérieurs plus ou moins conscients* relatifs à nos représentations internes de la réalité.

Les cognitions sont l'ensemble de ce qu'on appelle les pensées automatiques, les croyances, les principes, les interprétations («si…, c'est donc que…»), les monologues, les dialogues internes et les schémas cognitifs.

Les pensées automatiques correspondent à des traductions immédiates et réflexes d'une situation. Elles se placent au niveau le plus superficiel. Exemple : « Avec ces embouteillages, je vais rater mon train ! »

Les formes de pensée dites «*croyances*» sont érigées sous l'aspect de vérités universelles. Elles sont des postulats ou des principes. Plus profondes et structurelles que les pensées automatiques, les croyances se reconnaissent quand une idée comporte des termes flous comme « les gens », « on », « on ne peut pas… » (« on » pas dans le sens de « nous »), « il faut », etc. Une affirmation s'ensuit. Une croyance est conçue comme une formule générale dénuée de nuances. Par exemple : « Les gens jugent d'emblée négativement les autres » ; « Il ne faut pas se faire remarquer » ; « S'occuper de soi est égoïste » ; « La vie est belle » ; « La vie est dure » ; « Dieu existe ». Certaines de nos croyances ne sont pas toujours conscientes, mais il n'est pas si difficile de les découvrir. Nous les vivons *comme des évidences*. Ainsi, nous agissons selon des croyances dont nous ne soupçonnons pas l'existence en tant que « formules ». Certaines croyances sont dites *rationnelles* (ex. : *Certaines* gens jugent d'emblée négativement les autres) et d'autres sont en réalité *irrationnelles* (« *Les gens* jugent d'emblée négativement»). On ne peut confirmer le contenu des croyances irrationnelles, car elles sont non réalistes ou non démontrables.

Les formes de pensée appelées «*schémas cognitifs*» sont des croyances également, mais elles sont non conscientes et profondes.

Les schémas cognitifs sont moins nombreux que les croyances qu'ils génèrent. Ils sont encore plus structurels que ces dernières, car ils ont été ancrés profondément pendant l'enfance. Encore moins précis et nuancés, ils représentent des bases très solides à de multiples comportements et attitudes dans la vie. Ils génèrent du stress sans qu'on s'en aperçoive. Par exemple, ne pas demander (pour ne pas déranger), ne pas refuser (pour ne pas faire de peine), ne pas contre-argumenter, ne pas oser critiquer, se sacrifier ainsi que d'autres comportements sont tous relatifs au schéma cognitif suivant : *« Il est indispensable pour un adulte d'être aimé, approuvé et estimé par presque toutes les personnes de son entourage[20]. »* Ainsi, c'est l'existence de certains schémas qui nous fait penser et agir sur les mêmes registres. Pour faire appel à une analogie, imaginons les schémas cognitifs représentés par les fondations d'un édifice. Ils sont plus lents à se désagréger que les autres formes de cognitions. « Dissoudre » un schéma cognitif erroné peut prendre environ deux ans. Ceci à partir du moment où nous remettons en cause les croyances diverses qui en émergent.

Pourquoi sommes-nous habités par telle croyance ou tel schéma?

Tous les humains sont influencés par leur environnement. Notre éducation depuis la tendre enfance est faite par les adultes de notre entourage à commencer, bien sûr, par papa et maman. Ces derniers n'ont pas d'autres choix que de nous éduquer selon leur vision du monde, celle probablement induite par leur propre éducation mais aussi par leur vécu. Soit ils ont remis en cause une partie de leur « patrimoine » cognitif au cours de leur vie (en adoptant des avis et des attitudes différents de ce qu'on leur a transmis) ; soit ils nous retransmettent exactement ce qu'ils ont reçu. Dans les deux cas, **nos parents** nous transmettent par leur *modèle de vie et de comportements* autant que par *leurs propos* ce qu'ils croient être juste et bon. Cette transmission peut être réalisée de façon très subtile parfois.

---

20. Lucien Auger, *S'aider soi-même,* Montréal, Les Éditions de l'Homme.

À l'adolescence, d'autres facteurs d'influence s'ajoutent à celui des parents ou des tuteurs. Les grandes questions existentielles et l'obsession de s'intégrer à leurs congénères rendent les adolescents perméables aux autres apports de construction de l'identité. L'entourage s'est fortement élargi grâce à la scolarité et aux activités extérieures à la famille (normalement, puisque c'est rarement le cas avec des parents phobiques sociaux ou à la personnalité évitante). Un bon nombre de concepts et de principes établis vont être mis en doute, voire voler en éclats. Or, déjà, l'adolescent porte en lui des cognitions liées à **la culture** dans laquelle il continue de se construire. Selon son **pays, sa région,** son **sexe,** sa **religion,** le **statut socio-économique** de ses parents, sa **génération,** ses cognitions sont déjà teintées. Il existe des croyances et des schémas propres au Vietnam et différents de ceux qui ont cours au Canada ; des principes spécifiques aux Corses inexistants à Paris ; des interdits moraux qu'adopte « un bon juif » totalement obsolètes pour un « bon chrétien » ; des idées préconçues chez les femmes à l'opposé de celles des hommes, des opinions et une façon de vivre typiques d'un milieu d'ouvriers communistes à l'opposé d'un milieu bourgeois…

L'adolescent que nous étions a eu beau s'opposer et vouloir gagner son autonomie, il n'en reste pas moins qu'il préserve à son insu un bon nombre de croyances qui lui serviront de balises sur le chemin de sa vie. Nous avons donc tous pris la route vers la vie adulte avec sur le dos un baluchon rempli de bonnes et de moins bonnes cognitions !

Découvrons les cognitions de Marie, de Marc, de Claire et de Clément

Dès à présent, j'aimerais vous aider à détecter l'influence de vos propres cognitions, à travers l'histoire de quatre personnages : Marie, Marc (son mari), Claire et Clément. Tous ces personnages existent et représentent des profils que vous reconnaîtrez.

Voici un extrait de ce que Marie se dit...

1. Je ne suis pas intéressante.
2. Je ne suis pas aussi drôle que les autres.
3. Je ne suis pas aussi cultivée que les autres.
4. Ma présence dans un groupe n'apporte rien de spécial.
5. Mon absence d'un groupe n'est pas remarquée.
6. Il ne faut pas se faire remarquer.
7. Les gens ne supportent pas la contrariété ni le refus.
8. Une femme doit s'occuper en priorité des tâches ménagères.
9. Je me dois d'abord à mon mari et à ma fille.
10. Les compliments qu'on m'adresse ont pour but de ne pas me contrarier.
11. Il est très impoli d'arriver en retard.
12. Il faut se montrer impeccable.
13. On ne raconte pas sa vie à n'importe qui.
14. Il ne faut pas déranger les gens.
15. Je dérange toujours si j'agis sans qu'on m'y convie.
16. Je ne suis pas à ma place.
17. Il faut se méfier des gens qu'on ne connaît pas.
18. Les gens jugent d'abord négativement les autres.
19. Le comportement des autres vis-à-vis de moi définit ma valeur.
20. Les gens ne s'occupent pas des autres.
21. Poser une question montre notre ignorance.
22. Il y a un âge où on ne doit plus être ignorant.
23. Pour être estimé, il faut être (très) cultivé et intelligent.
24. Quand on ne sait pas (parfaitement), on se tait.

Ce que Marc se dit...

1. Chacun peut faire des choix.
2. Le mariage n'est pas une prison.
3. Chacun devrait s'exprimer librement.
4. Les relations sociales et amicales sont très importantes.

5. Chacun est responsable de la façon dont il entretient les relations sociales.
6. Je me dois de respecter mes besoins, mes désirs et mes limites.
7. Je suis quelqu'un de valable.
8. Les humains ont tous de la valeur.
9. Ma femme est d'une grande valeur.
10. Ma femme a beaucoup de goût.
11. Il vaut mieux exprimer son désaccord que de rester frustré.
12. Une femme devrait s'épanouir sans son mari.

Ce que Claire se dit...

1. Les gens méritent d'être découverts.
2. Chaque inconnu est un ami potentiel.
3. L'amitié et les relations sociales sont essentielles.
4. Il vaut mieux être bienveillant d'emblée envers les autres.
5. On peut se méfier de certaines personnes mais seulement en fonction de certaines observations et informations.
6. L'adulte est responsable de ses choix et de sa vie.
7. Les gens sont gentils en général.
8. Tous les sujets de conversation sont acceptables.
9. Parler de soi, de ses goûts et de ses opinions est normal.
10. La plupart de nos défauts sont acceptables.
11. On ne réussit jamais seul.

Ce que Clément se dit...

1. Je ne suis pas cultivé.
2. Je ne suis doué en rien.
3. Je rate tout.
4. Je ne peux pas changer (ce n'est pas facile de changer).
5. Les amis d'enfance sont de vrais amis.
6. Une femme sait qu'on l'aime quand on a choisi de vivre avec elle.

7. L'homme doit régler seul ses problèmes.
8. Je vais déranger ma conjointe avec mes histoires.
9. Ma vie n'a pas d'intérêt spécial.
10. Les conflits sont insupportables.
11. Les conflits sont dangereux, car ils créent les ruptures.
12. Les autres n'ont aucune raison de s'intéresser à moi.
13. Le changement est risqué.
14. Un «tiens» vaut mieux que deux «tu l'auras».
15. Je n'ai rien à apporter de spécial aux autres.
16. Il ne se passe que des choses horribles dans le monde.
17. Je ne sais pas grand-chose, donc je ne peux pas avoir de bons avis en général.
18. Je ne peux pas vivre sans ma compagne.
19. Quelle autre femme pourrait s'intéresser à moi?
20. Quand on ne connaît pas parfaitement un sujet, on se tait.
21. Si je deviens moi-même, on découvrira ma médiocrité.
22. Moins j'en dis, plus on m'appréciera.
23. Il ne faut pas se montrer désagréable avec les autres.
24. On ne raconte pas sa vie à n'importe qui.
25. Pour vivre heureux, vivons cachés.
26. Je me connais bien.
27. On me prend pour un imbécile.

Comment découvre-t-on les cognitions des uns et des autres?

Il suffit *d'écouter* s'exprimer la personne pour *entendre les phrases porteuses d'idées* arrêtées sur elle-même, sur les autres et sur le monde. Malgré l'aspect convenu d'évidence, ces phrases sont effectivement prononcées au détour d'un propos, comme s'il fallait rappeler les bases ou les conclusions de notre vision du monde. Exemple: «...(blabla), et donc, comme *les gens sont toujours trop curieux*, je n'ai pas donné d'explications au professeur, tu vois».

Pour découvrir ses propres cognitions, il suffit également de s'écouter parler ou penser avec *plus* de *conscience*.

Pouvez-vous deviner lesquels, parmi nos quatre personnages, Marie, Marc, Claire et Clément, sont des anxieux sociaux?

Dans les chapitres suivants, mon objectif est de confronter une partie de ces croyances, que vous partagez peut-être, avec la réalité contextuelle ou générale. **Modifier, nuancer ou remplacer nos cognitions irrationnelles et négatives** nous aide indéniablement à nous sentir plus positifs et à agir différemment. Cela dit, **commencer par changer volontairement nos comportements lors d'une première prise de contact avec un inconnu ou un groupe** apporte un bénéfice réel et immédiat. Notre perception nouvelle permet alors une modification de nos idées préconçues sur les intentions et le fonctionnement d'autrui ou d'un groupe. Forte de cette constatation en pratique, je passe alternativement de considérations purement cognitives à des consignes précises et comportementales. Éclairons de nouveaux angles restés dans l'ombre…

➤ Que de prétextes pour éviter !

En fin de semaine, Marie est invitée par Laurence à venir fêter son installation dans un nouvel appartement. Elle a accepté de s'y rendre. Seulement, elle ne sera pas seule avec Laurence : il y aura d'autres amis et connaissances de cette dernière…

Marie répond souvent « oui » quand on la convie ; ce qu'on fait rarement, d'ailleurs. Mais elle sait déjà le plus souvent qu'elle n'ira pas et qu'elle ne préviendra pas. « Quelle différence cela fait-il ? se dit-elle. Je ne suis ni drôle ni intéressante. Que je sois là ou pas n'a aucune importance ! » Ses opinions sur elle-même justifient l'évitement.

Or, invite-t-on chez soi des gens sans aucune importance ou qu'on n'apprécie pas ? Il est vrai que parfois nous acceptons la présence d'une personne inconnue qui accompagne un de nos invités. L'exemple le plus courant est le conjoint, mais cela peut tout aussi bien être une connaissance. On nous le demande respectueusement et nous acceptons, car il existe un plaisir que Marie ne connaît pas : celui de découvrir des gens nouveaux. Souvent, nous nous informons sur la personne qui accompagnera notre connaissance par une question simple : « Est-elle sympathique ? » Contrairement à ce que Marie exige d'elle-même, le degré d'intelligence, de culture ou d'humour n'est pas la première *clé* d'entrée : c'est la sympathie !

Marie n'invite pratiquement jamais personne chez elle. D'ailleurs, elle ne voit pas trop qui elle pourrait inviter… Elle n'a pas beaucoup de copains et d'amis à part deux femmes. L'une est divorcée, l'autre est mariée. L'une et l'autre l'ont déjà invitée en diverses occasions. Soit Marie acceptait mais ne venait pas (ce qui est intolérable pour l'amie) ; soit Marie y allait mais n'osait pas prolonger le plaisir sous le prétexte suivant : « Il faut que je rentre : Marc et ma fille vont se demander ce que je fabrique ! » (comme si elle se trouvait dans l'impossibilité de téléphoner pour annoncer son retour tardif) ; soit encore Marie ne participait à la rencontre qu'au compte-gouttes lorsqu'il y avait plus de trois personnes. Elle semblait alors « faire la tête » ou ne pas apprécier les autres ou la discussion, on ne sait pas au juste.

Marie se crée une autre raison pour ne pas inviter chez elle : son mari, Marc, avec qui elle vit depuis 15 ans, ne fait pas l'effort d'inviter des gens (dit-elle) et voit ses amis et collègues à l'extérieur. Nous décelons ici une autre idée préconçue qui pourrait ressembler à « *Si mon mari n'invite pas, je n'invite pas de moi-même* ». Elle ajoute : « *Quand on a une fille de 14 ans, il faut être derrière : ça prend de l'énergie… La semaine, on est trop pris par le quotidien* (la routine) *; et la fin de semaine, il faut s'occuper du ménage, des grandes courses, du repassage quand ce n'est pas s'octroyer un peu de repos devant la télévision. La vie de famille prend du temps, vous savez…* »

Laurence a beaucoup insisté : « Il faut que tu viennes, Marie. Il faut que tu sortes un peu ! » Marie ne sait pas dire « non », alors elle a dit « oui ». Puis elle a réfléchi. Je dis bien « puis », car Marie répond d'abord de façon à ne pas contrarier son interlocuteur et seulement ensuite, elle imagine les conséquences de son engagement. Les interactions en groupe la rendent anxieuse. Comment faire bonne figure quand on se pense inintéressante ? Pourtant, cette fois, une petite voix bienveillante lui demande de tenir sa promesse et d'assumer sa réponse.

Pendant la semaine précédant la soirée, Marie s'inquiète : « Comment vais-je m'habiller ? » Selon Marc, à qui elle a fini par demander conseil, tout lui va. « Il n'est pas vraiment concerné, se dit-elle, puisqu'il ne vient pas : il a son match de rugby. » Ce que Marie ne comprend toujours pas, c'est pourquoi Marc est convaincu que son épouse a un bon goût vestimentaire et qu'elle devrait se faire confiance une fois pour toutes. Pour cela et pour le reste d'ailleurs.

Marc tient à ce que chacun émette des choix, les exprime et décide ensuite s'il y a une raison intelligente de négocier ou pas. Le couple est pour lui un lieu de partage d'expression libre de son individualité et de concessions acceptées. Marc est respectueux de ses besoins, de ses désirs, de ses limites tout en respectant ceux des autres, sa conjointe y compris. Maintes fois, il a insisté pour que Marie s'émancipe, s'épanouisse aussi en dehors de lui et de leur fille. Il ne se sent pas menacé par la liberté. Il a confiance en lui, en sa femme et en bien d'autres choses encore. Ce que Marc émet comme un compliment sincère : « Tout te va, mets ce qui te plaît », Marie l'interprète comme un désintérêt. Elle a tort. Les gens affirmés n'ont pas la crainte de déplaire en émettant leurs opinions et vont répondre sincèrement aux questions. Si Marc répond : « Tout te va, mets ce qui te plaît », c'est qu'il le pense. S'il devait émettre une réserve, il dirait par exemple : « Tout te va, sauf ce pantalon beige dans lequel tu flottes. »

Une heure. Marie a changé quatre à cinq fois de tenue et d'accessoires vestimentaires pendant une heure ! « *Cette robe ? Oh ! Elle est trop courte !* » ; « *Cette chemise longue… non, ça fait paysanne !* » ; « *Cette autre jupe… décidément, je n'ai pas de beaux mollets !* » ; « *Ce collier ? Trop rétro !* »… **Quel paradoxe !** S'il y a une chose que Marie redoute depuis son enfance (et ses parents le lui ont bien enseigné et répété), c'est de se faire remarquer ! Pourtant, à bien y regarder, Marie adopte l'attitude d'une personne dont la présentation doit être impeccable comme si elle allait déclencher des regards soutenus à son arrivée à la soirée. Elle agit comme si elle allait monter seule les marches du Palais du Festival de Cannes sous la nuée des photographes.

QUELLES SONT LES COGNITIONS DE BASE
DE MARIE RÉVÉLÉES JUSQU'ICI?

Les gens ne supportent pas la contrariété ni le refus.
Je me dois d'abord à mon mari et à ma fille.
Une femme doit s'occuper en priorité des tâches ménagères.
Les compliments qu'on m'adresse ont pour but de ne pas me contrarier.
Il ne faut pas se faire remarquer.
Il faut se montrer impeccable.
On ne raconte pas sa vie à n'importe qui.

Marie se méprend. Ce que vont capter les personnes déjà présentes à la soirée à son arrivée, c'est son *allure générale*. Pas les détails. De plus, si la soirée est déjà avancée et qu'il y a une bonne vingtaine d'amis de Laurence, l'arrivée de Marie ne fera pas taire toutes ces bouches qui discutent déjà de choses et d'autres. Toutes les têtes ne se retourneront pas pour la scruter et la juger.

Dans un tel contexte, les gens ont d'autres préoccupations que notre personne et, non, ils ne remarqueront pas si nous avons un bourrelet au ventre ou des marques de sous-vêtements. Leurs yeux peuvent capter ces détails mais leur cerveau ne s'encombre pas d'une interprétation et d'une analyse à ce propos. Pourquoi? *Parce que cela ne leur sert à rien!*

Marie est en retard par rapport à l'heure annoncée. La durée des essayages, le temps de se maquiller, de se coiffer, de choisir les bijoux (fort discrets, n'en doutons pas) et de s'assurer que sa fille ira se coucher après ses devoirs lui font prendre 30 minutes de retard. Elle déteste être en retard. Ce n'est pourtant pas bien dramatique car, si elle s'en souvient, il s'agit d'un buffet libre qui accompagne toute la soirée. Mais cela, Marie n'en tient pas compte. «*Ils vont penser que j'exagère et que je suis vraiment impolie d'arriver si tard!... Je ne devrais pas y aller finalement...*»

Marie est anxieuse sociale. Rencontrer des étrangers lui crée du stress par le processus d'anticipation. Timide, elle cherche inconsciemment des prétextes qui la retardent et justifieraient un évitement total.

CHAPITRE 3

Le premier contact avec un groupe

➤ L'arrivée ratée

Marie sonne. Laurence lui ouvre la porte. Elle se montre ravie et la remercie d'être venue. Un seau à glaçons vide à la main et la plante verte que lui tend Marie dans l'autre, Laurence la convie à entrer au salon, à se présenter elle-même et à se servir au buffet. Laurence doit s'occuper en cuisine et déballer la plante. Comment Marie s'intègre-t-elle à ce rassemblement ?

Marie entre discrètement dans le salon. La musique d'ambiance accompagne les petits groupes de gens, hommes et femmes, qui discutent assis ou debout. D'un *coup d'œil furtif*, Marie aperçoit cette masse qu'elle imagine compacte et fermée. Ils sont une vingtaine. Elle ne connaît personne *a priori*. Ils semblent tous occupés à discuter. Elle *ne prononce pas « Bonsoir ! »* et *passe lentement par le côté*, accrochée à son sac à main (choisi avec attention lui aussi), jusqu'à la bibliothèque fournie de Laurence. Puis elle *scrute les meubles* anciens, les bibelots et les plantes vertes, regarde par la fenêtre pour constater l'environnement extérieur… Laurence n'arrive toujours pas à son secours. Un deuxième coup d'œil lui fait comprendre que les gens ne s'intéressent pas à elle. Après 10 minutes, Marie se demande ce qu'elle fait là…

Marie fait là ce que d'autres ne font pas : *attendre qu'on vienne la chercher !*

51

REPÉRONS ICI D'AUTRES COGNITIONS
DE BASE DE MARIE:

Ma présence dans un groupe n'apporte rien de spécial.
Il ne faut pas déranger les gens.
Je dérange toujours si j'agis sans qu'on m'y convie.
Je ne suis pas à ma place.
Il faut se méfier des gens qu'on ne connaît pas.
Les gens jugent d'abord négativement les autres.
Le comportement des autres vis-à-vis de moi définit ma valeur.
Les gens ne s'occupent pas des autres.

Il est des circonstances où le maître, la maîtresse des lieux ou l'organisateur d'une réunion ne peut vous présenter tout de suite. Il serait donc naturel et judicieux de le faire soi-même. Ne demandons-nous pas à nos enfants d'aller seuls jouer avec d'autres enfants présents afin qu'ils passent un bon moment? La mère de Marie elle-même s'agaçait de voir sa jeune fille toujours «accrochée à ses jupes» lors des rares rassemblements où se rendait la petite famille (mariages, baptêmes, réunions d'associations). À l'époque, Marie comprenait que si ses parents eux-mêmes n'avaient qu'un seul couple d'amis depuis 15 ans et ne recevaient jamais de nouvelles têtes à la maison, il devait bien y avoir une raison de se méfier des étrangers. Une fois qu'elle eut conclu cela, Marie s'en est tenue à sa règle de ne pas aborder des gens qu'elle ne connaissait pas. Et puis, qu'aurait-elle bien pu leur dire? Voilà une question qui n'en est pas une pour Marie. En disant cela, Marie affirme plutôt: «Je ne sais pas quoi dire ni par où commencer avec un inconnu.» Filtre alors l'espoir d'être *immédiatement* perçue comme une personne intéressante, cultivée et intelligente. Or, avant de paraître qui que ce soit, Marie fait la lourde erreur de ne pas se montrer réellement sympathique et intéressée, non pas à elle-même, mais à rencontrer les autres. L'erreur est également comportementale: elle ne s'approche pas physiquement pour s'adresser à ses congénères. Cela, Marie peut le modifier sur-le-champ, même le cœur battant. Mais Marie n'y pense pas…

➤ Se montrer sympathique : pour quoi faire ?

La sympathie invite à l'échange. Et vice-versa : l'échange peut créer la sympathie envers nous. La sympathie est la faculté d'entrer en symbiose avec autrui et de montrer sa bienveillance. Pour cela, il s'agit de **donner de soi** un minimum : *un sourire, des paroles chaleureuses, un regard présent et intéressé à l'autre…* du moins pour commencer.

Attention, donner de soi ne veut pas dire ici rendre sans cesse des services ou démontrer quoi que ce soit lors d'une activité pour se faire apprécier. Passer notre temps à aider au service d'un cocktail ou à faire la vaisselle d'un ami lors de sa réception est en lui-même un *acte* de gentillesse. Si on ne peut pas converser avec nous, car nous sommes trop absents de la pièce où les connexions avec les autres se produisent, on ne nous trouvera pas particulièrement «sympathiques» mais plutôt «gentils et serviables». Il est fort possible d'être tout cela, mais pour cela, nous devons *doser* judicieusement le temps que nous consacrons à être avec les autres et le temps passé à aider à l'intendance. Le cas est légèrement différent si nous sommes le maître de maison, car les convives nous connaissent déjà bien et le fait de les avoir invités marque notre sympathie. Cependant, même dans ce cas, il n'est pas recommandé de passer tout son temps en cuisine sans participer aux conversations ni aux activités du groupe.

Très rapidement, notre sympathie se vérifie quand nous nous montrons *physiquement et mentalement* captivés par les autres et par ce qui se produit en commun. Regarder les personnes qui parlent ou à qui nous nous adressons, acquiescer, rire et sourire en phase avec nos semblables (c'est-à-dire au même moment) sont autant de signes qui nous rallient.

Marie n'a jamais vraiment réalisé la chose suivante : **être sympathique, c'est montrer son intérêt pour les autres**. Or, chaque nouveau contact la focalise sur l'intérêt qu'*elle* peut offrir aux yeux des autres (Qu'est-ce que *je* peux bien leur apporter ?). Il n'est pas possible d'être *authentiquement sympathique* quand on est obnubilé par ses lacunes et donc rivé sur sa propre personne et sur son image. Marie se trompe de priorité.

➤ Ce qui fait la différence…

«**Bonsoir!**» s'exclame une jeune femme brune qui vient d'entrer dans le salon de Laurence. Marie s'est détournée de la fenêtre en l'entendant. Le **volume** de sa voix a donc dépassé celui de la musique, juste l'instant de l'accueil. Elle est **souriante** et **regarde** les deux petits groupes de **personnes proches** de la porte du salon qui se sont retournées et l'ont accueillie par le regard. Son sourire les a fait sourire. Elle **s'approche** d'un des groupes, le plus près en fait. Elle **tend la main** pour saluer chacun tout en **se présentant**: «Bonsoir. Je suis Claire.» En retour, ses interlocuteurs se présentent. Comme les quatre personnes situées à côté n'ont pas encore repris leur conversation et regardent Claire, celle-ci s'approche d'eux, le sourire aux lèvres, et serre la main de chacun (cette fois, ce sont eux qui semblent lui tendre la main). Elle prononce de nouveau son prénom. Puis, au lieu de s'enfuir comme l'aurait fait Marie, Claire **reste sur place trois secondes**. Il ne faut pas plus de trois secondes pour que l'une des personnes lui demande: «Vous êtes une amie de Laurence?» Personne ne semble connaître Claire…

CETTE FOIS, REGARDONS DE PLUS PRÈS
LES COGNITIONS DE BASE DE CLAIRE:

Les gens méritent d'être découverts.
Chaque inconnu est un ami potentiel.
L'amitié et les relations sociales sont essentielles.
Il vaut mieux être bienveillant d'emblée envers les autres.
Les gens sont gentils en général.

Marie n'en revient pas! Comment peut-on commencer une conversation en une minute avec plusieurs inconnus à la fois?

La question que se pose Marie m'intéresse: *comment fait-on pour réussir à s'intégrer dans un groupe déjà constitué?*

En étant ACTIF!

Claire a un comportement naturellement adapté et ce, depuis très longtemps. Certes, son état d'esprit, ses cognitions (ses pensées automatiques et ses croyances sur le monde, sur elle-même et sur les autres) sont différents, voire opposés à ceux de Marie. Claire pense qu'il est, *a priori, toujours* intéressant de faire de nouvelles rencontres humaines. Marie, elle, pense que les gens jugent nécessairement (sous-entendu négativement) et que les étrangers ne peuvent pas s'intéresser à elle. Dans le premier cas, la pensée crée un *sentiment d'intérêt pour les autres*; dans le deuxième cas, la pensée crée un *sentiment de désintérêt de soi*. Par conséquent, une préoccupation centrée sur sa propre personne. C'est ce que j'appellerais **un égocentrisme paradoxal.**

On ne s'intègre pas dans un groupe grâce à une dynamique égocentrée. Si chacun attendait qu'un membre du groupe fasse la démarche d'aller le chercher, nous rencontrerions une problématique : celle de nous baser uniquement sur l'effet produit par notre apparence et par ce que nous dégageons pour nous intégrer. Là-dessus, nous ne sommes pas tous égaux et je ne suis pas sûre que nous apprécierions cette forme de compétition. En effet, si nous attendons d'être invité (choisi) pour nous joindre aux autres, cela risque d'être propice aux interprétations sur notre propre valeur. « Si on vient me chercher, c'est que j'en vaux la peine »; mais, d'un autre côté, « si on ne m'intègre pas au groupe, c'est que je ne suis pas intéressant ». L'interprétation serait tout autant égocentrée, mais probablement anxiogène. Il suffit de nous souvenir des modalités de choix des équipiers dans les jeux de notre enfance pour nous faire revivre le malaise de ne pas être choisi par le capitaine assez rapidement !

Marie est certainement prisonnière de cette dernière interprétation quand elle se dit « Qu'est-ce que je fais là ? » au bout de 10 minutes. Elle attend d'être choisie, qu'on vienne la chercher, mais cela ne se produit pas. Elle en conclut vite qu'elle n'intéresse personne ! Or, que font les autres invités pendant ce temps ? Ils se parlent. Certains se connaissent déjà et d'autres pas. Ils se concentrent sur le même sujet et font évoluer leur réflexion. Ils se regardent mutuellement et n'ont probablement *pas remarqué l'arrivée si discrète* de Marie. Cela est d'autant plus vrai qu'il y a beaucoup de monde dans le même espace. Marie s'est placée en retrait physique et ne les regarde pas. Quand bien même elle finirait par s'asseoir, elle choisirait une place trop éloignée des autres.

Dans ces conditions, qui va soudain interrompre sa conversation et s'excuser sur un prétexte comme : «Cette femme semble seule là-bas : je vais la voir»? Éventuellement un séducteur ; ce qui rendrait Marie encore plus timorée. Peut-être une personne qui la connaît déjà et que Marie n'aurait pas remarquée. Troisième hypothèse : un bon samaritain observateur qui se déciderait après 10 ou 15 minutes (parfois plus) à la «sauver» par compassion. La dernière hypothèse serait que Laurence revienne enfin et fasse ce qu'il faut pour déplacer Marie vers un groupuscule et la présenter à quelques amis. Ces scénarii sont bien aléatoires. S'ils se produisent, ils ne permettent en aucun cas d'envisager une modification des attentes de la personne timide à l'avenir. Elle maintiendra l'espérance d'être introduite dans une conversation sans faire plus d'un pas. S'intégrer dans un groupe implique ceci : *c'est à nous de commencer,* puis les autres continueront l'action…

➤ Osez les banalités !

Poursuivons nos observations…

Finalement, Laurence rejoint Marie. Ce qui pourrait être un sauvetage pour Marie n'est qu'un lancer de bouée que cette dernière laisse échapper. En effet, une fois que Laurence a fait les présentations et qu'elle a accompagné pendant 10 minutes la conversation en cours, en présence de Marie, elle s'éclipse naturellement. Laurence a d'autres invités et tient à superviser l'intendance de sa soirée. Marie se sent de nouveau anxieuse : elle ne sait pas démarrer une conversation. Elle attend toujours que l'autre l'initie…

«J'ai peur de paraître inintéressante. Je crains de dire des banalités», pense Marie.

Des millions de gens connaissent secrètement le même problème que Marie. Ils mettent un point d'honneur à ne pas paraître *banals* par leurs *premières* remarques. C'est comme s'il fallait d'emblée captiver l'interlocuteur par un propos intelligent ou de nature à prouver sa culture générale. C'est une erreur!

Démarrer une conversation : quelques minutes qui comptent...

Imaginez-vous être à la place d'un interlocuteur inconnu à qui on s'adresserait ainsi :

— *Bonjour !*

— *Bonjour,* répondriez-vous.

— *Le taux de chômage augmente et c'est inquiétant quand on pense que la mondialisation nous incite à faire appel à des ressources extérieures pour rester dans la compétitivité économique.*

— *? ? ?*

Courageuse introduction sur un sujet remarquable ! Il est évident que cela produit un effet, et quel effet ! Quel effet ? Je suis sûre qu'en imaginant la situation, vous pensez autre chose que : « Formidable ! La personne qui m'aborde s'intéresse aux choses du monde et semble très intelligente. » En réalité, si cela nous arrivait, nous penserions surtout que nous avons affaire à quelqu'un de bizarre ou d'aliéné. Cela m'est arrivé une fois. Un Australien soulève sa bière avec un sourire pour me saluer et s'approche (jusque-là, tout va bien). D'emblée, il me dit en anglais que l'équipe de football australienne ne s'entraînait manifestement pas avec les bonnes méthodes pour atteindre un bon niveau international ! Couac ! Je suis restée deux secondes bouche bée, me demandant si je comprenais aussi bien l'anglais que je le croyais. Je lui ai répondu *« I don't know »* (traduction : je ne sais pas) tout en me disant que ce type semblait avoir commencé sa réflexion dans sa tête pour conclure à haute voix face à une inconnue en guise d'introduction à la conversation. Bref, je me suis dit : « Soit il a trop bu, soit il est timbré ! » Rien de cet individu ne m'inspirait à continuer la conversation. À aucun instant je n'ai réalisé que peut-être il avait une culture, des connaissances et des expériences à partager. S'il ne voulait pas se présenter par des banalités, il avait effectivement réussi. S'il voulait créer la sympathie réciproque, c'était un échec.

Marie et bien d'autres ne veulent pas émettre des banalités et dans le même temps ne se sentent pas en confiance pour afficher une culture qu'ils croient insuffisante. Quel dilemme! Dire des banalités lors d'une première approche leur semble la meilleure façon de «se griller», c'est-à-dire d'être définitivement jugé comme idiot et donc rejeté. Or, dans la réalité, **toute conversation entre inconnus commence par une banalité!**

Je ne voudrais pas qu'on se méprenne sur la signification que je donne au mot «banalité». Ne lui donnons pas un sens péjoratif. Les conversations comportent toujours un prélude de quelques secondes ou minutes. Ce prélude se doit d'être simple. Par exemple: «Ça va?» ou: «Qu'est-ce qu'il fait chaud!»

Ces banalités s'échangent en toute simplicité. Elles connectent les gens à un niveau humain. *Les premières minutes* de conversation ne servent jamais à jauger la science infuse des uns et des autres, mais uniquement à *créer un climat de sympathie.*

Deux ministres des Affaires étrangères, sur les marches d'escalier montant dans les salons d'accueil, ne vont pas échanger sur les dernières propositions de l'ONU. Ils vont formuler des propos aussi simples que «Bonjour, monsieur P. Vous avez fait bon voyage?» ou encore «Bonjour, monsieur V. Venir vous voir à Paris est un privilège. Cette ville est merveilleuse!»; «C'est vrai, répondra le ministre P., je vous organiserai une visite de nuit le long des quais après notre repas de ce soir si vous le souhaitez.» Ce sont des banalités. Elles marquent une étape importante même si cette dernière est souvent brève. C'est la simplicité humaine qui se manifeste ici. Personne ne joue à se montrer plus intelligent qu'un autre. Il n'y a pas de place pour le cynisme et la provocation. L'un et l'autre souhaitent une chose: créer de la sympathie, même si ce qui suit peut être professionnel et très sérieux.

Si nous prêtons attention à la façon dont d'autres millions de gens initient leurs conversations, nous n'entendrons peut-être pas «Bonjour, je m'appelle Paul Merlan» en premier lieu. La présentation personnelle n'est pas indispensable dans beaucoup de circonstances ni même la nécessité de dire «Bonjour» pour aborder quelqu'un. Nous pouvons donc aborder un étranger directement par des réflexions du genre:

- « *Quels plafonds magnifiques… Toutes ces fresques si bien conservées !* » (dans un lieu historique ou un musée)
- « *Excusez-moi, j'hésite à acheter ce livre que vous lisez. Est-ce qu'il est bien ?* » (dans un train, un parc…)
- « *Laurence a bien choisi ses meubles. Cela donne un style très zen et ça convient parfaitement à son nouveau loft.* » (chez Laurence)
- « *Ne ratez pas les petits fours sucrés qu'ils viennent d'apporter au buffet ; ils sont divins !* » (lors d'un cocktail)
- « *C'est la première fois que vous venez dans cette ville ?* » (dans un hôtel, à la descente d'un train ou d'un avion)

Que remarquons-nous ? Toutes ces prises de contact partent d'un **sujet commun aux interlocuteurs,** basé principalement sur ce qui se voit dans l'immédiat. Mais aussi sur ce qui fait appel aux autres sens : auditif, gustatif, olfactif et celui du toucher.

Il n'est pas recommandé d'établir un premier contact par une critique ou une remarque négative (exemple : « Comme cet appartement est lugubre ! »). Inutile de créer d'emblée un sentiment d'antipathie ou de générer une atmosphère négative.

J'ai personnellement découvert un grand nombre de personnes devenues des amis, certaines depuis 20 ans, grâce à ces approches toutes simples. Parmi elles, je me souviens, à l'âge de 19 ans, d'avoir fait la connaissance de Clare, 54 ans, simplement en déclenchant la conversation par : « Are you American ? » Je lui proposais dans la rue d'acheter du muguet au bénéfice de la Croix-Rouge, un 1er mai. La conversation a duré 30 minutes, puis deux autres rencontres ont suivi. Elle m'invita à venir passer un mois de vacances aux États-Unis. Je m'y rendis deux mois plus tard. Elle et son époux sont devenus alors des amis si proches que je les considère maintenant comme mes grands-parents.

Par ailleurs, nombre de banalités échangées constituent des plaisirs succincts de contacts humains et n'enchaînent pas sur des amitiés. Le plus souvent même, c'est le cas. Cela n'a aucune importance. Il s'agit parfois d'une question et d'une réponse ; sans plus.

Le plus simple est d'aborder des inconnus sans attendre rien de précis. Sachons nous satisfaire du moment présent, sans objectifs futurs. Admettons que le déroulement des évènements en constitue aussi une finalité!

Minute par minute, l'interaction peut prendre la forme d'une vraie conversation. Et si celle-ci dure, c'est qu'il se produit un échange propice à donner de l'information sur soi...

CHAPITRE 4

Suis-je intéressant ?

Marie ne se pose pas véritablement une question lorsqu'elle se dit « Suis-je intéressante ? » : elle se convainc par avance de ne pas l'être. Or, peut-on vraiment définir si nous sommes ou non intéressants ? Sur quels critères ? Marie croit que le meilleur critère correspond à ce qu'elle pense d'elle-même. Il serait prétentieux de continuer à y croire sur cette seule base. Dans cette perspective, nombreux sont ceux qui se considéreraient comme intéressants et nombreux affirmeraient ne pas l'être ! De plus, peut-on se définir *d'avance* comme intéressant ou non ?

À la soirée de crémaillère de Laurence, Claire se retrouve en conversation avec une femme sur un sujet qui passionne Claire : la plongée sous-marine. Son interlocutrice n'y entend rien en plongée d'autant qu'elle n'est pas à l'aise dans l'eau. Elle écoute poliment Claire et pose quelques questions, intriguée par l'engouement de cette dernière. Ce sujet l'ennuie et Claire ne tarde pas à s'en apercevoir. Elles changeront donc rapidement de conversation. Une heure plus tard, Claire cause avec une autre personne des plaisirs de la mer et de la plongée. Il se trouve que cette dernière vient juste de faire sa première expérience de plongée avec bouteille en piscine. L'échange prend rapidement une allure enjouée.

Les gens sont gentils en général.
Tous les sujets de conversation sont acceptables.
Parler de soi, de ses goûts et de ses opinions est normal.

Si nous interrogions la première femme: « Trouvez-vous Claire intéressante? », elle pourrait répondre «je ne sais pas» ou «elle m'a ennuyée» ou encore «non». Si nous interrogions la deuxième femme, elle répondrait sûrement: «Elle est passionnante!» Alors? Claire est-elle intéressante ou pas? Mauvaise question. Ni Claire ni personne n'est, *a priori,* intéressant ou inintéressant. Cela dépend entièrement *du sujet de conversation* et de *l'intérêt que porte l'interlocuteur à ce même sujet,* qu'il soit néophyte ou pas en la matière. On *ne peut donc deviner à l'avance* si tel ou tel propos interpellera nos différents interlocuteurs! Quand bien même nous saurions que notre interlocuteur est médecin, je ne suis pas sûre que nous allons le captiver en décrivant l'opération de hernie discale de notre mère...

Comment viser juste? En ne visant pas... justement! Il n'y a rien à calculer. Rien à espérer. Ne pas faire le tri et parler de soi, de ses intérêts, de ses opinions, de ses perceptions, de ses expériences est le seul moyen de **créer une «accroche»** pour nos interlocuteurs.

➤ Parlez de vous!

Parler de soi n'est pas une proposition égocentrique. Bien au contraire. Cela donne un moyen aux autres de nous connaître et de parler d'eux également. C'est la seule approche viable pour une conversation dite intéressante. Car que devient un début de conversation, une fois les banalités d'approche passées, lorsque personne n'y met du sien?

Voici un exemple:
— *Vous avez entendu parler du terrible tremblement de terre cet après-midi en Californie?*
— *Oui.*

Oui, point, ne donne aucune information sur nos sentiments ni sur nos opinions. Nous restons factuels. L'échange ne présente aucune dynamique. Rien ne se passe. La discussion tourne court.

Continuons ce même exemple en laissant le premier interlocuteur s'impliquer, mais pas l'autre. Imaginons qu'il converse avec Marie lors de la soirée chez Laurence. Voici ce qui va se produire :

(Suite)

— *Cela devait arriver un jour ou l'autre !*

— *Oui,* répond Marie.

— *J'ai longtemps travaillé à New York et on a failli partir vivre à Los Angeles avec ma femme. Elle était directrice d'hôtel au Japon avant qu'on se connaisse. Elle ne s'est jamais habituée aux tremblements de terre là-bas. C'est très fréquent au Japon, même s'ils ne sont pas d'une grande amplitude.*

— *J'ai entendu dire, en effet.*

— *C'est la raison principale pour laquelle elle a refusé de vivre en Californie. Je la comprends. Moi, je n'en ai jamais vécu mais j'avoue que ça me fiche la trouille…*

— *Mm…*

— *Vous connaissez la Californie ?*

— *Non.*

— *Vous voyagez ?*

— *Pas vraiment.*

— *Nulle part ?*

— *Si, mais pas beaucoup.*

— *Ah bon !… Donc, vous n'avez pas connu de tremblement de terre ?* demande-t-il en souriant.

— *Non,* répond Marie avec un sourire gêné.

— *En tout cas, j'ai été remué en regardant les dégâts, les morts et les blessés là-bas… Ça fiche un coup !*

— *Oui, ça doit être dur.*

— *… Bon, eh bien, je vais me reprendre un verre. Bonne soirée !*

LES COGNITIONS DE BASE DE MARIE,
ICI, SE RÉVÈLENT ÊTRE :

Je ne suis pas intéressante.
Je ne suis pas aussi cultivée que les autres.
On ne raconte pas sa vie à n'importe qui.
Il faut se méfier des gens qu'on ne connaît pas.
Les gens jugent d'abord négativement les autres.

Marie s'est sabotée! Elle a pourtant fait l'effort de venir à une soirée, a finalement été présentée par Laurence à quelques personnes dont ce charmant monsieur et voilà que celui-ci s'échappe en deux minutes! «*Vraiment, je ne dois pas être intéressante*», conclut Marie.

Nous observons que Marie n'a rien donné d'elle. On ne sait rien de son sentiment, de ses opinions, ni de ses expériences sur le propos échangé. Pourquoi ne pas avoir parlé de ses voyages en Grèce et en Floride? Pourquoi ne pas avoir renchéri en affirmant que vivre un gros tremblement de terre ou un raz de marée étaient ce qu'elle envisageait de pire? Pourquoi n'avoir pas posé de questions sur New York puisque Marc, son époux, rêverait d'y monter une filiale de son agence immobilière? Son interlocuteur a parlé de lui. Il lui a offert de très nombreuses «accroches» possibles. Il voulait échanger en toute simplicité…

Marie pourrait sûrement répondre : «Je ne voyais pas en quoi cela le regardait que mon mari soit dans le secteur immobilier ou les pays que j'ai pu visiter!»

Ne décidons pas pour l'autre de ce qui va l'intéresser ou pas. Personne n'est en mesure de savoir ce qui va constituer une «accroche». Or, l'homme de notre exemple est un avocat qui travaille au niveau international; devinez de quelle spécialité?… les contentieux immobiliers! Jamais Marie ne s'est réellement intéressée à lui. Elle n'a pas osé lui demander pourquoi il travaillait à New York. En ne parlant pas plus *précisément* d'elle, il était impossible que son interlocuteur puisse trouver une «accroche». Aucun moyen pour lui de deviner que son mari aimerait se développer à New York. Aucun moyen de décider qu'il pourrait être utile à Marc en laissant sa carte d'affaires afin que celui-ci puisse obtenir des informations précieuses.

Pourquoi cet homme s'est-il échappé en moins de trois minutes de la conversation ? Parce qu'il n'y avait aucune conversation ! Il faisait un monologue contre son gré.

Par ailleurs, *la posture* de Marie n'était *pas en phase avec* lui : elle était debout aux trois quarts de profil et ne lui faisait pas face. Neuf réponses évasives et très courtes furent assez pour l'évincer. Six auraient suffi pour faire échapper n'importe qui (sauf un bon samaritain ou un dragueur ?). En fait, si Marie n'avait pas voulu communiquer, qu'aurait-elle fait ? Exactement la même chose ! Essayez. Cela fonctionne à merveille lorsque vous voulez vous débarrasser d'un individu (étranger ou non). Restez de profil, ne tournez pas les épaules vers votre interlocuteur, répondez de façon courte, ne donnez rien de vous, faites « Mm... », ne posez pratiquement pas de questions et je vous garantis qu'après une à cinq minutes, l'interlocuteur s'est détourné de vous. Ne demandons pas aux gens de se montrer fins psychologues pendant une soirée de détente et d'amusement. *Si nous ne voulions pas discuter, nous ne ferions pas autrement !* Vont-ils deviner que nous sommes timides mais contents de converser ? Et quand bien même ils le saisiraient, vont-ils retirer du plaisir à nous extraire les vers du nez en nous posant tant de questions que cela ressemblerait à un interrogatoire inquisiteur ?

À la crémaillère de Laurence, Marie et Claire ne se sont jamais parlé. Mais Claire est ravie des rencontres qu'elle y a faites. Tout d'abord, Laurence et elle se sont rencontrées à bord d'un avion trois mois auparavant. Elles étaient côte à côte. Elles se sont souri en s'installant à leur place. On ne sait plus qui des deux a commencé la conversation (au sujet de la place restante dans les casiers au-dessus de leur tête... une banalité) mais elles se souviennent d'avoir discuté presque tout le long du vol. Claire avait fermé son cabinet de kinésithérapie (physiothérapie) pour visiter le Maroc pendant 15 jours. Laurence profitait d'un séminaire de trois jours à Marrakech pour prolonger son séjour et projetait la même visite. Elles se sont échangé les coordonnées de leurs hôtels, se sont rejointes et ont loué une voiture à deux pour traverser le pays. Depuis trois mois, elles sont devenues amies et s'en félicitent. Par la suite, beaucoup de nouveautés se sont produites grâce à l'une et à l'autre. Si Claire n'avait donné aucune information sur elle-même dans l'avion, elle n'aurait jamais connu Laurence, n'aurait pas découvert les mêmes choses au Maroc. Elle n'aurait donc pas pu rencontrer des gens comme Jean. Qui est Jean? Un homme agréable et sain, certes, mais aussi un kinésithérapeute en recherche de collaboration! Il se trouve qu'en discutant à cette soirée, Claire et Jean, tous deux généreux d'informations sur leur vie, se sont découverts mus par le même projet : limiter les charges en travaillant à deux dans le même cabinet. On saura plus tard que ce que Marie a loupé, Claire l'a réussi : se faire non seulement un ami mais un associé de qualité depuis quatre ans maintenant…

Ce qui se passe pour Claire ainsi que pour des millions d'autres ne relève pas d'une attitude exceptionnelle. Cependant, les conséquences sont merveilleuses. Malheureusement, Marie ne s'en doute pas…

➤ Deux et un égalent EUX!

Il nous est tous arrivé de nous approcher d'un ami ou d'un conjoint en discussion avec d'autres personnes. S'inclure dans une conversation en cours n'a rien de sorcier pour bon nombre d'entre nous. Pour d'autres, comme Marie, cela pose un problème. Quel problème? *Quand et comment entrer* dans ce clan qui semble si fermé et qui paraît tenir une conversation qui ne nous concerne peut-être pas?

Suis-je trop près ou trop loin?

En premier lieu, convenons de la question de la distance.

Le professeur d'anthropologie américain Edward T. Hall[21] et antérieurement H. Hediger (1941) ont étudié la question du ter-

---

21. Edward T. Hall, *La dimension cachée,* Paris, Éditions du Seuil, 1971. Titre original : *The Hidden Dimension,* New York, Doubleday and C°, 1966.

ritoire de tout être vivant, animal ou humain, et de l'espace nécessaire à son équilibre. Edward Hall a d'ailleurs créé le terme de « proxémique » pour décrire les phénomènes d'organisation et d'utilisation de l'espace chez l'homme.

Chez les humains et les animaux, il existe une distance dite de « sécurité » ou de « fuite ». Plus l'animal est gros, plus la *distance de fuite* est grande, c'est-à-dire la distance qu'il doit maintenir entre lui-même et l'intrus. À notre approche à pied, une antilope va s'enfuir lorsque la distance entre elle et nous sera de moins de 500 mètres. Un lézard s'éclipse seulement lorsqu'il ne reste que deux mètres entre nous et lui. Cependant, il existe une *distance d'attaque* qui peut déclencher l'attaque de l'animal (un rat, par exemple) si celui-ci est acculé et ne peut s'enfuir. La zone intermédiaire entre la distance de fuite et la distance d'attaque est dite *distance critique.*

La fameuse *distance de sécurité* (dite de fuite) existe aussi chez l'humain, mais elle se vit différemment selon les individus. Certains ne sont pas gênés par la foule et se sentent uniquement entravés dans leur vitesse de déplacement. D'autres ressentent une sensation d'oppression comme si la proximité avec des étrangers représentait un danger (inconscient). Plus on a peur des autres, plus on a de chances de ne pas supporter la foule (ex. : dans le métro). J'ai bien dit « supporter », ce qui se différencie d'« aimer ».

De nombreux travaux en sociobiologie ont concrètement observé les distances établies chez les humains selon leurs affects, leurs activités et leurs cultures. On reconnaît quatre distances.

La *distance intime* qui permet le toucher, les baisers, l'acte sexuel, la lutte, le réconfort et la protection (mode proche : entre 0 et 15 centimètres) ; mais aussi des discussions entre gens qui se connaissent, qui s'aiment (d'amour ou d'amitié) ou qui s'apprécient. Les mains peuvent se joindre et on situe son mode éloigné entre 15 et 40 centimètres. À cette petite distance, nous pouvons facilement capter certains détails avec précision. L'haleine, le rythme de la respiration, l'odeur et la chaleur du corps de l'autre sont perceptibles. D'un autre côté, la vision est souvent déformée.

La *distance personnelle* (mode proche : de 45 à 75 centimètres et mode lointain : de 75 centimètres à 1,20 mètre) permet des discussions et des questions plus personnelles, mais sans contact. Notre *distance dite de sécurité* est représentée par cette *distance personnelle*. En écartant les bras, nous avons une idée de ce que représente notre «bulle de sécurité». En imaginant que deux individus étendent simultanément leur bras l'un vers l'autre, le mode lointain représente, en fait, la limite de l'emprise physique sur autrui.

La *distance sociale* (mode proche: de 1,25 à 2,10 mètres et mode lointain: de 2,10 à 3,50 mètres) correspond à une réunion informelle (pour le mode proche) ou à une réunion plus formelle (mode lointain) d'individus pour discuter d'affaires publiques ou professionnelles. Élever la voix permet de réduire la distance sociale en distance personnelle, et surtout de se faire entendre.

Et enfin la *distance publique* est la plus éloignée (mode proche: de 3,50 à 7,50 mètres et mode éloigné: 7,50 mètres et plus): elle correspond à l'espace qui sépare, par exemple, un chanteur ou un politicien dans une grande salle ou un stade et son public.

Ces mesures varient en fonction de la culture des individus. Watson (1970[22]) a pu comparer les distances personnelles selon les différentes cultures. Ainsi, les Arabes et les Européens du Sud conservent une moindre distance durant une conversation que ne le font les Sud-Américains et les Asiatiques, qui eux en conservent une moins grande que les Européens du Nord.

Elles peuvent également varier légèrement selon la personnalité de chacun et selon les caractéristiques de l'environnement (bruit intense, faible éclairage…).

Pour en revenir à la question de la «bonne» distance pour s'approcher de deux ou trois personnes en discussion (debout), Marie a tendance à faire un arrêt à une *distance sociale* (1,25 mètre environ). C'est trop loin. Il faut qu'elle s'approche tranquillement (pas rapidement surtout) pour s'arrêter à une *distance personnelle*. Le plus simple est de se caler à la distance qu'ont adoptée les autres entre eux. Nous nous apercevons que cette distance est souvent *personnelle* (de 45 à 75 centimètres). C'est ce qui donne probablement

---

22. O. M. Watson, *Proxemic behavior,* Den Haag, Pays-Bas, Mouton, 1970.

l'impression à Marie qu'il s'agit d'un clan ou que la conversation s'avère confidentielle. Cela, la simple constatation de leur proximité ne peut nous le garantir. Pour le savoir, Marie doit écouter ce qui se dit. Ce n'est pas parce que ces personnes parlent d'elles, de leur travail ou d'autres sujets les concernant qu'il s'agit nécessairement de propos intimes.

Plusieurs *indices* nous permettent de discerner si nous pouvons nous approcher et si nous pouvons naturellement rester auprès de ces gens. Si ces deux ou trois personnes se parlent en chuchotant ou en rapprochant leur tête baissée sans se laisser entendre (assises le plus souvent), il se peut que le propos soit trop confidentiel pour qu'on puisse s'introduire à cet instant-là. Aussi, lorsque nous nous approchons lentement, si toutes les personnes s'interrompent en nous regardant *sans poursuivre quelques secondes plus tard,* même hypothèse. Cependant cela ne nous interdit pas de rester. Souvent l'un d'entre eux nous pose une question du style « Alors ? Tout va bien ? » et nous inclut dans une nouvelle conversation. En revanche, s'ils veulent poursuivre sans nous, soit l'ami nous le dit gentiment (ne pas le prendre pour un rejet de notre personne mais comme une convention respectueuse), soit ils reprendront plus tard.

Marie rétorquera peut-être que si elle dérange en s'approchant, les autres seront trop polis pour le lui dire. C'est possible. Ne vaut-il pas mieux, dans ce cas, être attentif aux signaux de bienvenue ?

Quels sont les signaux de bienvenue ?

Premièrement, il y a 9 chances sur 10 que si nous ne nous approchons pas, ces personnes en conversation ne nous voient pas et ne s'interrompent pas pour nous laisser nous joindre à eux. Comme nous l'avons constaté, **il est de notre ressort de nous approcher pour nous intégrer.** Nous ne pouvons pas considérer que seule une invitation claire soit le critère majeur à retenir pour cette question.

Deuxièmement, notre attitude pendant l'écoute est primordiale.

Claire fait partie des gens à l'aise dans ce cas-ci. Malgré un caractère jovial et affirmé, elle *s'approche lentement et en silence.* Elle *écoute attentivement* ce qui se dit. À aucun moment elle ne se parasite l'esprit en se demandant si elle est de trop ni ce qu'elle *devrait* dire. Elle sait que ne rien dire pendant quelques minutes n'a aucune incidence. *Son visage traduit des pensées et des réactions à ce qui se dit.* Elle *acquiesce,* ce qui montre qu'elle écoute. Son *sourire* ou son *rire* paraît *en même temps que celui des personnes* en présence. Elle ne mime pas: elle se place rapidement dans l'écoute sincère et la *même dynamique que les autres. Après une écoute* silencieuse qui dure de 30 secondes à 5 minutes (selon les sujets), Claire se manifeste verbalement. Soit elle pose une question, soit elle *donne son avis* tout comme le font les autres. Comment peut-elle se permettre cela, se demande Marie? Son cerveau a enregistré les signaux de bienvenue!

Alors que Laurence et deux hommes se parlaient dans le couloir, Claire s'est approchée doucement jusqu'à la *distance personnelle* que ce groupuscule maintenait. Laurence a tourné la tête en souriant vers Claire ainsi qu'un des hommes. **Le sourire d'accueil** est déjà un bon signe. Or, l'autre homme qui parlait à cet instant n'a pas détourné la tête. Cela est tout à fait normal quand on réalise qu'il est concentré à préserver quelques secondes encore la clarté de sa pensée. Ce même homme, continuant son propos, regardait alternativement Laurence et l'autre homme et soudain posa son regard une à deux secondes sur Claire; puis il posa de nouveau son regard sur les autres. Lorsque le deuxième homme prit la parole, il regarda le premier homme pour lui répondre, poursuivit sur Laurence puis Claire et retour sur l'homme. Si les membres du groupe **regardent** Claire **à plusieurs reprises,** c'est qu'elle s'intègre bien. Elle devient un élément du groupuscule. Cela, Claire le sait. Peut-être n'y a-t-elle jamais réfléchi, mais dans tous les cas, elle sait décoder instinctivement.

Dans un groupe, si nous restons impassible, sans mimiques ni acquiescements, nous nous démarquons par ce qu'on appelle *la désynchronisation*. La Programmation neuro-linguistique (PNL) décrit fort bien ce phénomène et ses conséquences. **La synchronisation, l'attitude physique de se mettre en phase avec autrui, nous inclut.** La désynchronisation nous exclut. Ce ne sont pas les autres qui nous excluent, c'est nous-mêmes!

Cependant, il se peut que malgré une bonne synchronisation, nous ne nous sentions pas vraiment intégrés. Que se passe-t-il ? L'hypothèse la plus probable est que *nous continuons notre scénario intérieur* du type «Ils doivent se demander qui est cette pauvre dame qui écoute» et dans ce cas nous sommes encore trop égocentrés pour repérer les signaux de bienvenue externes. Ou encore, mais c'est plus rare, aucun des partenaires ne signifie par sa communication non verbale qu'il a remarqué notre présence. Si *à aucun moment,* et ce *pendant trois minutes* (cela leur laisse suffisamment de temps), *aucune des personnes ne nous regarde,* nous pouvons relever que notre présence n'apporte pas un plus. Nous pouvons faire un petit tour et revenir plus tard. Pour conclure à la véracité de cette deuxième hypothèse, il faut les *quatre éléments en même temps : à aucun moment − personne − pendant au moins trois minutes − aucun coup d'œil* vers nous. Attention, il est entendu que pour réagir dans ce dernier cas, il faut s'assurer d'être dans une attitude synchronisée et non «de marbre». En effet, certains se plaignent de vivre souvent ce rejet ; or, je le répète, il est fort rare. Comprenons que si nous n'acquiesçons pas, si nous ne sourions pas avec les autres ou si nous sommes trop loin (quelques dizaines de centimètres suffisent), les autres membres nous regarderont au début tout en s'échangeant des propos *puis* ils cesseront ! Leur cerveau aura traduit que notre attitude signifie un désintérêt. Il aura compris que nous souhaitons volontairement demeurer en retrait, voire pire : que nous les jugeons «de haut». À cause de cette attitude, nous devenons alors fort gênants.

➤ La question idiote

Marc et Marie sont au restaurant avec l'associé de Marc et sa compagne. Nos deux personnages, Marie et Marc, sont mariés. La conversation tourne aux questions professionnelles entre Marc et son associé lorsque soudain Marie les interrompt : «Je peux poser une question idiote ?»

Poser une question montre notre ignorance.
Je ne suis pas aussi cultivée que les autres.
Il y a un âge où on ne doit plus être ignorant.

Dommage, Marie se saborde ! Pourquoi qualifie-t-elle sa question d'«idiote»? «Sûrement parce que s'ils la jugent effectivement idiote, j'aurai au moins prévenu que je m'en doutais!» répondrait Marie.

Le plus souvent, les gens comme Marie ne posent pas des questions idiotes. Tout au plus seraient-elles naïves, c'est-à-dire émanant d'une personne néophyte en la matière discutée. Raisonnons ensemble : à quoi servent les questions? À s'informer ou à se faire préciser une notion. Justement parce qu'on ne sait pas ou qu'on désire ne pas rester sur une fausse interprétation. La démarche est plutôt intelligente : on cherche à s'informer, à nourrir son esprit, à apprendre. Selon Marie, sa question est risquée : et si on percevait son ignorance? Au lieu de se focaliser sur le contenu, elle s'attache à craindre le jugement des personnes en présence. Or, ce qu'elle redoute le plus, Marie le provoque ! Cela, Marie ne le sait pas...

Si je vous dis : «Oh! J'en ai une bonne à vous raconter. Vous allez rire... », vous serez disposé à écouter l'histoire *avec* un jugement en tête : l'histoire fait-elle rire ou non? Vous n'écouterez pas la narration de façon neutre et libre. À chaque étape, votre esprit cherchera l'aspect drôle du contenu. Autrement dit, j'ai influencé votre écoute en vous assignant une tâche supplémentaire : *vérifier* que c'est drôle. Or, si vous ne percevez pas l'histoire aussi amusante que je l'imaginais, il est possible que vous feigniez de rire ou composiez un sourire de politesse, gêné de ne pas trouver cela hilarant.

Il en est de même avec les qualificatifs négatifs. «Vous allez me trouver bête,... »; « Vous allez me trouver fou (folle), j'ai... »; «Tu vas me trouver stupide,... »; « Ma question est peut-être idiote mais...» sont autant de *préparations à disposer autrui aux jugements*. Il arrive souvent que des professeurs ou des conférenciers répondent en premier lieu à l'incitation au jugement négatif par «Non, votre question n'est pas idiote» avant de répondre à la question. Il se peut, qui plus est, que le sentiment immédiat du conférencier soit de l'agacement (non perceptible). En effet, il est assez désagréable de s'entendre dire qu'on est capable de juger une question «idiote» ou une personne «stupide», alors qu'on ne la connaît pas. Non, on ne se permet pas de juger si vite ses congénères avec de tels qualificatifs!

Dans le cas où nous formulons de telles introductions négatives à nos propos, nous donnons une information sur notre état d'esprit: nous n'avons pas une haute estime de nous-mêmes. Pour être plus clair, *nous nous dévalorisons* nettement. Dire «Je peux poser une question idiote?» sous-entend: «Je la trouve idiote, *donc* vous aurez la même opinion!»

Si vous trouvez votre question idiote, je vous suggère de ne plus l'exprimer. «Je peux poser une question?» ira très bien.

➤ La réponse idiote

Le «non» de la tête

Dans un registre analogue, il arrive que Marie dévalorise sa réponse. Cela, sans en avoir conscience, car il s'agit d'un tout petit mot et d'un subtil mouvement de tête. Quand Marie est interpellée pour donner son point de vue ou qu'on l'incite à s'exprimer sur ce qu'elle sait, elle commence souvent par répondre: «*Non,* ce que je peux dire, c'est que…» En même temps, sa tête bouge subtilement de droite à gauche, comme pour renforcer le «non». Pourquoi «Non,… », alors qu'elle s'exprime positivement? En effet, il ne s'agit nullement ici de désapprouver les arguments soulevés par l'interlocuteur. Le «Non» ici débute la phrase de façon réflexe sans intention de refus ou de contradiction. Nous voudrions ne donner que peu de crédit à nos propos que nous ne ferions pas mieux. Entre 80 et 93% de la communication passe par le non-verbal. La tête qui traduit «non» sous-entend inconsciemment aux interlocuteurs «Ne prêtez aucune attention particulière à ce que j'énonce» ou «Je vous dis cela, mais cela n'a pas d'importance, je n'apporte rien de plus». Or, cela est faux!

Je contribue, tu contribues…

Si nous écoutons les propos des uns et des autres *au lieu d'être centré sur soi* (Qu'est-ce que les autres doivent penser de *moi*?), il existe un risque infime d'intervenir stupidement. Évidemment, si en pleine conversation sur le système scolaire, par exemple, nous participons d'une question comme «Je ne me souviens plus quel type de farine il vaut mieux utiliser pour les crêpes salées?», cela jette un froid. Notre question est idiote dans le sens où elle n'est pas cohérente avec les propos échangés. En revanche, si on parle des crêpes, elle n'est pas idiote. Hormis par ces interventions inadéquates extrêmement rares en société, chacun contribue à la dynamique d'un groupe, que l'on soit 4 ou 25.

Beaucoup de gens comme Marie pensent que leur présence n'est pas *indispensable* dans une réunion, une assemblée, une soirée d'anniversaire… Indispensable? Non, c'est vrai. Pas plus que la présence de Claire chez Laurence n'est indispensable. Mais notre présence, discrète ou non, agit sur tout le groupe. Certes, nous contribuons à un apport quantitatif qui fait que l'ambiance d'un anniversaire fêté à 7 sera différente d'un rassemblement à 20. Mais le sens de mon propos est ailleurs. Marie, pas plus que n'importe lequel d'entre nous, n'est pas creuse. Nous avons tous un caractère, un tempérament, une vie d'expériences multiples, des intérêts qui font la richesse de chacun. Certains sont plus riches d'expériences que d'autres. Et alors? De toute façon, en quelques heures, aucune vie complète ne peut être narrée. Seules des bribes vont être dévoilées et ces petites richesses vont déclencher des réactions, des questions, des discussions qui vont ensuite évoluer sur d'autres sujets nourris par les *petites expériences* de vie d'une autre personne. D'autres aspects influencent une ambiance et une dynamique de groupe: *la philosophie, la spiritualité, l'éthique et le niveau d'authenticité de chacun.*

Marie se complexe de ne pas avoir vécu jusqu'à 44 ans une vie de voyages, d'expériences sportives ou de loisirs originaux. Elle se compare aux autres personnes en présence et s'imagine chaque fois, comme c'est le cas chez Laurence, que sa «petite vie» n'intéresse personne puisqu'*ils* ont «vécu» beaucoup plus qu'elle! Cela ne se calcule pas ainsi. Laurence aime Marie malgré leur vie différente. Elle apprécie la gentillesse, l'honnêteté intellectuelle, la générosité, l'intelligence et les qualités spirituelles et d'éthique de Marie. En cela, Marie est unique. Mais cela, elle ne le sait pas.

Marie nous a-t-elle dit ou montré qu'elle avait d'autres qualités? Pense-t-elle que tout le monde saurait faire ce qu'elle sait faire? Si oui, elle se trompe. Marie est professeur d'arts plastiques. De plus, elle pratique la sculpture dans son propre atelier depuis 10 ans. Marie est aussi créative, habile, concentrée, consciencieuse, judicieuse, organisée, courageuse... Les qualités de chacun, que leur «propriétaire» en ait conscience ou pas, sont autant d'éléments subtils qui contribuent à enrichir nos proches, même pour quelques heures. Un préalable à cela : qu'on libère la censure et que l'on parle de soi ; que nos qualités et nos atouts (très nombreux contrairement à nos défauts) servent aux autres !

Toute intervention en groupe est une contribution à la réflexion individuelle et, par conséquent, à la dynamique d'un groupe.

Pour continuer sur la collaboration de chacun dans un groupe, je donnerais l'exemple du *brainstorming* (dit «remue-méninges» en français). Voici un cas où l'absence de l'un d'entre nous peut aboutir à un résultat complètement différent. Le *brainstorming* consiste à rassembler plusieurs individus pour lancer sans censure toutes les idées qui leur traversent l'esprit à propos d'un thème. J'ai fait cette expérience pour trouver un nom d'émission de télévision. Nous étions 10 plus une personne qui menait le processus. Chacun a été convié à écrire pendant une minute ses idées de titre. Puis, chacun à son tour les déclarait à haute voix et notre meneur les notait toutes au tableau. Nous avons repris cinq minutes individuelles pour continuer notre dynamique créative. Ces minutes supplémentaires ont été fructueuses. Chacun s'est laissé déclencher des idées à partir des autres inscriptions au tableau. Les jeux de mots fusaient. Nous nous sommes arrêtés à 167 propositions. Nous avons voté sur les noms préférés. L'engouement général se porta sur 10 d'entre eux avec une nette préférence pour l'un. Il est génial. Nous avons terminé en une heure. Peut-être que seule, j'aurais réussi à en inscrire 167 sur plusieurs jours. Mais sûrement pas les mêmes intitulés! C'est X qui a inventé le nom préféré. Il l'a créé grâce à la trouvaille d'Y. Et si X n'avait pas été là?…. Et si Y n'avait pas été là?….Volontairement, je laisse les prénoms X et Y, car je veux ainsi démontrer que la présence ou l'absence de n'importe lequel d'entre nous peut faire une sacrée différence sans que nous en ayons eu conscience.

➤ Je ne suis pas cultivé

«Pour être apprécié, il faut être cultivé», pense Marie. Que signifie, pour elle, être cultivé? S'informer sur tout, savoir des choses et surtout les avoir mémorisées afin d'y faire référence au moment opportun lors d'une conversation (ou d'un jeu télévisé ou jeu de société).

Marie est en réalité fascinée par les individus capables d'agrémenter leurs propos de dates précises, de noms propres et de références historiques, géopolitiques ou autres. Lorsqu'elle écoute ces personnes, elle se tait. Marie *se compare* à ces dernières et conclut que si elle ne sait pas tout cela, c'est qu'elle n'est pas cultivée. Mauvaise conclusion. Il y a au moins trois réalités qu'il nous faut prendre en compte pour comparer rationnellement.

Premièrement, la **différence d'âge.** Il est probable qu'on en sache plus sur le monde à 40 ans qu'à 20 et à 70 ans qu'à 40.

Pourtant, il y a des choses qu'une personne de 40 ans peut connaître et pas celle de 70. Ceci pour la deuxième raison : notre **formation de base** et les domaines que nous avons approfondis jusque-là. Marie a une formation littéraire approfondie. Elle a lu tous les classiques avec passion. Elle a étudié l'histoire de l'art, puis la pédagogie et des techniques artistiques pour devenir professeur d'arts plastiques. Claire, elle, a 33 ans. Elle est kinésithérapeute. Après un baccalauréat scientifique, elle a étudié l'anatomie, la médecine, la neurologie, la physiologie articulaire, la rééducation fonctionnelle. Toutes ses lectures se rapportent à l'allopathie, à l'homéopathie, aux médecines chinoise, tibétaine, aux différentes approches thérapeutiques et de relaxation. Autrement dit, tout ce qui peut lui servir pour améliorer ses prestations professionnelles ; elle ne prend pas le risque de s'en tenir à ses trois années d'école spécialisée pour justifier ses compétences. Entre un livre sur une découverte médicale et la biographie de Louis XI, elle choisit délibérément le premier.

Or, laquelle de Marie ou de Claire est la plus cultivée ? Claire, à 33 ans, a certainement beaucoup plus de connaissances sur le fonctionnement du cerveau que Marie qui a pourtant 44 ans. Mais Marie connaît l'histoire de France et de l'Europe mieux que Claire ne voudra jamais l'apprendre. Cependant, rien ne nous dit que Claire ne lira pas la biographie de Louis XI à 57 ans. Encore faut-il que cela l'intéresse !

Je vais vous narrer une anecdote qui m'a amusée. Je devais avoir 29 ans ; c'était lors d'un repas avec mon père. Nous parlions d'un sujet qui, immanquablement, a viré sur des références historiques. Mon père est un passionné d'histoire. Il a tellement lu depuis l'âge de sept ans que peu de choses sont un mystère pour lui. Au lieu de jouer à cache-cache avec des copains, il préférait s'instruire. C'est réussi. Je le considère comme un érudit. Ainsi, il en vient à me parler de Mazarin et je l'interromps soudain pour reformuler : « Mazarin est italien ? » Que n'avais-je pas demandé là ! « Bien sûr que Mazarin est italien ! Comment peux-tu ne pas savoir cela ? » En fait, je l'avais sûrement appris, mais je l'avais complètement oublié ! Il faut savoir que j'ai été abreuvée de références historiques chaque fois que mon père trouvait une occasion. Le moindre château aperçu au loin sur une colline lors de nos périples en vacances en Europe lui donnait le prétexte d'un véritable cours oral d'histoire. L'intention était bonne. Le résultat sur moi allait à l'encontre de l'objectif : je ne retenais rien ! Aucun nom propre, aucune date. Les mois suivants, ces apprentissages semblaient s'être évaporés à l'exception du souvenir de belles histoires et de ce que j'avais découvert par mon expérience. Pour revenir à Mazarin, je ne me sentais ni coupable ni stupide d'avoir oublié sa nationalité. Ni même de me rappeler ma médiocrité en histoire. Je répondis alors en riant :

« Dis-moi, papa, ce n'est pas toi qui m'as demandé, il y a une semaine, si un scanner faisait mal ? »

À chacun sa culture !

La troisième réalité est importante : selon que nous sommes plus **visuels, auditifs ou kinesthésiques** pour appréhender les expériences, nous ne les restituons pas de la même façon. La Programmation neuro-linguistique (PNL) a bien étudié ce phénomène (1975).

Lorsque Marc et Marie ont voyagé en Grèce, ils ont découvert des îles, des villages, des plages, Athènes et ses monuments, des musées, des anciens vestiges… Marc prenait le soin de lire le guide explicatif des sites la veille au soir de leur exploration. Il lui suffit de lire une fois pour mémoriser les noms propres, les références d'époques, la chronologie des évènements historiques avec quelques dates. Lorsqu'ils rémunéraient les services d'un guide officiel sur un site, Marc discutait avec celui-ci pendant que Marie, elle, avançait seule et explorait d'abord avant de comprendre intellectuellement ce qu'elle voyait.

Au retour de leurs vacances, Marc et Marie racontent ce qu'ils ont fait et vu à leur fille de 14 ans (qui était en camp d'ados). Marie raconte ce qu'elle a *fait*. Marc, ce qu'il a *vu*. Lorsque Marc raconte une expérience, il se réfère au nom du village, à ce qui s'y est passé en 1950, au nom donné à la chapelle où des fresques sont préservées, etc. Il se souvient de tout cela. Marie raconte à sa fille que le jour où ils ont grimpé à pied jusqu'à ce village (dont elle ne se rappelle plus le nom, mais Marc vient de le dire !), il faisait épouvantablement chaud et qu'ils n'avaient plus d'eau. De fait, en disant cela, elle rappelle à sa fille qu'il ne faut pas oublier de prévoir assez d'eau dans un tel pays en été. Marie raconte comment une vieille dame, toute habillée de noir, les a invités à boire une limonade chez elle ; qu'elle ne parlait ni anglais ni français mais qu'ils se sont bien débrouillés pour se comprendre. Elle explique à sa fille que les femmes vêtues de noir, en Crète, portent à vie le deuil d'un mari ou d'un fils mort…

Avez-vous remarqué comment Marc et Marie restituent chacun leur même expérience ? Différemment, et ce pour une raison que probablement ni l'un ni l'autre ne connaissent. Marc est un visuel. Marie est une kinesthésique ! Ce qui veut dire que *le canal sensoriel privilégié* de Marc pour capter les évènements est visuel. Il mémorise ce qu'il voit. Quand il lit, il enregistre les mots tels qu'ils sont écrits, dans son for intérieur. Il voit la scène. Probablement sans s'en apercevoir. Les personnes dont le canal privilégié est l'auditif, elles, enregistrent ce qu'elles entendent ou lisent instantanément. C'est ce qui peut expliquer que les rares étudiants à l'université ou à l'école qui *ne notent pas tout* sont en fait des auditifs. Ils mémorisent des noms d'auteurs, de chercheurs, des termes compliqués, des dates, etc. Ils aiment écouter la radio et intègrent ce qui a été dit assez précisément. Ce sont ces types de personnes que Marie admire, car elles sont capables de faire sensation en montrant leur « culture » lors de discussions (débats télévisés ou radiophoniques, dîners, etc.). Ces personnes sont des *visuelles* ou des *auditives* en premier lieu. Leur faculté d'enregistrer l'information se trouve facilitée, car elles n'ont *nul besoin de l'expérience pratique*. Pour un kinesthésique, c'est exactement l'inverse. Les termes « expérience » et « pratique » sont des pléonasmes !

Marie, comme tous les kinesthésiques, appréhende, capte et mémorise le monde par un vécu physique et/ou émotionnel. Il faut qu'elle ressente les choses. Il faut qu'elle les pratique ! Pour un kinesthésique, le nom d'une chapelle découverte en Crète n'a pas d'importance. Ce qui lui est cher, c'est d'y être allé et d'avoir ressenti l'effort puis l'atmosphère de ce lieu isolé. Si nous voulons montrer une manœuvre ou une astuce sur un ordinateur à un kinesthésique, nous perdons notre temps à la lui faire noter par téléphone ou à faire nous-mêmes la démonstration : il faut qu'un kinesthésique le *fasse* lui-même ! Il faut que cela lui serve *concrètement*.

Si je m'appuie sur autant d'exemples dans cet ouvrage, c'est aussi à l'intention des lecteurs kinesthésiques afin qu'ils puissent intégrer des notions plus abstraites. La voie d'accès est visuelle (comme dans un film), mais ensuite ils se projettent dans la situation, *comme s'ils y étaient*. Pour ressentir. Ce n'est qu'ensuite que la conceptualisation est facilitée. Je le sais… je suis kinesthésique !

Il serait totalement faux de penser que ceux qui agrémentent leurs discours de noms propres, de dates et de connaissances diverses sont, par définition, plus cultivés. Ils ont une *excellente mémoire lexicale.*

Cependant, combien d'entre nous sont plus captivés en entendant une histoire vécue, une aventure sur le plan de l'expérience? Si vous êtes *kinesthésique,* il est certain que le voyage en Grèce de Marie vous intéressera davantage que celui de Marc! C'est même ce qu'elle va vous en dire qui vous incitera à vous y rendre aussi ou non. Que la route de 110 kilomètres ait été construite en 1870 par X ou Y ne vous intéressera pas nécessairement à long terme. Qu'on vous raconte que cette route aménagée il y a longtemps est la seule route entre telle et telle ville mais qu'elle est très pénible, pleine de trous et qu'on a dû conduire pendant deux heures et demie vous donnera une bien meilleure idée. En réalité, des interlocuteurs plus visuels ou auditifs vont également bénéficier des propos d'un kinesthésique car, d'une manière générale, le concret permet des représentations sur un mode direct et immédiat mieux que ne peuvent le faire des discours abstraits.

Marie a une culture qu'elle se doit maintenant d'oser partager sur son mode. *Le mode kinesthésique concerne quasiment la moitié de la population!* Mais cela, Marie ne le sait pas.

Revenons à la croyance de Marie, et de millions d'autres personnes: «Pour être apprécié, il faut être cultivé.» C'est à moitié vrai dans le sens où il vaut mieux donner, offrir aux autres ses connaissances et ses expériences aux moments opportuns. Si nous ne partageons que des «Mm», «c'est vrai», «sûrement», «peut-être», nous ne donnons rien à apprécier. On ne saura rien de nous; peut-être aussi alourdissons-nous l'atmosphère. Me revient en mémoire une anecdote dont l'issue m'a mise fort mal à l'aise ainsi que mes convives (ils me l'ont dit par la suite).

Nous étions six à table. Mon frère avait invité un de ses amis, Charles, qui avait 45 ans environ. Ce dernier avait créé un nouveau concept d'appareil téléphonique et comptait le présenter à des industriels chinois, en Chine. Autour de cette table, une de mes copines, extrêmement cultivée en l'occurrence mais ayant peu d'amis, était employée à la direction d'une des plus grandes entreprises françaises. Aline travaillait parfois avec des Chinois depuis plusieurs années. Alors que Charles exprimait sa crainte de faire des erreurs dans la négociation avec des Chinois lors du premier rendez-vous, je m'attendais à ce qu'Aline à ma droite s'empresse de lui offrir ses tuyaux. Mais rien ne vint. Au bout de deux minutes, je me tournai ostensiblement vers Aline, la main ouverte, et je dis : « Aline connaît très bien les Chinois : elle négocie des usines clé en main avec eux ! » « Mais non, répondit-elle, je n'ai rien à dire sur les Chinois ! Je n'en sais pas plus que tout le monde ! » Nous étions désappointés…

Comme elle adoptait des attitudes analogues (rétention d'information sur soi) lors de plusieurs soirées en groupe, j'ai préféré ne plus inviter cette copine si « cultivée ». (Elle m'a confié plus tard avoir peur de paraître trop prétentieuse et d'ennuyer les autres.)

Il est vrai que dans certains milieux intellectuels, mieux vaut s'exposer avec un minimum de culture. Imaginons que si ce groupe ne s'exprime qu'autour des mêmes et uniques centres d'intérêt, il va tourner en rond en quelques années. Dans d'autres milieux très modestes, notre érudition peut gêner des personnes peu ouvertes au monde extérieur et malgré tout secrètement complexées. Dans ces deux cas opposés, nous pouvons faire appel à notre capacité d'adaptation au moins ponctuellement. Or, à l'âge adulte, nous avons toujours le loisir de choisir le milieu dans lequel nous préférons évoluer. Le tout est d'assumer ce choix sans complexes…

Outre ces nouveaux points de vue, si vous pensez encore « Je ne suis pas cultivé » lorsque vous vous comparez à quelqu'un, **posez-vous les questions suivantes** (en vous répondant bien sûr !) :
- Quel âge a cette personne ?
- Quelle est sa formation de base ?
- Quelle est ma formation de base ?
- Quelles semblent être les passions de cette personne ?
- Ai-je eu des intérêts et des passions différentes jusque-là ?
- Semble-t-elle avoir une excellente mémoire ?
- Suis-je plutôt kinesthésique ?

Indéniablement, *ce n'est pas le fort degré de culture qui nous rend appréciable aux yeux des autres.* C'est notre simplicité à être *avec* eux, *parmi* eux, *en phase* avec eux. En un mot, notre *sympathie et notre gentillesse sont les bonnes clés.* Rappelez-vous, un professeur d'école ou de fac érudit mais sans talent pour communiquer avec simplicité et sympathie n'est pas aimé.

Cela dit, qu'est-ce qui nous empêche, *en plus,* de continuer à nous cultiver pour évoluer personnellement et offrir ensuite nos découvertes aux autres?

➤ Et si je me cultivais?

Tout comme Marie, Clément, 40 ans, ingénieur informatique, se plaint de ne pas être cultivé. Nous dirons de ne pas être *assez* cultivé. Il vit maritalement depuis cinq ans avec Françoise et le fils de celle-ci (11 ans). Son ordinateur est son seul ami. Non seulement il y travaille dans l'entreprise qui l'emploie, mais aussi à la maison. Il a tout de même un vrai ami qui vit à 200 kilomètres. C'est son ami d'enfance. Ses échanges avec sa conjointe sont peu fréquents et superficiels. Il fuit les conflits même s'il les provoque involontairement par son manque de communication. Complexé et manquant de confiance en lui, il ne s'engage dans aucune amitié profonde. Il avoue : «Je ne sais pas ce que les autres pourraient me trouver d'intéressant. Je n'ai aucune culture et pour parler avec les gens, il en faut quand même un minimum.» Clément ne fait pas que constater une situation pénible. *Il s'en plaint* secrètement. Il n'est pas content de lui et aimerait que *ça* change.

Depuis sa formation en informatique à l'âge de 20 ans, il a fortement évolué dans ce domaine. «Obligé! dit-il, les choses bougent trop vite dans l'informatique.» Et dans le reste? Clément a un problème : il craint le changement. Il n'a connu que deux entreprises en 20 ans. Il n'a pas de nouveaux amis malgré le flux continu de nouveaux collègues. Il fait de la course à pied tous les matins de 7 h à 7 h 30 avec au choix trois parcours selon la météo. Il regarde le même type d'émissions à la télévision. Il fait une sieste les samedis et dimanches après-midi. Il fait toujours l'amour de la même façon...

Là où Clément travaille, certains collègues semblent vivre solitaires comme lui. D'autres, en revanche, déjeunent ensemble, sortent sans leur femme à des matchs de football ou au café, parlant vivement de leurs opinions sur les actualités ou la nouvelle émission de télévision pour les jeunes… Clément aimerait parfois les rejoindre autour de la machine à café dans la salle de repos, mais le plus souvent, il ne sait pas quoi dire. En effet, Clément ne se tient pas au courant de ce qui se passe dans le monde. L'autre monde ! Il entend les gros titres au journal télévisé qu'il suit jusqu'au bout mais il ne les intègre pas. Il a décidé de fermer ses oreilles quand les nouvelles sont négatives. Lorsque sa compagne, Françoise, allume la radio dans la salle de bain, soit il change sur une chaîne musicale soit il parle avec elle. Parfois, quand il écoute les nouvelles du monde, les nouvelles des autres, il écoute *passivement*. Ce qui veut dire qu'il n'y *réfléchit* pas ! Là se situe le problème. À la différence de Marie qui s'informe et a des opinions qu'elle n'ose pas affirmer face à des gens qu'elle juge plus «cultivés» qu'elle, Clément n'ose rien exprimer, car *il n'a pas d'opinion* ! Il ne sait pas ce qu'il pense de l'abolition de la peine de mort, de certaines mesures politiques, de la nouvelle rue en sens unique de son quartier… Ce qu'il sait pour ce dernier point, c'est que cela le dérange pour rentrer chez lui en voiture : il y a un détour d'une rue à faire, et ça, c'est un changement !

RÉPÉRONS ICI LES COGNITIONS DE BASE DE CLÉMENT :

Je ne suis pas cultivé.
Poser une question montre notre ignorance.
Je ne suis pas aussi cultivé que les autres.
Il y a un âge où on ne doit plus être ignorant.
Je ne peux pas changer (ce n'est pas facile de changer).
Les amis d'enfance sont de vrais amis.
Une femme sait qu'on l'aime quand on a choisi de vivre avec elle.
L'homme doit régler seul ses problèmes.
Je vais déranger ma conjointe avec mes histoires.
Ma vie n'a pas d'intérêt spécial.

Les conflits sont insupportables.
Les conflits sont dangereux, car ils créent les ruptures.
Les autres n'ont aucune raison de s'intéresser à moi.
Le changement est risqué.
Je n'ai rien de spécial à apporter aux autres.
Il ne se passe que des choses horribles dans le monde.
Je ne sais pas grand-chose, donc je ne peux pas avoir de bons avis
en général.

Qu'on se plaigne de son manque de cultures (que je mets au pluriel compte tenu de ce qui a été dit précédemment), c'est compréhensible. *Qu'on n'y fasse rien depuis 20 ans, c'est du sabotage !* Car enfin, nous vivons dans des pays libres où les journaux, les livres, la télévision, les radios, les magazines spécialisés, l'actualité sur Internet et même les cours existent ! Il y a un âge pour apprendre la base (exemples : l'alphabet, les maths, l'anglais, les classiques de la littérature de notre pays, l'histoire…), mais *il nous reste une vie entière* pour vraiment découvrir comment le monde fonctionne.

Si nous sentons une gêne, un complexe ou une culpabilité à ne pas connaître, ne serait-ce qu'un peu, tel ou tel domaine ou sujet de l'actualité, il nous reste une solution : **s'informer activement.** Clément écoute d'habitude une radio musicale ? Il peut désormais se brancher sur une *radio qui diffuse des nouvelles* et des commentaires en continu. Mais cela ne suffit pas : il doit *s'entraîner à réfléchir* sur chacun des sujets présentés, **à faire sa propre analyse et à se forger une opinion.** Cette opinion *peut évoluer* grâce aux nouvelles informations qui surviendront au cours des semaines, qu'il écoutera tout autant activement. Mais aussi, il peut s'enrichir grâce aux discussions avec ses collègues, sa conjointe, un voisin…

Un jour, j'ai eu une courte expérience des résultats du fait de s'intéresser à des choses diverses. Je ne me passionne pas pour le sport à la télévision. Or, tout en lisant, j'avais volontairement laissé la télévision allumée. On diffusait sur TV5 un match de football entre la France et la Tchécoslovaquie. Que la France gagne ou perde ne m'émeut pas vraiment et comme disent certains, « cela ne change rien à ma vie ». Sauf que savoir que la France avait perdu 2-0 était utile! Deux messieurs sympathiques, logeant à l'hôtel où je me trouvais, se sont servis en même temps que moi au buffet du petit déjeuner le lendemain. Ils se sont accueillis ainsi: «Eh bien! Ce n'était pas fort, hein?» J'ai alors compris qu'ils parlaient du match et j'ai renchéri: «Ah oui! le match d'hier? 2-0, j'ai vu ça…» S'informer soi-même sur ce qui se passe autour de nous permet d'entrer en contact avec ceux qui s'intéressent à autre chose que ce qui nous préoccupe. Du coup, nous avons pris le petit déjeuner ensemble. Vous remarquerez qu'il s'agit d'une intrusion banale mais qui a eu l'avantage de créer le contact. Celui-ci s'est transformé en une relation très sympathique que nous reprenons chaque fois que nous nous revoyons dans cet hôtel, à la même époque chaque année.

Vous ne connaissez rien à l'économie de votre pays? Aux causes scientifiques des modifications météorologiques de notre planète? À la mythologie grecque? À la psychologie des enfants? Aux impressionnistes? *Vous avez des solutions*: des *quotidiens,* des *magazines* mensuels généralistes ou spécialisés sur tout autre chose que l'informatique ou Internet, et des *livres*! Des milliers de gens achètent même des journaux aux tendances politiques opposées pour mieux se faire une opinion.

Aucun d'entre nous n'a la science infuse. *Tout s'apprend*. Certains mémorisent très bien (comme les auditifs et les visuels), d'autres introduisent l'information dans leur vie et s'imaginent en avoir une utilité pratique et émotionnelle (les kinesthésiques) afin de mieux *ancrer* l'information.

En résumé

Pour initier une conversation:

- Cessez de croire que vous n'êtes pas intéressant *a priori*.
- Au contraire, parlez de vous-même avec un interlocuteur peu familier: de vos intérêts, de vos expériences, de vos anecdotes, de vos opinions et de vos sentiments. Stoppez la censure!
- Tout contact relationnel débute par une banalité.
- Allongez vos phrases. Nourrissez vos propos.
- Offrez des «accroches» en étant clair et précis.
- Osez poser des questions plus personnelles à vos interlocuteurs.

Pour s'intégrer à un petit groupe qui converse:

- S'intégrer relève de notre ressort en premier lieu.
- Cessez de vous centrer sur vos idées préconçues de rejet et écoutez.
- Approchez-vous à une *distance personnelle*.
- Décelez tranquillement les signaux de bienvenue (plusieurs regards).
- Synchronisez-vous aux autres personnes. Votre intérêt à être avec l'autre et dans un groupe doit se voir par votre regard, votre posture, vos acquiescements, vos mimiques et votre sourire en phase.
- Chacun participe par sa présence à la dynamique d'un groupe. Vous êtes constitutif du groupe et non pas simple observateur.

Pour ne plus dévaloriser sa propre participation :

- Ne dites plus : «Puis-je poser une question idiote ?»
- Ne préparez pas vos interlocuteurs à déprécier vos propos ou votre personne par des introductions négatives (verbales ou non verbales).
- Rappelez-vous que votre degré de culture dépend de votre formation, de vos intérêts prioritaires et de votre âge ; pas de votre intelligence.
- Continuez d'apprendre dans un peu tous les domaines de manière à être plus près des préoccupations de vos semblables.
- N'oubliez pas : si vous êtes kinesthésique, votre culture n'éclôt pas d'une mémoire lexicale mais d'une mémoire expérientielle. Le concret captive tout le monde !

CHAPITRE 5

Participer aux conversations

Une fois le premier contact établi en quelques minutes, soit nous désirons en rester là, soit nous avons envie de poursuivre avec notre interlocuteur. Mais que se passe-t-il lorsque nous n'osons pas ou ne savons pas nourrir une conversation ?

➤ Quand on ne sait pas, doit-on se taire ?

De nouveau, nous allons comprendre que le manque de savoir-faire n'est pas seul en cause. Rappelons-nous l'influence de nos cognitions…

Marie, Clément et bien d'autres sont convaincus qu'il ne faudrait ouvrir la bouche que lorsqu'ils « connaissent le sujet ». Sous-entendu : *parfaitement*.

Certains parents, grands-parents ou pédagogues l'enseignent même aux enfants par des réflexions du genre *« Quand on ne sait pas, on se tait ! »* ou bien *« Si tu n'as rien d'intéressant à dire, tu te tais ! »*. Parfois, il n'est nul besoin d'ériger clairement cette règle sociale si l'enfant observe le comportement inhibé de ses parents en société. Il construit sa propre conclusion inconsciemment. Ainsi, l'enfant devenu adulte a de fortes chances de continuer d'obéir à la *règle transmise*. C'est évidemment *une croyance* qui prend encore la forme d'une loi universelle, détachée du contexte. Nous analysons ce type de cognitions comme des croyances *irrationnelles*. Aucun contexte n'est pris en compte, donc elles sont généralisées pour toutes les situations et valables pour tout le monde. Telles qu'énoncées, ces règles absolues sont fausses et non bénéfiques pour la communauté humaine. Elles font obstacle à notre évolution et en l'occurrence à la bonne connexion avec autrui. La plupart des proverbes que nous utilisons pour justifier nos démarches sont aussi des croyances irrationnelles. Considérons l'exemple : «Qui se ressemble s'assemble» et «Les contraires s'attirent». Ces affirmations sont opposées! Laquelle est juste? Elles n'ont aucun contexte et on ne sait ni de quoi ni de qui on parle. Quelle est donc la «bonne» vérité? Rappelez-vous, beaucoup de croyances irrationnelles contiennent des «on», «les gens» (ex. : «Les gens sont égoïstes»), «de toute façon», «toujours», «jamais» (ex. : «Jamais deux sans trois») ou des notions sous-entendant des «on doit», «il ne faut pas», «on ne doit pas», etc.

Si on imagine qu'il faut se taire quand on ne maîtrise pas un sujet et que cette règle sociale doit s'appliquer aux gens «bien élevés», bien peu d'entre nous sommes autorisés à prendre la parole. Nous n'oserions discuter d'économie, d'arts, de cinéma, des stars, de politique, de jardinage, des attentats en Israël et des autres actualités de la vie... Bref, on ne débattrait pas de grand-chose puisque la condition de cette règle est d'être parfaitement au courant de faits indéniables. Pourtant, la parole n'est pas réservée aux seuls experts!

«Quand on ne sait pas, on se tait!» est une idée terrible, car elle fait de nous des enfants, des ados puis des adultes inhibés dans l'expression de ce qui fait la richesse de nos échanges humains : nos opinions!

➤ Vos opinions nous intéressent

Claire, Marc et bien d'autres sont capables d'exprimer clairement leurs opinions et leurs sentiments. Ils ne *savent* pas *tout*. Cela n'a jamais été leur objectif. Mais grâce à ce manque d'exigence pour leur image, ils sont plus à même de parler de beaucoup de choses. Ces choses du quotidien, de la vie de leurs semblables, du monde. Ils y sont disposés et grâce à cette large ouverture, ils se cultivent. Grâce à leur ignorance, ils s'enrichissent dans des domaines non exploités parfaitement.

La richesse de nos contacts humains passe par l'échange de nos opinions et de nos sentiments ; et non pas par l'échange de connaissances factuelles. L'information sur les évènements, les faits divers avec les cortèges de dates, de noms, de chiffres, de statistiques relèvent du ressort des journalistes ou des professeurs. Les journalistes et les experts nous fournissent *l'information de base.* Malgré tout, il est nécessaire de percevoir que l'information offerte est plus ou moins teintée de subjectivité. C'est la raison pour laquelle nous préférons acheter tel quotidien plutôt qu'un autre. À nous de choisir nos sources et de développer nos idées ensuite. Si nous annonçons : «J'ai entendu à la radio que les impôts sur le revenu baissaient de 5 %», mais que personne ne renchérit par son *opinion* sur le sujet, aucune conversation ne prend forme. Mais à y regarder de plus près, ce «flop» est rare. Immanquablement, quelqu'un s'empresse de prendre la balle au vol et la fait rebondir en lançant son opinion, même s'il n'a pas tous les détails de l'information. Les autres prennent le relais et la dynamique s'enclenche. Avez-vous remarqué le nombre très important d'émissions de radio faisant intervenir les auditeurs en ondes ? Un thème est donné et on écoute vos réactions. Vos avis nous intéressent…

Clément et Marie, englués dans le «Quand on ne connaît pas parfaitement un sujet, on se tait», restent silencieux. C'est bien dommage pour les autres. Comme dans le *brainstorming,* leurs réflexions pourraient réellement faire réagir les autres et induire une évolution dans la discussion.

Lorsque mon ami Jacky, cinéphile incomparable, me parle du film réalisé par le fameux metteur en scène X, il ne me dit pas combien de films celui-ci a réalisés dans sa vie mais s'il a aimé ou non l'œuvre et pourquoi. À partir de son sentiment, je développe mon impression (sur ce film que je n'ai pas vu). À lui d'infirmer ou de confirmer cette impression, de prendre en compte l'information sur mes goûts en la matière et d'en conclure s'il me recommande le film ou pas.

J'ai découvert qu'un nombre significatif de participants à mes stages d'affirmation et d'estime de soi s'avèrent surpris et déstabilisés lorsque je leur pose une question qui demande une opinion personnelle. Ils réalisent avec amertume qu'ils n'ont pas d'opinion claire. Ils constatent qu'ils écoutent ce qui se dit sans réfléchir sur le sujet. Pour les personnes concernées, cette habitude date de longues années. D'après les raisons qu'elles m'exposent, j'interprète qu'il leur est devenu trop frustrant de ne pas oser exprimer ce qu'elles pensent (surtout quand elles ne sont pas tout à fait d'accord) et que, pour ne pas trop en souffrir, la meilleure stratégie fut de ne pas prêter vraiment attention à leurs propres opinions.

Avez-vous une opinion *personnelle* sur, par exemple :

- Les difficultés de notre système de santé ? Quelles solutions y apporteriez-vous ?
- Le dernier grand procès en cours ?
- Les cachets des vedettes du sport et des mannequins ?
- Les méthodes d'enseignement ?
- Les gens qui ont des chiens ?
- …

Peut-être vous êtes-vous dit : « Que veut-elle que je raconte sur les gens qui ont des chiens ? », par exemple. Les idées ne vous viennent pas d'emblée ? Vous ne savez pas quelle direction prendre pour en discuter ?

Il y a plusieurs approches possibles à chaque thème. Aucune n'est bonne ou mauvaise. Le fait d'être plusieurs à en discuter permet justement qu'un plus grand nombre de points soient envisagés et mis sur le tapis. Par exemple, comment donner son sentiment et son opinion sur les gens qui ont des chiens ? Quels sont les angles possibles ? En voici quelques-uns :

- analyser les raisons d'avoir un chien ;
- parler des gens qui ont des chiens et qui s'en occupent comme s'il s'agissait d'enfants ;
- parler de ceux qui s'occupent mal de leur chien ou qui l'abandonnent ;

- déplorer que des gens ne récupèrent pas les déjections laissées par leur chien sur les trottoirs ;
- parler de faire payer une taxe aux propriétaires de chiens ;
- et surtout : pourquoi avez-vous ou n'avez-vous pas personnellement de chien ?

À l'intention des lecteurs qui ressentent de la gêne chaque fois qu'ils ne se sont pas fait d'opinion sur tel ou tel sujet de l'actualité ou sur les grands thèmes de la vie, je propose ceci : **chaque jour, chaque fois que vous découvrez une information** issue de la radio, du journal télévisé ou de la presse écrite, **forgez-vous une opinion ou une réflexion personnelle,** quelle qu'elle soit. Reliez vos pensées **comme si vous étiez concerné** d'une manière ou d'une autre. Vous pouvez utiliser des introductions du genre « Et si cela m'était arrivé à moi ou à un de mes proches ? » ou tout autre biais pour créer un nouveau réflexe d'intérêt sur tout ce qui se passe, même si le sujet ne vous concerne pas vraiment. Par exemple, écoutez la chronique radio sur le jardinage qui ne dure que quelques minutes, même si vous ne jardinez pas. Ce que vous en retiendrez sera peut-être : « Heureusement que je n'ai pas de jardin, cela demande du travail, quand même ! »

Rappelons-nous, *pour qu'une conversation existe, l'information factuelle reste une base de réflexion et en aucun cas un but !*

➤ Être en désaccord

Le fait d'échanger sur nos opinions ne nous met pas tous d'accord. Il est aussi intéressant de se montrer réceptif à une opinion, à un sentiment ou à un goût contraire aux nôtres. Il en est de même pour des croyances intégrées depuis l'enfance ou au cours de la vie. Elles vont entrer en conflit avec les nôtres si elles sont opposées. L'argumentation entre en jeu et nous nous attachons à convaincre l'autre. Parler fort, vite et de façon enflammée pour une opinion, une conception qui nous tient à cœur ne contient en général pas d'autre risque que de se montrer passionné. Pourtant, il y a des gens que contre-argumenter rebute. Marie et Clément sont de ceux-là.

Dès qu'une personne, un conjoint, un collègue, un supérieur hiérarchique s'emporte pour s'exprimer, ils se tétanisent et se referment. Ils n'osent pas rebondir, approuver ou désapprouver, complètement ou en partie. Leur cerveau se brouille, le raisonnement flanche, les pensées s'évaporent. L'émotion les submerge comme c'était probablement le cas lorsqu'ils étaient petits et que leurs parents les grondaient. Les mêmes paramètres non verbaux semblent se manifester : voix forte, débit rapide, intonation montante et gestes précis et toniques. Pourtant, le regard n'est pas le même, les mots utilisés non plus. Et surtout, *l'intention est différente*. Elle ne correspond pas à un rejet. Une personne qui clame haut et fort son opinion en faveur de la peine de mort pour les criminels pédophiles alors que nous venons d'exprimer notre réprobation de la peine capitale dans tous les cas ne nous rejette pas. *Elle cause!* Elle ne se met pas en colère contre nous ; elle est en colère contre une situation. N'interprétons pas! Il existe de nombreux sujets sensibles qui font appel à nos sentiments et à notre vision du monde. Il est donc humain de laisser paraître ceux-ci.

Il est possible qu'un de vos parents se soit montré très virulent chaque fois que vous émettiez un avis contraire au sien. Cette attitude autoritaire n'admettait aucune intervention (autoritarisme). En fait, si. Mais cette autorité parentale-là ne laissait pas beaucoup de choix à l'enfant que vous étiez ; d'autant plus si l'autre parent ne contre-argumentait pas. Ce qui peut être imaginé comme dangereux par un enfant (peur de la violence physique ou de l'abandon) ne devrait normalement pas l'être pour l'adulte. L'adulte que nous sommes devenu peut maintenant choisir de laisser parler ce même parent virulent puis de lui dire son désaccord : «Oui, eh bien, je ne suis pas d'accord avec toi...»

Clément n'a pas encore osé contredire son père très autoritaire et buté. Il déclare d'ailleurs : «Je n'ose pas contrer mon père.» Dans son esprit, s'il manifeste un désaccord, il entre dans une guerre d'individus. Quand il était petit, son père lui faisait perdre toute bataille. Clément n'a réalisé que récemment que l'homme qui est son père a passé toute sa vie à se montrer vindicatif afin de faire illusion sur sa confiance personnelle. Son autoritarisme n'était qu'un abus d'autorité. La mère de Clément a laissé faire. Peut-être sentait-elle que bousculer son mari dans ses idées saugrenues le remettait trop en cause personnellement et qu'il était finalement trop fragile pour le supporter? Probablement une intuition peu consciente qui a laissé place à la peur. C'est terrible d'avoir peur de son conjoint…

Toute son enfance, Clément a été le témoin d'un fonctionnement et d'une communication aberrante. L'adulte qui est sa mère ne lui a jamais montré qu'exprimer un désaccord, même lorsque son mari parlait haut et fort, n'impliquait rien de dangereux. Au pire, il aurait fait la tête longtemps. Ceci est valable dans la grande majorité des foyers. Il existe, c'est vrai, des hommes extrêmement violents physiquement, notamment les pervers de caractère ou certaines personnes lorsqu'elles sont sous l'effet de l'alcool. Clément, adulte maintenant, confirme pourtant que ce n'était pas le cas de son père. Celui-ci avait des idées arrêtées et ne savait pas communiquer. *A contrario,* la passivité de sa mère et son absence de réponse en vue d'un débat laissent plutôt interpréter que contre-argumenter est soit inutile (sans importance), soit dangereux. Comme la situation se répétait, le petit Clément percevait la frustration et la colère rentrée de sa mère. Celle-ci ne démontrait aucune indifférence et Clément en a conclu au danger.

Depuis, Clément, devenu adulte, fuit les discussions dès qu'il y a un désaccord, comme si cela pouvait gravement dégénérer ou encore devenir dangereux. Quel danger? Peut-être le rejet définitif de sa personne et l'abandon qui s'ensuit. Tant qu'il fait de l'évitement, il ne peut pas constater par son expérience que c'est très rarement le cas. Lorsque deux collègues discutent passionnément et maintiennent des opinions opposées, l'anxiété l'envahit. Même s'il n'est pas concerné par la discussion, cela déclenche son malaise. Concentré sur son émotion et sa cognition «Ça va mal finir», il ne perçoit pas que cet intermède n'est qu'un détail sans conséquence dans la collaboration, le respect et l'amitié de ses deux collègues. Pour Clément, argumenter avec des points de vue contraires revient à *se disputer*. La dispute représente pour lui le déclencheur du *rejet définitif*. Clément se trompe. Mais cela, Clément ne le sait pas.

Des hommes comme Clément se sentent en infériorité en présence d'un supérieur hiérarchique ou d'un homme de statut social supérieur. Certaines femmes parlent aussi de la stature d'un « homme important » qui déclencherait leur inhibition. Devinez pourquoi?

➤ **Il y a interrompre et interrompre!**

Les gens qui s'écoutent entre eux savent aussi s'interrompre dans une dynamique de conversation. Cela peut sembler étonnant alors qu'on nous a toujours appris qu'interrompre quelqu'un qui parle était impoli. *Cela est vrai si nous n'écoutons pas* et que nous interrompons avant même d'avoir pu comprendre le message. Cela arrive lorsque nous voulons absolument caler notre idée *maintenant* de crainte de l'oublier.

Cela se produit également si nous sommes trop convaincus de ce que nous pensons et qu'il n'est pas question de nous laisser influencer par les propos d'autrui. Nous n'accordons dans ce cas que peu d'importance au message de notre interlocuteur.

J'ai en mémoire une discussion survenue entre deux de nos amis mariés en notre présence. Elle lui reprochait de ne pas se mettre à son travail quand il le pouvait et de perdre son temps devant la télévision. Elle lui posa la question: « Pourquoi regardes-tu la télé pendant deux heures au lieu de travailler puisque tu dis manquer de temps? » Chaque fois que son mari réfléchissait à haute voix dans le but de répondre à ses questions, il n'arrivait pas à dire 10 mots d'affilée. Il était systématiquement interrompu par sa femme. Nous n'arrivions pas à entendre son point de vue. Manifestement, quelle que soit sa réponse, la femme ne lui donnait pas de crédit. À un moment, j'ai demandé à mon amie de le laisser finir et de ne plus l'interrompre. Sa réaction me surprit: « Oh! Mais je le laisse parler! » Lorsque je lui fis remarquer que c'était faux, elle se justifia par: « Je sais ce qu'il va me dire de toute façon! » Nous observons alors un autre paradoxe: pourquoi poser une question à son conjoint sur son comportement alors que nous « connaissons la réponse »?

Cette catégorie d'interruptions n'est pas ce que je préconise puisque le message de l'autre n'est pas pris en compte. Or, il y a interrompre et interrompre…

Quand interrompre ?

Marie dit : « Je n'aime pas interrompre. » Marie ne sait pas *quand* interrompre, quand se manifester. Elle attend en général qu'il y ait un silence pour s'engager. Bien souvent, elle ne s'engage pas, car pendant qu'elle se demande si sa question ne va pas être jugée idiote ou si sa remarque va être pertinente, quelqu'un d'autre poursuit. En conséquence, Marie n'interrompt pas et nous ne bénéficions pas de ses réflexions. En effet, *les silences sont peu fréquents dans une conversation à plusieurs. Ils sont inexistants dans une discussion animée et passionnée.* À certains instants, nous attendons que la balle arrive en fond de court pour bien la renvoyer mais très souvent, il suffit qu'elle prenne une direction claire pour qu'on se permette de l'attraper au filet ! Autrement dit, notre cerveau écoute bien les caractéristiques de la réponse, comprend le sens du message et anticipe le point de chute. Il est capable de nous faire commencer une réponse tout en vérifiant la justesse de notre anticipation. **Dans des discussions animées, nous nous écoutons d'une façon superposée.** Notre cerveau est même capable d'enregistrer une chute différente de ce que nous imaginions alors que nous avons rebondi trop tôt. Dans ce cas, bien souvent, nous finissons par répondre spécifiquement à ces derniers mots.

Il est évident que pour ce faire, notre attention est rivée au contenu des messages croisés et non sur ce que les personnes en présence peuvent bien penser de nous. Marie ne devrait plus être dans l'attente que la parole lui soit donnée. **La parole se prend, elle ne se donne pas.** Sauf en classe… Marie ne devrait plus espérer qu'un silence d'une à deux secondes se produise pour être écoutée. Si elle parle avec un **volume audible,** elle sera entendue comme le sont tous les participants à la conversation. **Réagir plus vite** que d'habitude lui donnera alors le sentiment agréable d'être dans le jeu. On se souviendra de sa présence et probablement même de son prénom !

➤ Ni visible ni audible

Il existe des gens bien discrets en société. Trop discrets si l'on se réfère au fait que leur présence dans un groupe (même de trois personnes) n'a laissé aucune trace mémorable. La discrétion dont nous discutons ici ne doit pas être confondue avec la douceur ou le calme. De nombreuses personnes douces et calmes peuvent nous avoir enrichis lors d'un repas, par exemple, par leurs interventions et leurs partages d'expériences ou d'opinions. Elles ont une vraie présence et ne font pas «acte de présence». La vraie présence est participative; «faire acte de présence» implique une présence physique, mais passive. Les caractéristiques propres à chacun dans l'expression de soi ne sont pas remises en cause. On peut sortir de sa coquille sans la casser, c'est-à-dire sans changer le fond de sa personnalité. La *manière d'être présent* peut faire une grande différence pour les autres.

À la question «Lorsque vous vous trouvez en groupe, participez-vous de façon spontanée à la conversation ou restez-vous en retrait?», beaucoup de personnes indiquées pour faire un travail en affirmation de soi répondent «Je reste en retrait». Certes, le retrait dont on a parlé jusqu'ici est *mental,* mais il est accompagné le plus souvent d'un retrait *comportemental.* En effet, lorsque ces personnes se retrouvent dans la composition d'un groupe assis, nous remarquons qu'elles prennent le réflexe de **reculer** leur chaise de 40 centimètres environ et par là même de *s'extraire subtilement du cercle formé.* Je me souviens récemment d'une participante à un de mes stages qui, dès son arrivée, a reculé la chaise déjà installée en cercle jusqu'au point de cogner une belle lampe posée sur un pilier décoratif. Son réflexe m'a inspiré quelques inquiétudes mais pas pour la même raison qu'elle!

Les personnes inquiètes de se faire remarquer en groupe ont un autre réflexe courant: elles se placent **sur le côté** ou bien encore directement à côté du meneur d'un groupe assis (comme cela peut se produire en groupe de parole ou de formation) *de manière à ne pas être trop regardées* et donc remarquées par le meneur. La résultante n'est pas toujours bien efficace, car dans les circonstances d'une formation, le meneur se donne le devoir de ne pas trop oublier celui ou celle qui se trouve de côté. Cependant, ce que l'on doit comprendre dans cette attitude de décalage physique est le désir plus ou moins conscient de *ne pas se faire remarquer.*

À combien d'entre nous cela fut-il enseigné dès la plus tendre enfance ? Certains de nos parents (ou grands-parents) portaient en eux la même inquiétude et nous ont incités, en de multiples occasions, à ne pas nous faire remarquer. Ainsi, l'attitude « sage » de leur enfant les protégeait d'être, eux-mêmes, remarqués et surtout mal jugés par l'entourage. Les remarques les plus entendues sont « Viens ici ! Arrête de te faire remarquer ! » ; « Bravo ! Tu t'es bien fait remarquer ! » sur un ton ironique ; ou encore « Tu n'es pas obligé de te mettre en avant ! », à la suite d'une prise d'initiative en public. Il existe bien sûr d'autres façons de générer chez nos enfants et nos adolescents l'hésitation à se manifester dès qu'il y a du public, mais les freins sont souvent exprimés verbalement.

À l'âge adulte, il semble que cette attitude de retrait soit devenue un simple *réflexe* quand bien même il serait totalement inadéquat.

J'ai une petite histoire à vous raconter à ce propos. Elle m'a marquée. Alors que je me trouvais à composer un ensemble de treillages décoratifs en bois sur l'extrémité de l'immense comptoir de la section « bois à la coupe » d'un grand magasin de bricolage, j'observais l'attitude d'un homme d'une cinquantaine d'années. Il attendait à l'autre extrémité depuis environ 15 minutes que le préposé à la vente vienne s'occuper de lui. Or, pendant ce temps, de nombreux bricoleurs étaient venus demander des conseils et le vendeur s'était déplacé à plusieurs reprises pour revenir ensuite derrière son comptoir du côté où je me situais. Au moins six personnes avaient été servies avant lui alors qu'il se tenait immobile à l'autre extrémité (à environ huit mètres). De plus, il était à un bon mètre de distance du comptoir. À aucun moment il ne s'est rapproché du vendeur. Lorsque celui-ci vint me demander où j'en étais dans mes mesures et ma décision, j'osai lui faire remarquer la présence de ce client bien discret. Quand il alla à la rencontre de ce client, celui-ci semblait très énervé : « Ah, enfin ! Ça fait un quart d'heure que j'attends ! »…

À force de travailler avec des patients timides, cet exemple ne me surprend pas. Nous retrouvons fréquemment le paradoxe suivant : **je ne veux pas me faire remarquer** (en demandant, par exemple), **mais je suis vexé qu'on ne me remarque pas !**

Ce phénomène contradictoire se retrouve régulièrement chez les anxieux sociaux qui ne s'affirment pas (peut-être pas tant chez la personnalité évitante). Ils inhibent les comportements adéquats comme demander, refuser, critiquer ou exprimer son avis, mais ils souhaitent que l'entourage devine ce qui se trame en eux. Comment ? Par leur simple présence physique passive, par leurs mimiques ou regards réprobateurs, par la bouderie ou le ton. J'en connais plus d'un capable de répondre « Non, ça va ! » sur un ton peu authentique lorsqu'on lui demande s'il a besoin d'aide en cuisine, par exemple. Le non-verbal dit une chose et la parole en dit une autre. L'idée plus ou moins consciente est de se faire deviner sans être responsable de l'initiative. Serait-il plus aisé, en cas de quiproquo ultérieur, de se décharger par une réflexion du type « Mais je ne t'ai rien demandé ! C'est toi qui as voulu » ? Ce paradoxe fait le lit des reproches faciles (« J'étais là, mais personne ne m'a demandé ce que je préférais »). La personne se met elle-même en état de frustration. De là, apparaissent des pensées hostiles secrètes envers celui qui ne comprend pas le message (jamais émis verbalement).

Lors de la première séance en groupe d'affirmation de soi, je joue avec un participant une scène mettant en jeu ce phénomène paradoxal lié au comportement dit « passif ». Nous nous imaginons au sein d'une entreprise où la deuxième photocopieuse est en panne. Mon rôle est celui d'une personne timide. Lorsque j'approche de la pièce où se trouve l'autre photocopieuse, quelqu'un (un participant) est déjà occupé à faire son travail de photocopies. Par réflexe, je me place discrètement derrière le collègue et j'attends. Ma pensée est alors : *« Oh ! Il y a déjà quelqu'un ! Chacun son tour donc ! »* Je m'aligne derrière, à deux mètres (pour ne pas gêner). Au bout de plusieurs minutes seulement, je réalise que la personne devant moi a une bonne cinquantaine de photocopies recto-verso à effectuer. Je pense alors : *« Mince ! Il en a pour un bon moment ! »* J'attends, puis je m'impatiente. Je racle ma gorge pour manifester ma présence. Pas de réaction ! Je fais du bruit avec ma seule feuille en main… Incroyable : le participant ne se retourne même pas ! (Il nous dira par la suite ne rien avoir entendu, trop concentré à ne pas se tromper d'ordre de copies.) Imaginez s'il devait y avoir en plus le bruit d'une vraie machine ! J'ai omis de vous dire que le participant au jeu de rôle ne s'attend pas du tout à la manière dont je vais intervenir dans la saynète. Sa seule consigne est de mimer consciencieusement pendant 10 minutes l'acte manuel de photocopier. Au moment où je me manifeste par ces diversions sonores que j'estime assez fortes, je me dis : *« Quand même ! Il exagère ! Je n'ai pas que ça à faire ! Il y en a qui ne s'en font pas : ils monopolisent la photocopieuse comme s'ils étaient seuls !….. »* Si le collègue ne se retourne toujours pas, je continue mon monologue intérieur : *« Il le fait exprès ou quoi ? J'ai toussé plusieurs fois, il doit bien savoir que je suis là ! Il y a vraiment des égoïstes… »* J'attends encore puis je me lance d'une voix faible : « S'il vous plaît ?… S'il vous plaît ? » La personne se retourne enfin et semble me découvrir (Il m'est arrivé plus rarement de ne pas me faire entendre et d'être repartie, avant de stopper le jeu de rôle). Le collègue s'excuse immédiatement de ne pas m'avoir vue. Je demande : « Vous en avez pour longtemps ? » (Ce qui n'est pas une demande mais une question). Le collègue me retourne alors une demande : « Vous avez besoin de faire une photocopie ? » Ce à quoi, confuse et gênée, je réponds : « Heu… Oui… mais je ne voudrais pas vous déranger. Je vois que vous faites des recto-verso… ». À cet instant, mes monologues hostiles disparaissent pour laisser place à *« Oh ! je l'ennuie, le pauvre ! Il a du boulot et moi, je l'interromps… Ça me gêne de le déranger pour une seule copie. »* Je me confonds en excuses alors que j'obtiens enfin ce que je souhaite. Mon attitude passive a induit **une inversion** : c'est l'autre qui s'inquiète de mon besoin et qui s'excuse même de ne pas l'avoir fait plus tôt !

À bien analyser ce processus, il s'agit d'une forme de manipulation. Ne pas s'exprimer clairement tout en le faisant implicitement par une attitude non verbale particulière déclenche normalement deux réactions chez l'interlocuteur. Tout d'abord, nous créons chez lui un sentiment probable de culpabilité. Puis nous lui faisons prendre une initiative pour tenter de satisfaire notre propre besoin jusque-là non dévoilé. Par cette attitude, la responsabilité est transférée sur l'entourage. L'attente d'une réaction d'autrui existe bel et bien (les pensées hostiles qui apparaissent à un moment ou un autre en sont la preuve). De plus, la manipulation est flagrante au moment où l'autre personne est contrariée et qu'on lui rétorque : «Mais je ne t'ai rien demandé! C'est toi qui as insisté. Moi, je n'ai rien à me reprocher!» L'intention de ne pas prendre en charge la responsabilité des initiatives est alors très nette. Mais allons encore plus loin dans la description de ce processus qui peut se retourner contre celui qui l'initie. En effet, si le message est trop rapidement décodé par l'entourage avant que les pensées hostiles s'installent, certes l'inversion se produit mais elle génère souvent une culpabilité chez le passif qui ne se sent pas très fier de son attitude. Cela expliquerait les excuses exagérées et les surjustifications. L'estime de soi en prend un coup...

Au même titre que la défaillance dans l'occupation de l'espace physique, nous remarquons un manque d'occupation adéquate de l'espace *sonore* chez les anxieux sociaux.

En effet, il arrive bien souvent que Clément parle en public sans qu'une bonne partie de ses interlocuteurs comprenne ce qu'il dit : il ne parle pas assez fort! En groupe, l'espace entre les individus est modifié en fonction de leur nombre. Certains sont directement à côté de nous, ce qui permet d'adopter un volume de voix suffisant pour être entendu à une *distance intime* ou *personnelle*. Mais que se passe-t-il pour les personnes situées à trois ou cinq mètres? Si nous ne nous adaptons pas à **la distance** qui nous sépare des *personnes les plus éloignées* alors qu'il s'agit de se faire entendre par tous, nous obligeons ces dernières à faire un effort pour prêter une oreille plus attentive. Cependant, malgré cet effort, le **volume de voix** est souvent trop faible pour que des gens comme Clément soient entièrement entendus. Poliment, nos interlocuteurs n'osent pas nous prévenir que notre volume de voix n'est pas audible et dans ces cas, ils font semblant d'avoir entendu.

Ce phénomène peut se révéler fréquent en réunion professionnelle ou en stage de formation. De son côté, Clément donne l'impression de ne vouloir s'adresser qu'au meneur du groupe (le directeur lors des réunions professionnelles) en ne regardant que ce dernier et en parlant comme s'il se trouvait à une *distance intime* ou *personnelle* de celui-ci. Les autres collaborateurs peuvent alors se sentir exclus comme si l'attitude de Clément signifiait : « Ce que je dis n'a pas d'importance pour vous. » Là encore, l'intention non consciente de gens comme Clément est de ne pas prendre le risque d'être bien entendu. Le paradoxe est explicable : dans le cas où le contenu de ce qu'ils avancent ne serait pas « correct », cela limite les dégâts. Clément est rivé à sa peur du jugement malveillant d'autrui et ne prend pas en considération que le but de se retrouver en réunion d'humains est de *communiquer,* à tous, ses informations. Il n'est pas attentif à l'environnement physique pour évaluer qu'on ne l'entendra pas à quatre mètres s'il garde le même volume de voix que pour les personnes qui se trouvent à 70 centimètres ou à un mètre ! Selon vous, à qui incombe *l'effort* pour communiquer avec les autres ?

Il existe une autre façon de ne pas se faire comprendre : ne pas **articuler.** C'est assez efficace pour ne pas donner de l'importance à nos propos. Cette fois, il est encore plus rare que nos interlocuteurs nous le fassent remarquer et ils abandonnent assez vite l'effort de nous faire répéter pour nous comprendre. À moins qu'ils ne nous connaissent si bien qu'ils aient appris à nous décoder et dans ce cas, devinez qui fait l'effort ?

Dans le même registre, il est important de se faire comprendre au moment de se présenter par son prénom et son nom. Que cela soit en personne ou au téléphone, il existe des noms particulièrement difficiles à mémoriser. Le mien, par exemple ! La cohérence exige que la présentation personnelle soit faite à bon escient : qu'elle serve à ce à quoi elle doit servir ! Si nous prononçons notre nom sans articuler ou à la **vitesse** de l'éclair, il est peu probable qu'on s'en souvienne. Parfois, on peut nous le faire répéter immédiatement, mais l'effort de communication revient encore à l'autre. D'autant plus qu'une bonne partie de la population ne possède pas une excellente mémoire des noms propres… Notons que le problème est similaire lorsqu'une personne dépose son numéro de téléphone non distinctement sur un répondeur.

Finir ses phrases démontre le désir de se faire comprendre jusqu'au bout. Beaucoup d'entre nous non seulement utilisent un nombre considérable de « euh », qu'on appelle un mot de remplissage, mais ne vont pas au bout de leur idée. Cela, même s'ils ne sont pas interrompus. Or, le cerveau de nos interlocuteurs n'aime pas plus le vide que le nôtre et il se dépêche de compléter notre phrase par ce qu'il croit juste. Cela représente un risque : celui de la mauvaise interprétation. Dans le cas où nous percevons clairement qu'on nous interrompt trop tôt pour être en mesure de comprendre l'intention de notre message, *finissons au moins notre phrase en augmentant légèrement le volume*. Dans une situation évidente de nonécoute de la part de notre interlocuteur, interrompant constamment sans nous laisser finir, n'hésitons pas à lui dire « Attends ! Laisse-moi finir » ou, dans un contexte plus formel : « Excusez-moi, je veux juste finir. »

Se rendre visible et audible est capital pour être parmi nos congénères. Pour vous exprimer de façon audible en réunion, parlez distinctement, à bonne vitesse, comme si vous vous adressiez en priorité aux personnes les plus éloignées. Un mois d'entraînement systématique a des chances de vous installer dans un nouvel automatisme plus adapté, si c'est votre volonté…

➤ Quand on craint la relation

Certaines personnes sont certes prêtes à faire le premier pas vers autrui, mais craignent qu'une relation s'engage.

Clément est de celles-là. Il peut réclamer un renseignement administratif mais n'ira pas demander un escabeau à son voisin de peur que celui-ci n'engage une conversation qui l'obligerait, selon lui, à entretenir une vraie relation. « J'ai peur de me faire envahir », dit-il. Se posent alors deux questions : celle de la peur des autres d'une part et celle de savoir poser des limites en cas de besoin d'autre part. Lorsqu'on a peur de se faire « envahir », les deux sont combinées. Or, toute interaction ne devient pas, par le fait, une relation « envahissante » ni même une relation tout court.

La peur du jugement ou d'être découvert

Clément craint que trop d'interactions avec ses collègues ne se changent en relation : « Les gens vont réaliser que je ne suis pas celui qu'ils croient de prime abord. J'ai peur qu'ils découvrent ma vraie personnalité, qu'ils me jugent finalement sans intérêt et se détournent de moi. »

Même s'il reste souvent silencieux, Clément *produit progressivement ce qu'il redoute le plus :* le rejet. La distance qu'il instaure avec ses semblables ne facilite pas les tentatives de rapprochement de ces derniers. Ils finissent par abandonner après plusieurs essais. Clément ne semble pourtant pas remettre en question sa tactique. Depuis sa jeunesse, malgré la constatation évidente qu'il ne se fait pas inviter et qu'il n'a qu'un seul ami, Clément maintient son fonctionnement. Ce système est irrationnel et par là même inopérant. Il demeure convaincu plus ou moins consciemment qu'en ne se montrant pas tel qu'il est, il gagnera la sympathie des autres. Peut-être obtient-il l'estime de ses collègues qui le voient travailler sérieusement. Contrairement à ce que Clément pense, **ce n'est pas parce qu'on n'est *pas désagréable* qu'on est *sympathique.*** Les êtres humains ont davantage envie de partager du temps et des loisirs avec des êtres « sympathiques » qu'avec des hommes et des femmes « pas désagréables ». Pour des raisons évoquées antérieurement, cacher une bonne partie de soi-même, ce qui revient à ne pas donner de l'information authentique sur soi, devient très risqué quand on sait que le rejet est très éprouvant pour l'humain.

L'authenticité... mot-clé de la bonne relation aux autres par excellence. Clément ne s'autorise pas à être authentique. S'il le devient, il perd, selon lui, son image d'homme gentil ou de collègue pas dérangeant. Mais, selon lui, le pire serait que ses congénères découvrent qui il est vraiment. Il se juge lui-même nerveux, inculte, imbécile, sans originalité et s'afflige de bien d'autres défauts. Il est persuadé aussi que ses collègues, son voisin, son beau-frère vont remarquer son dramatique manque de confiance en lui. Il se voit comme un usurpateur. Cette découverte serait terrible et aboutirait, selon lui, à un rejet définitif de sa personne. Comme si aucun adulte ne pouvait supporter ses défauts. Or, tout ceci n'est que l'opinion que Clément s'est forgée de lui-même, depuis son enfance.

REPÉRONS, ICI, LES COGNITIONS DE BASE DE CLÉMENT :

Je ne suis pas cultivé.
Je ne suis doué en rien.
Je rate tout.
Je n'ai rien à apporter de spécial aux autres.
Les autres n'ont aucune raison de s'intéresser à moi.
Moins j'en dis, plus on m'appréciera.
Si je deviens moi-même, on découvrira ma médiocrité.
On ne raconte pas sa vie à n'importe qui.
Pour vivre heureux, vivons cachés.
Je me connais bien.
On me prend pour un imbécile.

Certains défauts que Clément s'octroie sont réalistes (sont-ils pour autant inadmissibles?) et d'autres complètement erronés. Certains adjectifs comme «imbécile» proviennent directement de son enfance: son père le lui répétait souvent. Clément a peur des autres. En vérité, sa seule crainte, voire sa terreur, est que le jugement qu'il porte sur lui-même se confirme dans le regard des autres. Et comme on voit bien ce que l'on veut bien voir… Clément s'est construit son cinéma (le système) et le film avec. Il est le scénariste, le dialoguiste, le metteur en scène, le script pour que rien ne change d'une scène à l'autre, le producteur et… le spectateur passif qui n'est jamais allé voir un autre film. On lui a dit qu'il n'y avait qu'un seul cinéma et il y a cru. Depuis plus de 30 ans (il en a 40), il se dit: «moins j'en dis, plus on m'aimera» alors que *toute sa vie jusqu'à présent lui prouve le contraire.*

Clément, ne croyez plus à cet adage destructeur: «Pour vivre heureux, vivons cachés.» Je ne connais pas pire pour maintenir son anxiété sociale et finir sa vie mal entouré! Les gens heureux ne sont jamais seuls, car ils ont un besoin irrépressible de partager le bonheur. Les gens heureux le disent. Les gens heureux, ça se voit, ça se sent et ça s'entend. Ils ne se cachent pas…

Claire vit l'ensemble des relations humaines sur un tout autre mode. Elle ne craint pas le jugement d'autrui à son égard. Elle vit ses interactions et ses relations dans une pleine authenticité. En prenant son courrier en bas de l'immeuble, elle croise sa voisine du troisième étage. Elles se parlent toujours quelques secondes ou quelques minutes lorsqu'elles se voient. La dame est à la retraite et travaille bénévolement deux fois par semaine pour une fondation caritative. Depuis des années, Claire et elle se donnent mutuellement des informations sur elles. Il y a quelques mois, Claire lui a parlé de son départ pour le Maroc. « Mon Dieu, se dirait Clément, quel besoin a-t-elle de raconter cela à sa voisine !? » Aucun besoin. Juste le plaisir de donner des nouvelles. Claire était heureuse de partir en vacances et elle a partagé son plaisir. La dame a éclairé son visage d'un sourire radieux en ressentant elle aussi le plaisir de la bonne nouvelle. Il ne s'est rien passé de fâcheux en conséquence. La dame n'a pas informé des cambrioleurs, elle n'a pas attendu de carte postale, elle n'a pas sonné à la porte de Claire à son retour. Rien ne s'est passé. C'est simple. C'est ainsi depuis des années.

Un autre jour, Claire était contrariée : sa vieille voiture avait une panne irréparable. Il lui fallait en acheter une autre pour se rendre à des consultations à domicile avec son matériel. Lorsqu'elle partagea son souci avec sa voisine, celle-ci eut une idée : son fils vendait sa voiture à un prix dérisoire. Aussitôt, la dame a pris dans son sac le nécessaire et écrit les coordonnées téléphoniques de son fils. Trois jours plus tard, Claire conduisait sa nouvelle voiture…

QUELLES SONT DONC ICI LES COGNITIONS
DE BASE DE CLAIRE ?

Les gens méritent d'être découverts.
Chaque inconnu est un ami potentiel.
L'amitié et les relations sociales sont essentielles.
Il vaut mieux être bienveillant d'emblée envers les autres.
On peut se méfier de certaines personnes mais seulement en fonction de certaines observations et informations.

L'adulte est responsable de ses choix et de sa vie.
Les gens sont gentils en général.
Parler de soi, de ses goûts et de ses opinions est normal.
On ne réussit jamais seul.

Observons comment cette jeune femme agit. Premièrement, Claire n'a pas caché son désarroi. Deuxièmement, quand on lui demande comment elle va, elle répond authentiquement. Si elle va bien, elle le dit. Si elle est fatiguée, elle peut répondre : «Je suis très fatiguée depuis deux jours.» Ce jour-là elle était ennuyée et devait vite trouver une solution. Elle a donné de l'information sur elle et c'est grâce à cette démarche qu'elle a résolu son problème à moindres frais. C'est formidable ce que les autres peuvent contribuer à notre réussite !

De cette même manière, quelqu'un a aidé Claire à trouver son appartement alors que les locations se faisaient dramatiquement rares dans sa ville. Son réseau social est d'une valeur inestimable. Il représente un très fort support. **On ne réussit jamais entièrement seul.** Cela, Claire le sait.

Savoir mettre des limites

Toute interaction n'engage pas une relation. Une interaction est souvent courte. Elle peut être répétée plusieurs fois par semaine avec la même personne. On s'échange des propos et des questions. Quelques minutes passées avec son gardien d'immeuble ne sont jamais une perte de temps même si nous n'échangeons que des banalités. Il arrive un jour où la conversation devient plus profonde et peut s'avérer très utile.

Si nous *choisissons* (pas par peur) de ne pas créer de relation avec quelqu'un, il nous suffit de placer des limites.

Subtilement ou clairement exposée, la limite est perçue par notre interlocuteur. Encore faut-il savoir la poser ! Un moyen courant semble être le message non verbal. Si vraiment Clément ne souhaite pas établir une relation avec son voisin, il peut aller demander un escabeau mais refuser d'entrer dans le vestibule à l'invitation de son voisin (et qui nous dit que le voisin le proposera ?). Il peut répondre de façon courte aux éventuelles questions et ne donner aucune information sur lui. Clément sait très bien faire cela même si ce n'est pas un choix d'attitude mais les conséquences de son anxiété sociale.

Pour être sûr de ne pas créer d'amitié avec nos voisins et nos collègues, ne pas sourire, ne pas nous synchroniser et ne pas nous montrer *sympathique* est une méthode éprouvée ! À mon avis, ils ne seront pas tentés de nous «envahir» !

Au-delà de ces dernières approches quelque peu rébarbatives, nous avons d'autres possibilités pour mettre des limites : Parler vite — Se montrer pressé — Ne pas tourner son corps entièrement face à son interlocuteur (comme si on était prêt à prendre une autre direction) — Ne pas introduire chez soi la personne — Dire que nous sommes occupés ou pressés, sont autant de moyens à notre portée le cas échéant.

En résumé

Pour gagner en confiance lors des conversations :

- Si on ne connaît pas un sujet parfaitement, on est autorisé à en parler.
- Offrez vos opinions, vos sentiments et vos questionnements sur des sujets que vous ne connaissez pas parfaitement.
- Si vous ne connaissez pas tout sur tout, rassurez-vous, vous êtes normal !
- Si vous voulez vous cultiver, profitez des décennies qui vous restent à vivre : lisez, écoutez, regardez, informez-vous justement sur ce que vous ne connaissez pas encore.
- Écoutez les informations avec une réflexion active.
- Ne vous laissez pas impressionner par des avis divergents ou exprimés avec véhémence par certains.
- Confrontez vos points de vue sans agressivité. Restez ouvert.
- Prenez la parole dans une discussion animée sans craindre d'interrompre (à bon escient).
- Restez visible.
- Soyez audible.
- Tentez l'authenticité dans vos relations humaines. Vous y gagnerez.
- Sachez cependant mettre respectueusement des limites aux relations non souhaitées.

Deuxième partie

Créer des amitiés

CHAPITRE 6

À quoi sert l'amitié ?

➤ Une question de quantité ou de qualité ?

Si la peur des autres nous tenaille, il y a fort à parier que nous ayons peu d'amis. Certains peuvent rétorquer : « Ce n'est pas la quantité qui compte, mais la qualité ! » Cet adage est bien joliment formulé mais j'ai remarqué qu'il était très souvent exprimé par des gens qui, justement, n'avaient pratiquement pas d'amis… Ce qui semble être une règle philosophique rationnelle peut effectivement les conforter dans l'idée que nous n'avons pas besoin d'avoir d'autres amis que ceux que nous avons déjà. Ceux que, souvent, on garde depuis l'enfance ou depuis des décennies.

À quoi peut servir d'avoir plus d'amis ? À élargir ses horizons et à se donner plus de chances d'évoluer ! *Les amitiés nous font évoluer. C'est rarement le fait d'une seule amitié !*

Les humains sont si différents et si riches d'expériences multiples qu'il est quasi impossible de ne trouver des sources renouvelées de connaissances, d'enrichissement et d'expériences qu'auprès des mêmes six amis que nous côtoyons depuis 15 ans ou plus.

Si nous n'avons *que* trois ou six amis (ou couples d'amis) et qui plus est depuis plus d'une décennie, nous pouvons dire que nous nous connaissons bien mutuellement. Probablement avons-nous instauré des modes de rencontres ou de contacts téléphoniques ritualisés. Ce qui ne veut pas nécessairement signifier réguliers mais plutôt que les aspects des entrevues se ressemblent au fil du temps.

Marie voit le plus souvent son amie peintre Nicole, mariée elle aussi, un ou deux après-midi par mois pour faire des achats de vêtements ou visiter un musée. En revanche, elle passe presque une heure par mois au téléphone avec Muriel qui habite la province. Ces dernières se voient en vacances. Tout va bien entre elles et le plaisir de se rencontrer ou de se parler est intact depuis 15 ans avec Nicole et depuis 8 ans avec Muriel. Cependant, en ne faisant pas d'autres connaissances amicales (ce qui ne veut pas dire « à la place »), Marie n'est pas confrontée à beaucoup de nouveautés ni de surprises.

La *complicité* acquise au fur et à mesure des années avec ses vieux amis est sans nul doute très importante. Elle fédère un léger sentiment d'appartenance et nous rassure sur notre valeur, dans un sens. N'avons-nous pas une sorte de fierté d'annoncer aux autres « nous nous connaissons depuis 20 ans ! » pour inconsciemment sous-entendre que d'une part nous sommes fidèles mais aussi capables d'être appréciés à long terme ? Cette complicité de longue date contribue à préserver un minimum d'estime de soi et de sentiment d'utilité. La persistance dans cet engagement est rassurante pour la plupart d'entre nous. Cependant, être *rassurés sur nous-mêmes* n'est pas le seul bienfait que peut nous apporter l'amitié.

Il ne tient qu'à nous de faire en sorte que *quantité* ne soit pas incompatible avec *qualité* en matière d'amitié.

De nombreuses personnes peu enclines à tisser de nouvelles relations maintiennent quelques anciennes amitiés qui se comptent sur les doigts d'une main, comme on s'accroche à une bouée de sauvetage. Sont-elles pour autant de bonne qualité ? Rien n'est moins sûr.

Je connais une quantité considérable de personnes qui en témoignent alors qu'elles améliorent leur confiance en elles et qu'elles s'ouvrent aux autres, grâce à leurs efforts en thérapie d'affirmation de soi. Il ne leur faut que quelques mois pour constater un phénomène inattendu. Elles « font le ménage », s'amusent-elles à annoncer. Elles réalisent que certaines de leurs rares amitiés, qui durent parfois depuis 20 ans, ne leur convenaient plus depuis longtemps. Or, n'osant ou ne sachant pas se créer de nouvelles relations, elles ne prenaient pas le risque de se départir de ces liens.

Lorsqu'elles décrivent le type de relations qu'elles entretenaient, il s'avère qu'il s'agit plutôt de *compagnies d'infortune.* En effet, elles décrivent souvent des amis aux discours négatifs, aux mentalités superficielles, possessives ou dépendantes, aux attitudes pessimistes, jalouses, antisociales, rigides, victimes ou peu enclines à évoluer, voire des personnalités dépressives ou dépendantes à l'alcool ou à la drogue. Ce que m'expliquent ces personnes en remaniement personnel profond, c'est soit qu'elles avaient passé une partie de leur vie *sur le même registre,* soit qu'elles avaient longtemps *joué le rôle de sauveur* sans réelle satisfaction. Il semble qu'il soit plus clair pour elles d'évaluer, *a posteriori,* les raisons de maintenir des amitiés finalement insatisfaisantes.

Ce n'est donc pas parce qu'une relation dure depuis des décennies qu'elle est de bonne qualité. Il en est de même pour le mariage, d'ailleurs. L'illusion tient encore sa place pour bon nombre d'entre nous…

Et les amis d'enfance ? Certains d'entre eux restent de «vrais» amis. D'autres sont totalement sortis de la circulation. Et parfois, un ami très proche pendant l'enfance devient un copain (une copine) que l'on voit de temps en temps, relégué au rang d'«ancien meilleur ami d'enfance». Tout cela est bien normal, quand on pense que tout être humain change en devenant adulte et que ses priorités et ses valeurs prennent de nouvelles places. Ne plus être «sur la même longueur d'ondes» n'est pas plus grave que cela. Ce constat n'est décevant que dans la mesure où nous sommes désespérément accrochés à cette amitié qu'on imaginait durable à jamais et qu'en même temps, nous nous sentons paralysés et peu capables de voir ailleurs ce qui s'y passe.

Rien n'est plus faux que de croire qu'il y a nécessairement de la qualité quand on a peu d'amis et que cela ne peut pas être quand on en a beaucoup ! Chaque relation est unique. Qu'est-ce qui nous empêche de mettre de la qualité dans chacune d'elles ? Le don de soi authentique ne provient pas d'un contenant limité. On ne perd pas son âme à partager les joies et les peines de sa vie avec un grand nombre de personnes qu'on aime !

➤ Nos valeurs communes

Dans le terme «amitié», nous sommes en droit d'inclure ce que l'on appelle des «amis», des «copains» et accessoirement des «connaissances». Je trouve fort dommage de ne réserver son amitié qu'aux «vrais amis». Or, certains copains et connaissances peuvent au fil du temps devenir de vrais amis. Cela peut être très rapide ou encore prendre 10 ans. Les individus changent pour la plupart et nous pouvons observer qu'au fil des années, les valeurs profondes auxquelles chacun tient nous deviennent communes. De plus, si nous ne faisons pas l'effort de découvrir autrui à travers des activités mais surtout par des discussions profondes où chacun ose parler de lui, de ses convictions, de ses rêves, de sa philosophie au travers d'une spiritualité parfois cachée, nous pouvons passer à côté de quelqu'un de précieux.

Ce qui relie les amis entre eux, ce sont probablement leurs *valeurs prioritaires communes*. Cela ne veut pas pour autant signifier des opinions identiques sur le monde.

Que sont les valeurs?

Les valeurs sont des concepts *plus ou moins conscients* que chacun possède en lui et auxquels nous sommes *profondément* attachés, comme s'ils faisaient partie de notre identité. Nos valeurs déterminent la façon dont nous pensons et sous-tendent nos actions, donc nos choix dans la vie. Elles ne sont pas à confondre avec les valeurs morales mais parfois elles peuvent s'intriquer. Si nous vivons au quotidien selon nos valeurs propres (et pas celles de nos parents ni celles qu'exige un environnement social), de façon cohérente, il se crée en nous une véritable plénitude, un bien-être heureux et apaisant. Disons qu'il est impossible d'accéder à un sentiment d'harmonie ou au bonheur vrai si nous ne vivons pas selon nos valeurs profondes. Ce ne sont pas nécessairement celles selon lesquelles nous vivons actuellement, malheureusement.

Prenons quelques exemples de valeurs courantes que vous pouvez actuellement découvrir en vous-même: aide aux autres, indépendance, autonomie, dépendance, sécurité, aventure, pouvoir, bien-être, nature, amitié, besoin d'évoluer, de transmettre, de découvrir, de construire, créativité, authenticité, efficacité, respect des autres, besoin d'être reconnu, succès, etc.

Attention, les valeurs ne sont pas des souhaits. *On ne choisit pas ses valeurs.* Elles existent en nous malgré les tentatives de nos parents de nous transmettre celles qui sont précieuses à leurs yeux (la sécurité, par exemple). Ce sont des besoins profonds pour être enfin qui on est. Si, par exemple, vous vous dites « Moi, j'ai comme valeur prioritaire "Aide aux autres" », alors il y a fort à parier que vous avez choisi une profession dans le domaine de la santé ou de l'action sociale ; et si ce n'est pas le cas, vous passez sans doute une partie de votre temps auprès des nécessiteux de façon bénévole. Aimer rendre service aux gens ne signifie pas que l'on détient cette valeur en nous. Cela peut être en rapport avec notre besoin d'être aimé et apprécié et dans ce cas, il ne s'agit pas de la même valeur. Si vous pensez avoir comme valeur « Évoluer », alors vous lisez autre chose que des romans, vous prenez des cours ou suivez des formations, vous faites ou avez fait des démarches thérapeutiques, vous aimez le changement et la découverte (qui sont aussi des « valeurs de moyens »), vous mettez à exécution vos projets, bref, vous ne pouvez pas faire autrement qu'évoluer ! Si vous détenez la valeur « Aventure », sachez que c'est très rare. Vous êtes probablement explorateur, reporter, archéologue, navigateur ou *médecin du monde* qui ne tient pas en place dans son pays. Vous voyagez, sans avoir besoin d'une compagnie, sans savoir où vous dormirez le soir ; mais vous savez que vous trouverez… Ce n'est donc pas parce que nous aimons simplement découvrir de nouveaux trajets de voiture pour aller à notre travail ou que nous avons besoin de voyager à l'étranger que nous avons en nous la vraie valeur « Aventure ». Elle est d'ailleurs contradictoire avec « Sécurité ».

Une valeur n'est pas une simple qualité, c'est *un mode d'être* quasi absolu dans tous les domaines.

Nos valeurs sont *hiérarchisées* par ordre d'importance à nos yeux. Malheureusement, cette hiérarchie peut nous être méconnue et cela explique pourquoi beaucoup d'entre nous ont tant de mal à prendre des décisions importantes. Choisir si nous achetons une voiture et laquelle, si nous déménageons en ville, à la campagne ou en banlieue, si nous faisons un bébé maintenant, dans quelles études ou formation professionnelle nous nous engageons, sont autant de choix relatifs, au fond, à nos valeurs. Les stratégies de *coaching,* en vue d'aider à prendre la «bonne» voie professionnelle pour nous, recherchent non seulement quelles sont nos véritables valeurs mais aussi leur ordre de priorité. Or, lorsque nous faisons appel au *coaching* ou à une thérapie en vue de nous sortir d'un grand malaise, nous découvrons par la même occasion que les valeurs sur lesquelles nous nous appuyions jusque-là ont changé de place dans l'échelle des priorités, *à notre insu !* En effet, si nous ne nous adaptons pas en changeant des choses dans notre vie, comme notre profession ou certaines de nos amitiés par exemple, le mal-être s'installe sans que l'on sache pourquoi. Malheureusement, la plupart des humains ne prennent conscience de l'existence de valeurs qu'au mitan de leur vie. Souvent après une dépression, un mal-être profond ou une autre maladie qui les pousse à s'interroger. L'individu concerné peut comprendre qu'il ne vivait pas sa vie selon ses besoins profonds mais que ceux-ci ont fini par se faire entendre en provoquant un tropplein de pression. Le corps et l'esprit sont liés, ne l'oublions jamais.

À quoi se reconnaissent nos valeurs ?

La chose n'est pas simple en pratique. Si vous ne connaissez pas déjà vos valeurs, vous pouvez avoir besoin de mois d'introspection et **d'observations quant à votre style de vie, aux décisions heureuses que vous avez prises, à vos comportements au quotidien et à la similarité de vos choix.** Tout cela ensemble pour déceler les incohérences et conclure à des cohérences. Pour aider mes patients, je rajoute une voie d'accès possible. Je pose la question : « À 15 ans environ ou jeune adulte, qu'est-ce qu'il était important ou passionnant de vouloir vivre, pour vous ? » Pourquoi chercher si tôt ? D'une part, parce que nos valeurs ont déjà pointé leur nez à cette époque et d'autre part, parce que les valeurs de nos parents, de notre futur conjoint et d'un certain entourage social nous font détourner des nôtres très fréquemment. Ah ! Si les parents savaient qu'il ne faut pas obliger un fils à devenir ingénieur alors qu'il veut devenir pianiste! Les artistes qui assument coûte que coûte leur art comprennent très vite ce qu'est le sens d'une «valeur».

Voyons quelles peuvent être les valeurs des quatre héros de ce livre : Claire, Marie, son mari, Marc, et Clément. Au vu de ce que nous savons d'eux à travers leurs descriptions et leur style de vie et de comportements, nous ne noterons que les trois à cinq premières.

Claire vit pleinement sa vie selon les valeurs prioritaires suivantes : Aide aux autres, Bien-être, Authenticité, Évoluer et Amitié.

Marie vit selon ses besoins de Créativité, de Sécurité, de Respect des autres, de Transmettre et de Dépendance. Il existe chez elle une valeur dissimulée, qui monte progressivement dans son échelle de valeurs, mais qu'elle n'assume pas encore : besoin de Nature.

Marc : Construire, Indépendance, Authenticité et Efficacité (efficacité peut être une valeur de moyens mais pour Marc, tout doit être efficace sinon c'est inutile de poursuivre). Aussi, Marc a une valeur dissimulée et qu'il n'assume pas complètement comme il aimerait : Créativité.

Enfin, on détecte chez Clément les valeurs actuelles suivantes : Sécurité, Respect des autres et Dépendance. La Créativité a été reléguée loin dans son échelle de valeurs. En effet, adolescent, il montrait une passion et un talent indéniables pour dessiner et peindre ce qu'il ne s'autorisait pas à exprimer par des mots. Mais, selon son père, on ne gagne pas sa vie à peindre! Clément, sous la pression, s'est engagé à 20 ans dans le domaine prometteur de l'informatique. Il n'a plus jamais redessiné ni peint…

Notons que certaines valeurs ne sont pas propices à un plein épanouissement personnel lorsqu'elles sont si haut placées. Par exemple : Dépendance, Respect des autres (on s'oublie soi), Sécurité (car quand on vit déjà dans la sécurité financière, affective et professionnelle, une telle valeur prioritaire peut faire obstacle aux changements).

Pour en revenir à l'amitié, j'ai observé que, malgré la différence de statuts professionnels et économiques, d'âges, de nationalités et de cultures, de styles de vie et d'opinions politiques, nous pouvons être très vite connectés à nos semblables. Je suis convaincue que les valeurs qui transparaissent à travers nos attitudes, nos comportements et notre discours expliquent ce phénomène. Comment des gens en apparence si différents peuvent-ils avoir créé un lien amical solide ?

Claire a acquis une facilité de contacts avec n'importe qui, mais elle s'est rendu compte qu'elle ne liait amitié qu'avec des hommes et des femmes, quel que soit leur âge, qui soient authentiques et qui ressentent le besoin d'évoluer. Comme elle. Marc apprécie particulièrement les gens qui construisent et bâtissent des projets (une entreprise, un club sportif, un art,…). Il se sent stimulé et en phase avec cet entourage.

Certes, des valeurs communes plus ou moins conscientes nous rassemblent. Cependant, j'ai idée que d'autres valeurs qui transparaissent chez nos amis, copains et connaissances *peuvent nous attirer, sans que nous les expérimentions nous-mêmes au quotidien.* Comment se fait-il, par exemple, qu'on puisse être psychothérapeute, avocat, pâtissier et avoir plein d'amis artistes en tout genre ? J'ai tendance à croire qu'il s'agit en réalité de valeurs existant dans l'ombre d'une partie de nous-mêmes, mais qui ne sont pas encore prioritaires dans notre hiérarchie.

Marie aime beaucoup son amie Muriel, divorcée, qui habite maintenant la campagne et à qui elle parle au téléphone. Muriel est une femme passionnée par le jardinage et les créations florales. Certes, Marie est également créative mais elle est fascinée par le fait que Muriel ait quitté la ville pour assumer pleinement son besoin de vivre au milieu de la nature. Marie a aussi besoin de la nature mais ne l'a pas incluse dans son style de vie et a pris en compte d'autres priorités. Le jour où la valeur « Nature » prendra une place plus haute dans sa hiérarchie, le besoin de changer de vie se fera pressentir comme un mouvement vital psychologiquement. Il lui faudra alors négocier avec son mari, Marc !

➤ L'amitié est un soutien

Au sein de mon cabinet professionnel, il m'est arrivé d'entendre : « Je n'ai pas besoin d'amis. » Cela n'est arrivé que cinq fois.

Uniquement des hommes. Sans amis effectivement. La plupart célibataires, parfois mariés. Or, je n'y crois pas. Pour ceux que j'ai rencontrés, j'interprète davantage qu'ils ne s'intéressent pas aux autres
ou s'en méfient (j'ai constaté que deux parmi les cinq étaient para-
noïaques). Fortement anxieux sociaux (personnalité évitante ?), ils
se sont fait une raison de leur situation sous le prétexte plus ras-
surant de ne pas avoir *besoin* d'amis. Évidemment, on peut s'en per-
suader pour ne pas souffrir d'un manque. Le mieux qu'ils aient
trouvé à faire dans ce cas est d'investir passionnément un domaine
(comme la recherche, l'informatique, la connaissance livresque, le
mariage et la famille,…). Lors d'une émission radiophonique sur
le sujet de l'amitié, un homme de 55 ans nous a dit : «Je n'ai aucun
ami. J'ai une femme et cela me suffit. En fait, mon amie, c'est ma
femme !» Lorsqu'on reprend ce qu'il nous dit ensuite, nous constatons que sous les premiers mots «Je n'ai pas besoin d'amis», se
cache tout autre chose :

«J'ai du mal à être ami avec des hommes, car leurs préoccupations
ne m'intéressent pas. Les amis des hommes sont surtout des "potes",
mais pas vraiment des amis. On ne parle pas de choses intimes, de sentiments, de passions autres que le football, les voitures ou les nanas. Ce
n'est pas aussi profond qu'avec les femmes. C'est sans doute pour cela
que je n'ai pas d'amis hommes, plus que par dépendance affective, car
"avoir des potes" ne me fait ni chaud ni froid. Seul, je ne me sens pas
seul. Et quand j'ai été sans compagne, j'avais des amis intimes qui m'ont
laissé tomber lorsque je me suis marié (contrairement à ceux qui disparaissent quand ils ont trouvé l'âme sœur). Si je parle des femmes
avec d'autres hommes, je n'ai pas envie de les qualifier de "coups". Au
boulot, j'ai plus de contacts avec des femmes qu'avec mes homolo-
gues masculins. Il existe un besoin insatisfait de certains hommes
d'avoir de vrais amis et non des "potes".»

Cet homme nous dit plusieurs choses intéressantes. Ce n'est
effectivement pas un hasard si les rares personnes exprimant un
manque de besoin d'amis sont en général des hommes. Ceux-ci sont
moins enclins à partager des sentiments véritables, à laisser paraître
des émotions (sauf celles liées à la colère, parfois) et à parler longtemps de choses intimes. Cependant, on observe une nouvelle géné-

ration d'hommes dans nos contrées d'Occident, capables d'ouvrir davantage leur cœur que ne le faisaient leur père et leurs ancêtres masculins. Au grand soulagement des femmes, d'ailleurs...

Les croyances d'une génération et de la culture du pays d'origine (pas seulement celui où on évolue, adulte) influencent sans aucun doute l'attitude et la communication des hommes dans leurs rapports sociaux (et leurs relations amoureuses!).

Malgré ce qui vient d'être dit dans le témoignage de cet homme de 55 ans, je donne autant de considération, en ce qui concerne spécifiquement les hommes, à l'amitié entre «potes» (c'était mon expression à la radio). Elle est d'une nature légère si chacun veut la maintenir comme telle, mais elle constitue tout de même un soutien. Malgré une apparence superficielle, appartenir à un clan, à un club de camarades de même sexe produit un effet d'auto-identification et un fort sentiment d'appartenance. Se retrouver autour d'une même activité crée une énergie réparatrice en cas de baisse de moral, de problèmes professionnels, familiaux ou de véritables coups durs. Ceci n'est pas à négliger, car que se passe-t-il quand tout semble s'écrouler sous nos pieds et qu'aucun soutien immédiat ne se présente? L'amitié a son rôle à jouer même si, pour un homme, s'épancher longuement sur ses problèmes ne constitue pas son mode privilégié de soulagement. Que se passerait-il, pour cet homme de 55 ans qui n'a que son épouse comme amie, si cette dernière venait à le quitter définitivement? On ne le lui souhaite pas, mais cela peut arriver...

Les relations conjugales peuvent être basées sur une profonde amitié (et encore, on pourrait en discuter[23]) et un partage de confidences que même nos amis ne connaissent pas. Si ces relations sont particulières, nous pouvons en dire autant des rapports amicaux. On ne saurait partager des expériences avec nos amis exactement de la même façon qu'avec l'amour de notre vie. Les attentes ne sont pas les mêmes. Nous exigeons des comportements et des attitudes de l'élu de notre cœur sans nous attendre à l'identique de

---

23. Francesco Alberoni, *L'amitié*, Paris, Éditions Pocket, 1995.

la part de nos amis (copains y compris). Il en est de même de ce que nous ne tolérons pas. Nous sommes souvent plus indulgents devant les défauts de nos amis. Ces deux types de relations se complètent ; elles se superposent, mais elles ne se remplacent ni ne se ressemblent.

L'amitié est un soutien si l'on s'en sert !

Pour être plus juste, disons que l'amitié représente un soutien potentiel. En effet, il y a des gens qui, en cas de coup dur dans leur vie, n'en parlent à personne ! C'est une erreur. Elle peut être préjudiciable au devenir de la relation amicale. Une amie (ou un ami) attend nécessairement d'être mis au courant des évènements de notre vie, autant des évènements négatifs que des évènements positifs. Et ne pas parler de certains aspects importants de sa vie revient à cacher une partie de soi. Or, *la belle amitié exige l'authenticité*.

Imaginons que vous êtes l'ami(e) de quelqu'un qui ne vous a pas informé de sa décision de divorcer, de déménager à l'autre bout de la planète, de la mort récente de sa mère, de son hospitalisation ou d'un autre fait important de sa vie. Comment recevriez-vous la nouvelle *a posteriori* ? Que ressentiriez-vous ? Probablement l'impression d'un manque de confiance de sa part, n'est-ce pas ? Aussi, reconsidéreriez-vous la nature du lien que vous croyiez jusque-là profond et authentique. Vous seriez probablement vexé et déçu. Peut-être, dans un deuxième temps, ressentiriez-vous de la colère envers l'ami qui ne vous a pas donné votre place. Car il s'agit bien de cela : par les confidences, le partage des états d'âme, les demandes d'avis et de conseils, nous permettons à l'autre d'avoir les cartes en main pour jouer pleinement son rôle d'ami. C'est ainsi que nous lui indiquons et lui donnons sa place dans notre cœur. Dans le cas du scénario précédent, qui pensera immédiatement : « Il (elle) n'a pas voulu m'en parler pour ne pas m'inquiéter » ou bien « Il a peur d'embêter *les gens* avec ses problèmes » ? Bien peu d'entre nous.

Cela est normal, car l'amitié s'arrange de toutes les confidences. Elle est faite de cela. Les amis ne se considèrent pas comme faisant partie « des gens ». Ils ne croient pas être des étrangers et sont convaincus d'avoir une place privilégiée à nos yeux. Lorsqu'ils découvrent finalement que nous avons dissimulé un évènement ou un fait important, il se produit un trouble qui dépasse l'expression contenue de la simple surprise. L'amitié est basée sur le postulat que tout peut être dit et entendu. Elle permet un espace libre d'expression de soi comme la famille n'en convient que difficilement.

Dans *certaines familles,* annoncer que son mariage est un désastre, qu'on est atteint d'un cancer curable ou qu'on songe à tenter sa chance dans un autre pays, par exemple, déclenche systématiquement une «troisième guerre mondiale»! Dans ces familles, les émotions en tout genre font rage, tant et si bien qu'il nous faut calculer la meilleure approche, le meilleur moment (qui est souvent le dernier!) pour «avouer» notre situation. Ce sont les mêmes membres de notre famille qui vont nous reprocher de ne pas l'avoir dit plus tôt alors que l'effet émotionnel tant redouté est effectivement là!

Les bons rapports amicaux, même s'ils sont basés aussi sur l'amour, ne composent pas avec de telles intensités de réactions émotionnelles. Tout est plus doux, plus fluide. L'encouragement ou le reproche d'un ami est mieux accepté que la même remarque provenant d'un membre de notre famille qu'on jugera trop partial. Nous acceptons mieux les critiques d'amis, dans le sens où elles ne déclenchent pas les mêmes défenses, car leur bienveillance à notre égard ne fait pas de doute. D'ailleurs, dans le rare cas où nous nous apercevrions de l'existence d'un sentiment malveillant comme la jalousie récurrente vis-à-vis de nous de la part d'un ami, nous signons sur-le-champ l'arrêt de mort de la relation. Cet acte radical est tout à fait logique. L'amitié vraie ne connaît pas la jalousie ni la malveillance.

« On choisit ses amis, pas sa famille » est un adage connu pour souscrire à la déception de constater que tous les membres de sa propre famille ne peuvent, en même temps, être des amis. Il y a de l'amertume dans cette expression. Du fatalisme aussi. Or, notre histoire avec notre famille ne se compose pas des mêmes ingrédients que ceux à l'origine d'une amitié. L'amour filial entretient des relations d'un autre ordre. L'histoire de chacun est profondément imbriquée dans l'évolution des uns et des autres à travers les années. Nos

parents, nos frères et sœurs, nos grands-pères et grands-mères, tantes et oncles, cousins, cousines, pensent nous connaître mieux que quiconque du seul fait qu'ils nous aient vu grandir. Parfois, ils n'ont pas réalisé que nous avions changé, que nous avions évolué. Certains parents n'ont de cesse de projeter leurs désirs sur notre personne et continuent de s'immiscer dans notre vie pour nous imposer leur vision du monde et ce que nous devrions être, alors que nous sommes adultes et autonomes. Parfois, au contraire, ils se sont bien adaptés et ont compris ces changements. Nous ne choisissons pas notre famille (en apparence, selon certaines croyances spirituelles) mais certains de ses membres peuvent devenir des confidents attentifs et nous laisser la liberté d'être ce que nous sommes. Dans ce cas, nous pouvons choisir que notre famille puisse être amie…

On entend parfois dire : « *C'est dans l'épreuve qu'on voit ses vrais amis.* » Comme dans tout proverbe ou lieu commun, une partie est vraie, l'autre est fausse. La plupart du temps, ce genre de conclusion émane d'une personne qui vient d'en faire l'expérience et qui se sent amère d'une telle découverte. Sortie de son contexte, cette phrase peut nous sembler une bonne définition de ce que sont les « vrais » amis. Mais analysons ce qui peut la mettre en porte-à-faux.

Tout d'abord, la nature de l'épreuve (ou du problème) n'est pas déterminée et cette pseudo-définition fait fi d'une quelconque précision. Tout problème à résoudre ne constitue pas aux yeux de chacun une épreuve et j'ai déjà entendu quelques personnes, que je qualifierais gentiment de victimes complaisantes (ou consentantes ?), prononcer une telle chose pour un dépannage de voiture ! Mis à part cette observation, prenons les cas de ce qui représenterait des épreuves pour la plupart d'entre nous. Quelles peuvent être ces épreuves ? Un deuil, une séparation ou un divorce, un accident grave, une dépression, un cancer ou une autre maladie pénible voire mortelle, la fin de vie, une expulsion, une dette très importante, un emprisonnement, et j'en oublie sûrement. Il y a un moment où la liste s'arrête. Croire que c'est lors de son déménagement qu'on vérifie qui sont nos « vrais » amis est infondé car le plus souvent, ce sont les gros bras, d'où qu'ils viennent, dont nous avons particulièrement besoin.

En réalité, c'est en rapport avec la nature de l'épreuve que des amis se mobiliseront. Chacun est doté d'un sens critique et l'amitié ne rend pas aveugle quand bien même elle serait profonde. Il vaut mieux ne pas confondre fidélité, loyauté, présentes dans les rapports amicaux, et loyalisme. Prenons l'exemple extrême de la nouvelle qu'un ami est arrêté *pour un acte que nous réprouvons et qui est à l'opposé de nos valeurs.* Chercherons-nous coûte que coûte à maintenir notre relation telle quelle? Pas sûr du tout! En effet, l'amitié peut être une valeur importante, mais elle se trouve rarement à la toute première place dans notre hiérarchie. Si nous avons des valeurs comme Respect des autres, Honnêteté, Intégrité (donc nécessairement pour le respect de nos valeurs), Aide aux autres (sous-entendu, à l'humanité) ou Authenticité très haut perchées sur notre échelle personnelle, il nous est impossible de cautionner un acte criminel envers l'humanité ou un coup bas d'escroquerie qui a mis à mal plusieurs humains, même si on ne les connaît pas. Nous pouvons avoir la même réflexion lorsque des amis divorcent. Il peut s'avérer que l'attitude de l'un vis-à-vis de l'autre soit inacceptable et aille à l'encontre de nos valeurs. Cela les regarde, bien sûr, mais il va être difficile de faire comme si de rien n'était contre ce qui nous semble fondamental à préserver (par exemple, l'honnêteté et la bienveillance). Voilà pourquoi certains d'entre nous ont fait le choix, dans quelques rares cas, de se retirer afin de rester cohérents avec eux-mêmes… En revanche, si le mal dont souffre notre ami n'est pas la conséquence d'actes malveillants mais une grave maladie, la nature du problème a changé. Si nous avons les valeurs citées plus haut, nous ne pouvons faire autrement qu'apporter notre soutien.

S'ajoutent à la question de la nature de l'épreuve, d'autres considérations concernant l'analyse de «C'est dans l'épreuve qu'on voit nos vrais amis». La personne se plaint de ne pas avoir été soutenue par tous ses soi-disant amis. Mais *les a-t-elle au moins appelés au secours?* Ne serait-il pas facile de conclure si vite alors que seules deux ou trois personnes ont été prévenues de l'existence d'un problème? Parfois aussi, en s'épanchant un peu sur son état, la personne en *minimise l'aspect,* ce qui laisse paraître un simple souci, un problème superficiel voire l'inexistence d'un besoin de soutien.

Subtil jeu pour vérifier qui se soucie d'elle en donnant peu d'indices. Le jeu est risqué. La voie est rapide pour conclure à une attitude de victime.

Pour ne pas avoir à considérer trop vite qui sont nos vrais amis (et donc, lesquels ne le sont pas !), mieux vaut *faire des demandes claires le plus tôt possible.* Si nous prenons l'exemple de la maladie qui nous cloue au lit (à l'hôpital ou à domicile), comment faire appel à notre réseau de soutien amical ? Comment éviter la fâcheuse conclusion : « Il n'y a personne, à part X, qui s'est inquiété de voir comment j'allais alors que je ne pouvais plus me déplacer pendant un mois » ? La réponse est simple : *appelons nous-mêmes* ou faisons appeler en cas d'impossibilité nos amis et copains et formulons clairement : « Je suis cloué au lit pour un bon mois, mais cela me ferait du bien de recevoir ta visite quand tu pourras. » Ajoutons, selon la disponibilité et les caractéristiques de chacun, des demandes spécifiques telles que : « Peux-tu aller à ma place chercher des documents d'inscription à… » ; « Auras-tu envie de jouer une partie de Scrabble quand tu viendras ? » ; « Peux-tu m'acheter tel magazine ? » ; « Voudrais-tu trouver un chenil pour mon chien ou bien trouver qui, parmi les amis, peut me le garder ? »… En bref, *même ceux avec qui nous sommes fortement connectés ont besoin de savoir de quoi nous avons besoin.* Si vous avez envie qu'on vienne vous voir ou qu'on vous téléphone à l'hôpital où vous êtes alité, *dites-le !* Particulièrement dans ce cas-ci, où on pourrait penser que vous nécessitez du calme et du repos pour récupérer. Or, ce n'est qu'une question d'interprétation.

Claire a pu juger du soutien amical auprès d'elle : « Je pense que l'amitié entretenue sans excès de dépendance mais avec constance est très importante, voire salvatrice. Dans mon cas, j'ai subi un grave choc puis un décès douloureux. J'ai mis tout le monde au courant. C'est mon entourage qui m'a remise sur pied ! »

Il serait risqué aussi de croire que seuls ceux qui sont disponibles ou ceux qui ont anticipé un besoin démontrent leur affection envers nous. Ce serait ne pas considérer les situations ou les problèmes de chacun. Certains de nos amis ne peuvent satisfaire une demande de service à un moment précis, pour toutes sortes de raisons qu'on doit également comprendre. N'oublions pas : plus on a d'amis (copains y compris), plus on a de chances d'obtenir du soutien et plus celui-ci sera puissant.

➤ L'amitié est un partage

Les rapports sociaux et amicaux appellent aux partages et à la générosité humaine.

Certes, comme nous venons de le voir, l'amitié conçoit par définition le partage des malheurs pour que ceux-ci deviennent moins pesants, mais elle accueille l'énergie des bonnes nouvelles et du bonheur. Les amitiés solides donnent d'autant plus un sens considérable à la vie qu'on n'a pas de conjoint ni construit de famille.

Le partage verbal

À long terme, *l'amitié se nourrit davantage de bonnes choses* que des fréquentes infortunes ressassées. Si nous concevons que des amis servent à recevoir toutes sortes de griefs et de plaintes sur le monde «fou», la société pervertie, les voisins bruyants, la pollution, les manipulations médiatiques, nos éternels malheurs dont nous sommes en vérité responsables et que sais-je encore, nous allons lasser. Les amis ne sont pas des «poubelles» ! Que chacun exprime ses opinions, c'est une bonne chose ; qu'elles soient ressassées et *répétées* à chaque rencontre alors que leur teneur est *essentiellement négative,* cela devient problématique. Si c'est passager, passe encore, mais quand cela devient chronique… Bien sûr, si nos amis sont sur le même registre, chacun entraîne l'autre et anime la rencontre. Le «plaisir» est fait de la même nourriture. Mais il est des aliments poisons que la plupart d'entre nous n'aiment pas manger tous les jours ! **Il est important de doser le négatif et le positif que l'on offre aux autres.** Le positif gagnera à long terme, car il émet chaque fois «de bonnes ondes». Et comme l'empathie est bien réelle entre amis, nous ressentons sur le moment ce que l'autre ressent. Un ami pessimiste, mécontent, mélancolique ou malheureux nous rend tristes et soudain sans énergie, sur le moment. À l'inverse, le bien-être, la joie et le bonheur sont tout aussi contagieux. Dans ce cas, tant mieux, car la bonne énergie circule. *L'énergie de chacun* dans un groupe concourt à donner une couleur, une consistance à l'atmosphère qui y règne. Un seul d'entre nous qui se montre renfrogné, « négatif » ou même trop timide pour donner un peu de lui mettra sa couleur dans le pot. Son attitude inquiétera. Nous sommes perméables à l'humeur des autres. On l'est bien à celle d'un serveur de restaurant !

Pour autant que chacun a ses propres soucis, chacun vit aussi de bonnes choses. *Les bonnes nouvelles, les succès, les beaux projets sont plus que bienvenus* dans un réseau fraternel. Ces annonces doivent être considérées comme des cadeaux « énergétiques » offerts aux autres. Il est dommage qu'un petit nombre d'entre nous n'osent pas déclarer assez tôt ou du tout les bonnes nouvelles à leurs clans. Si l'annonce vient tardivement, la première réaction risque d'être un reproche du type : « Pourquoi ne nous l'as-tu pas dit plus tôt ? » En effet, pourquoi attendre pour annoncer une richesse supplémentaire, une joie ou toute autre source de bonne énergie dont le groupe (ou une personne) peut bénéficier ?

Ceux d'entre nous qui se retiennent d'annoncer leurs bonnes nouvelles disent souvent avoir peur de rendre les autres envieux ou jaloux. La crainte est-elle fondée ? Elle doit se vérifier par l'évocation de faits antérieurs. Dans ce cas, ce sentiment de jalousie n'émane que d'une personne précise mais en aucun cas d'un ensemble d'individus amis. Les amis se montrent bienveillants et heureux des bonnes choses qui nous arrivent. Cela se voit d'ailleurs à leur sourire extatique et à leurs encouragements ou félicitations immédiates. Si ce n'est pas le cas de vos amis, vous avez fait un très mauvais choix ! La jalousie est un sentiment très puissant et néfaste quand on le ressent soi-même. Elle l'est tout autant quand on en est la cible. Mieux vaut s'éloigner des rares individus empreints de jalousie chronique. Que faire quand cette personne fait partie du groupe amical auquel nous appartenons ? Annoncer ou pas la bonne nouvelle qui nous concerne à ce groupe ? Je réponds oui. Allons-nous priver les autres d'une joie à partager ? Les « mauvaises ondes » de l'individu jaloux (rarement un homme) seront noyées par l'enthousiasme de l'ensemble. Quand une personne ressent de la jalousie à notre égard, rappelons-nous qu'elle ne se sent pas à même de faire aboutir ses propres projets de façon heureuse et que ce manque de confiance en elle lui appartient. C'est fort dommage, mais peut-être qu'un jour elle se satisfera de ce qu'elle possède sans se comparer ou qu'elle réussira aussi, à sa façon. Souhaitons-le-lui. Mais en attendant, ne nous laissons pas empoisonner...

Une autre raison évoquée pour expliquer la retenue à partager ses bonnes nouvelles et ses projets est d'affirmer qu'on veut faire une surprise, mais seulement quand tout sera terminé, signé, conclu et sûr à 100%. «Je n'ai rien dit car c'était une surprise!»... En apparence, l'état d'esprit est ludique et joyeux. Il n'en est rien. Lorsque l'on creuse plus loin dans les vraies motivations, on découvre tout autre chose. Le plus souvent des croyances liées à la peur de l'échec ou du ridicule. On retrouve des pensées magiques comme «Si je le dis, ça ne se passera pas comme prévu. Chaque fois, c'est pareil!» ou bien le principe «Il ne faut pas vendre la peau de l'ours avant de l'avoir tué». Ces idées générales suggèrent d'une part qu'annoncer un projet, c'est déjà annoncer sa réalisation; et, d'autre part, qu'en parler influence négativement l'avenir du projet. Que de pouvoir! C'est tout bonnement de la superstition. Les superstitions sont irrationnelles par définition. Dire à des amis que l'on croit avoir enfin trouvé l'appartement de ses rêves, qu'on déménage bientôt, qu'on va faire un enfant ou qu'on aimerait se remettre aux études, c'est annoncer des projets personnels simples et réalisables. Ce ne sont que des projets, pas des promesses faites à autrui!

D'ailleurs, l'effet produit par les annonces de projets est inverse à la superstition: il encourage davantage la réussite que l'échec. Cela tient d'un processus appelé *l'effet d'engagement*[24]. Il révèle une volonté de réussir et une meilleure projection dans le futur lorsque la personne concernée annonce tôt son projet à l'entourage. Par exemple, il a été constaté qu'un fumeur qui annonce en public son intention d'arrêter la cigarette aura de meilleures chances d'y réussir.

---

24. Processus découvert et étudié en psychosociologie. Voir R. V. Joule et J.-L. Beauvois, *Petit traité de manipulation à l'usage des honnêtes gens,* Presses universitaires de Grenoble.

Outre la confrontation avec une superstition inutile et même néfaste pour soi-même, puisqu'elle limite les chances de succès, il serait bon de vérifier si, réellement, l'effet de surprise voulu est atteint. Vous est-il arrivé d'apprendre, *a posteriori,* de la part d'un ami proche ou d'un membre de votre famille, que celui-ci vient de se marier ? Qu'il a déménagé depuis quelques semaines ? Qu'il a totalement changé de métier ? S'il s'agit d'un ami proche, votre réponse est probablement « non ». En effet, ne pas être préparé à ce type de changement est très rare. Et pour cause, le fait d'être affectivement proche implique le partage des projets bien avant que ceux-ci ne se réalisent. C'est donc relatif à la qualité des liens qui nous unissent. Mais imaginez-vous que cela se produise. Allez-vous être heureux et enthousiaste comme on l'est lorsqu'on nous fait une surprise ? J'ai fait ma petite enquête et je retiens ceci : il y a un effet de surprise certain, mais à cela s'ajoute surtout de la déception et du ressentiment. Ne pas avoir été mis au courant du projet démontre, pour la plupart d'entre nous, un déséquilibre dans l'investissement affectif que l'on croyait vivre dans cette relation. Une exception toutefois : lorsque l'ami ou le membre de la famille demeure très loin ou bien encore quand nous donnons très peu de nouvelles dans l'année.

Ne confondons pas « faire une surprise » et « surprendre » (créer un sentiment de surprise). On ne fait une surprise à autrui que lorsque celui-ci est directement impliqué. En général, cela se veut être une *bonne* surprise. Un homme qui tend les clés d'une voiture et dit à sa femme : « Va voir dehors, il y quelque chose pour toi ! » est réellement en train de lui faire une surprise. Il lui a acheté le véhicule qu'elle aime ! « Faire une surprise » à des gens qui ne sont pas *personnellement* concernés ne rime à rien, sinon à les décevoir de ne pas avoir été mis au parfum auparavant… Ainsi, certains superstitieux ou anxieux sociaux qui croient vouloir bien faire en déclarant seulement *a posteriori* leurs réalisations importantes donnent un coup de canif dans leurs relations. Jouer trop de mystère est néfaste à toute bonne relation.

Parmi les « bonnes ondes » échangées entre ceux qui s'apprécient, rendons compte des *compliments* et de leurs bons effets sur le moral.

L'amitié est un bon terrain pour l'expression des sentiments positifs. Il semblerait que, si les compliments se tarissent au fil du temps au sein de nombreux couples, ce ne soit pas le cas dans le réseau fraternel. Notre culture cependant freine la plupart des hommes qui sont tentés de complimenter d'autres hommes, à l'exception du milieu homosexuel, justement par crainte inconsciente de passer pour des gays… Au-delà des considérations de séduction amoureuse, les amis tendent à se signifier leurs remarques positives sans ambiguïtés. Il est courant d'entendre : « Je suis contente de te revoir ! » ; « Tu es ravissante comme cela ! » ; « Que tu as bonne mine ! » ; « Tu as l'air en pleine forme ! » ; « Je t'ai entendu parler en public, tu étais très bien ! » Ces remarques sont en général sincères et elles font chaud au cœur. La famille « oublie » bien souvent de s'exprimer sur ce registre. Heureusement que les amis sont là ! Les compliments représentent des balises pour nos comportements et nous permettent de capter ce qui est apprécié par notre entourage. Ce sont des renforcements dits positifs. Ils nous encouragent à poursuivre dans la voie que nous avons choisie.

Les avis de nos amis constituent de bons indicateurs en général. Si nous leur réclamons leur avis sur un vêtement à porter, un manuscrit de pièce de théâtre ou de livre, un rapport que nous voulons présenter, que sais-je encore, il est important de montrer que notre demande est neutre. Nous voulons vraiment savoir ce qu'ils en pensent afin de corriger nos erreurs ou au contraire de poursuivre en confiance. Si nous lançons : « Regarde le nouvel ensemble que je viens de m'acheter : il est superbe, hein ?! », il ne s'agit pas d'une demande neutre mais d'un enthousiasme qu'on veut partager. L'ami entend très bien cette différence et se joindra à notre satisfaction, car il est empathique et sait se mettre en phase avec nous, quel que soit son avis sur le vêtement en question. Si au contraire la demande reste neutre, comme par exemple : « Est-ce que tu peux jeter un coup d'œil sur mes écrits et me dire ce que tu en penses ? », nous prenons indéniablement « le risque » d'obtenir un avis défavorable sur quelques aspects de notre production. Mais le but n'est-il pas de s'améliorer dans ce cas ? Si l'ami est positif et enthousiaste au sujet de notre production, il nous félicitera sincèrement. Il faut le croire !

Le partage des sens

Il existe un réel plaisir à se retrouver entre amis. Tout d'abord, parce qu'on peut se «lâcher» et être soi-même, avec notre côté enfant. Notre côté libre et joueur. Pour la plupart d'entre nous, l'amitié est un espace de vie et d'expression très différent de celui du travail, parfois même de la cellule familiale. La cravate tombe! Que l'on soit médecin, postier, avocat, informaticien, comédien, écrivain ou ébéniste, ensemble, les différences s'effacent. Bien sûr, chacun reste expert en son domaine et il est classique de s'adresser à son ami avocat afin d'obtenir une information ou un service. Mais quand on partage un bon repas qu'a préparé l'un d'entre nous, il ne s'agit pas d'un repas d'affaires et les digressions d'ordre professionnel restent courtes. Le plus souvent, on rencontre ses amis autour d'un repas à domicile ou au restaurant. Le repas n'est pas qu'un prétexte. Il est une offrande. Il nous associe par l'entremise du bon goût et du bon vin. Il est une communion. Cela se constate dans toutes les tribus humaines du globe.

Convier nos amis à *faire* de la voile, une partie de tennis, de pétanque, à jouer à un jeu de société ou au golf est un partage dans l'action. À travers une activité, quelle qu'elle soit, les tensions de chacun se relâchent et laissent place au rire, à la compétition amicale, au jeu et à la bonne humeur (normalement!). Faire des choses ensemble nous incite à la découverte d'activités parfois méconnues. Cela donne le courage d'expérimenter des activités que nous n'aurions pas faites seul ni avec notre conjoint. Les activités réalisées en commun créent une véritable dynamique. On se connaît mieux les uns les autres à travers de nouvelles situations. De même, voyager avec un ou quelques amis nous offre toute une panoplie de découvertes.

Aller *voir* ensemble une exposition, un musée, un feu d'artifice, un site archéologique, un village médiéval nous remplit les yeux de belles choses sur lesquelles l'extase s'exprime. Quel dommage que vous n'ayez pas vu ça, c'était magnifique!

En somme, l'humain est fait pour partager son plaisir sensuel et sensoriel avec ses congénères. Le plaisir partagé nous rapproche et nous rend davantage complices. Il est un puissant catalyseur du sentiment d'appartenance.

Les sens se mêlent au plaisir fraternel et ils le transcendent.

Le partage matériel

Recevoir un *cadeau* d'une personne, même un tout petit cadeau comme de la menthe de son jardin, nous fait toujours chaud au cœur. Cette émotion n'est pas seulement relative à la nature de l'offrande, mais au geste lui-même. Il est la représentation d'une *pensée* pour nous. Nous ressentons le même effet quand on nous souhaite un bon anniversaire de naissance («Oh! Elle y a pensé!»). En amitié, s'offrir des cadeaux n'est pas *seulement* un geste pour «faire plaisir», ni même pour se faire estimer et apprécier. Les vrais amis n'offrent pas uniquement par convenance, politesse ou tradition. S'ajoute pour eux une vraie pensée, une intention chaleureuse et sincère. Il n'est pas besoin d'un évènement à fêter pour s'offrir quelque chose. Le petit cadeau signifie: «J'ai pensé à toi quand j'ai vu cela. Et je l'ai pris», un peu comme si la personne se mettait à notre place en anticipant notre plaisir. L'ami choisit le cadeau en fonction de notre goût et pas seulement du sien (toujours un peu, quand même!). S'il connaît notre intérieur, il choisira un objet de couleur et de style en harmonie avec nos préférences visibles (s'il ne le connaît pas, tant pis pour nous, il est temps de l'inviter à la maison!). S'il connaît notre personnalité, il choisira un vêtement, une étoffe, un parfum avec beaucoup de conscience. Le cadeau d'un ami s'accepte toujours, car au-delà de l'aspect matériel et financier, il transmet: «Je t'aime». Alors, au diable les «Oh! Mais il ne fallait pas!»...

Entre amis, on se rend service. Entre voisins aussi, si on en fait la demande. Mais les gens qui s'aiment bien se rendent plus volontiers service. Heureusement d'ailleurs. Il existe bien un principe de réciprocité, dont nous parlerons plus tard, et il est particulièrement mis en œuvre sur le plan amical. Rendre service entre amis implique un partage selon les possibilités, les expertises et les talents de chacun. Finalement, c'est un véritable mélange de couleurs dans la variété des raisons à nous sentir connectés les uns aux autres. Contrairement aux systèmes d'échanges informels de cadeaux, il existe un corollaire aux échanges de services : *un service se demande !* Eh oui, n'en déplaise aux plus timides d'entre nous. Nous devons consentir à un minimum d'effort avant d'en demander à autrui. À chacun son rôle. Bien sûr, certains pensent y échapper en faisant des sous-entendus ou en ne demandant rien du tout et en espérant que l'ami, qui les connaît si bien, devine un besoin. Le risque est que l'ami n'ait perçu aucune demande sous-jacente et que rien ne se produise. Pire encore, que nous pensions qu'il avait très bien compris mais qu'il n'a pas daigné lever le petit doigt pour nous. Avec la déception, surgissent alors des pensées hostiles à son encontre. Mieux vaut ne plus prendre ce risque et *formuler nos demandes clairement et en toute simplicité.* Pour vous y aider, pensez à ceci : **demander aux autres, c'est leur donner la chance de se montrer généreux !** Ne serait-ce pas terrible de constater que personne ne nous demande jamais rien ?....

Surtout, il est recommandé de *ne pas mettre la pression* de telle manière que l'interlocuteur ne se sente pas en droit de refuser. Ce serait ne pas le respecter fondamentalement. Ne doutons pas que si l'ami peut satisfaire à notre demande et si cela ne lui cause pas un *grand souci,* il se fera un plaisir de nous aider. Ne pas mettre de pression, c'est faire attention à notre *ton* et au *contenu* de la demande. Bannissons toute voix faussement misérable et plaintive. Éliminons tout début de phrase comme : « Toi, tu vas pouvoir m'aider » ; « Il n'y a que toi qui puisses m'aider ». Une demande doit se formuler par une *interrogation.* D'ailleurs, pour ne pas mettre de pression psychologique sur notre interlocuteur et sur nous-même, imaginons une solution de rechange en cas d'indisponibilité. Le plus souvent, c'est possible même si ce n'est pas la meilleure option. Ne faisons pas comme s'il y avait mort d'homme. Avoir besoin d'un service ne nous place pas en état de victime ! Nous sommes dans l'embarras et ce n'est pas celui qui refuse qui nous met dans le pétrin. Nous y sommes déjà et nous demandons à en sortir avec de l'aide. Il est donc primordial d'avoir en tête que nos amis ne nous *doivent* pas ce service spécifique *au moment* où nous en avons besoin. Ils ont aussi leur organisation, leur travail, leurs enfants, leur famille, leurs horaires et… leurs soucis à résoudre, s'ils en ont au même moment. Pensons-y! Si un ami ne peut pas rendre un service, il est souvent bien embêté aussi. Inutile de le culpabiliser au nom de l'amitié et en exagérant notre déception. Outre le ton de voix à garder normal, en cas de refus, nous pouvons rassurer notre ami en disant la façon dont nous allons nous y prendre autrement. Il peut lui-même avoir soudain une bonne idée à nous suggérer. Ainsi, l'interaction reste positive.

Savons-nous formuler des demandes claires ? Certains pensent que oui, jusqu'au jour où on leur démontre le contraire. Demander se fait à l'aide d'une question qui se doit d'être *complète d'emblée*. Être complète signifie donner toutes les informations minimales afin que notre interlocuteur puisse efficacement et rapidement réfléchir aux aspects de notre besoin. N'utilisons pas le compte-gouttes pour donner les informations inhérentes à la demande ; cela évite de prendre les mauvais chemins vers la solution et de devoir en revenir ensuite. Aussi, cela annule toute tentative de manipulation. Voici deux exemples de manipulation dans une demande : « Tu as toujours ta boîte à outils dans ta voiture ? » ou bien : « C'est bien toi qui as refait le papier peint de Rémy ? » Si ce genre de questions vous est posé, sachez que ce ne sont pas des demandes claires mais déguisées, et répondez d'abord : « Pourquoi ? » Quant à l'utilisation de la manipulation, vous pouvez rétorquer « d'accord, mais si ça marche ? » que je vous répondrais qu'il n'y a pas de manipulation qui vaille dans les vraies relations amicales. À nous donc de décider si nous voulons des relations saines ou pas. Pour s'assurer d'exprimer une demande claire d'emblée, il existe un moyen mnémonique fort utile : le OQQQ CCP ou encore, mis dans un autre ordre (qui n'a pas d'importance), CQQ COQP. Qu'est-ce donc ? J'éclaircis : ce sont les initiales des éléments importants contenus dans une demande : *Où, Quand, Qui, Quoi, Comment, Combien et Pourquoi.* Nous avons vu à travers deux exemples la forme que peut prendre une demande manipulatrice. L'objet (le Quoi et donc le Pour quoi ?) n'y est pas précisé volontairement afin d'obtenir le premier « oui » qui engage. Voici une forme de demande incomplète : « Est-ce que tu peux me conduire à l'aéroport demain ? » Que manque-t-il ?

L'heure (non pas du décollage mais de départ de votre lieu), représentée par le « Quand » et, s'il existe plusieurs aéroports, lequel, donc *l'endroit* (Où ?). Le « Où » signifie le lieu exact ; le « Quand » : la date, l'heure ; le « Qui » : les personnes concernées ; le « Quoi » : l'objet de la demande ; le « Comment » : le moyen, la façon, la manière ; le « Combien » : la durée, la quantité et enfin le « Pourquoi » : la ou les raisons.

En gardant ceci en mémoire, nous ferons chaque fois des demandes de services sans créer de mauvaises surprises. Cette astuce saine est valable pour toutes les autres formes d'expression (consignes, ordre professionnel, exposé d'un problème, narration). Servez-vous-en !

L'échange de services est naturel et fréquent au sein d'un réseau amical. De fait, *avoir beaucoup d'amis* (copains y compris) permet de ne pas exposer toujours les mêmes aux concessions, aux petites « corvées » et aux déplacements…

➤ Le principe de réciprocité

Au décès de ma grand-mère, j'éprouvai une grande perte et une longue peine. Je me remémorais les souvenirs d'enfance au temps où elle nous gardait, mon frère et moi. C'était une mamie très présente pour sa famille. En réfléchissant sur sa vie pour tenter d'en tirer quelques leçons, je pris conscience d'un grand vide social et amical autour d'elle. À part un couple de voisins avec qui elle avait fini par se disputer, ma grand-mère n'avait aucun ami.

En vacances avec nous, elle semblait capable de courtoisie et d'attitudes amicales avec des dames du même âge et de la même ville qu'elle. Cependant, jamais nous n'avons revu ces personnes au retour de vacances. Ma grand-mère savait être polie mais ne tissait pas de relations extrafamiliales. Intriguée, vers l'âge de 10 ans, je lui ai posé la question : « Mamie, pourquoi tu ne revois pas la dame que tu voyais tous les jours en vacances ? Elle avait l'air bien. » Sa réponse resta gravée dans ma mémoire : « Oh ! tu sais, moi, *je ne veux rien devoir à personne !* » Ayant eu d'autres modèles, il est heureux que je n'en aie tiré aucune leçon qui vaille.

Ainsi, ma grand-mère n'avait pas d'amis pour ne rien donner en retour... Elle savait que l'amitié appelle l'échange.

Craindre l'échange social, c'est tout d'abord être conscient de l'existence d'un code humain qu'on nomme «le principe de réciprocité». Craindre l'échange social, c'est ensuite imaginer qu'il y aura nécessairement abus dans l'application de ce principe.

Le principe de réciprocité est génétiquement programmé chez l'humain, quelle que soit la tribu à laquelle il appartient. Dans chaque recoin de la planète, l'humain, civilisé ou non, a l'habitude d'opérer des échanges d'objets, de gestes généreux, de services ou de cadeaux. Ceci, dans un but: tisser le lien social et maintenir la confiance pour se sentir sécurisés quant aux intentions de ses congénères. Si nous donnons, nous recevrons. D'une manière ou d'une autre, le retour se produira car quand nous donnons à l'autre, celui-ci se trouve en position de «dette», qu'il le veuille ou non. Ainsi, refuser un service, un cadeau ou une invitation nous évite le sentiment de «devoir rendre». Éviter ce sentiment protège de tout lien, même superficiel. Par exemple, lorsque nous sommes abordés dans la rue par un auteur de poèmes qui dit vouloir nous offrir un de ses livrets, nous savons qu'il s'attend à ce que le principe de réciprocité (toujours sur pilotage automatique) se déclenche. Il n'a pas tort. Et nous non plus. Pour éviter le sentiment de dette, surtout pour un *don imposé,* nous n'avons que deux options: refuser sans même regarder ce dont il s'agit ou accepter, remercier et partir en nous déculpabilisant mentalement de ne pas avoir donné de l'argent en retour. Dans ce deuxième cas, nous avons beau nous dire que l'auteur a bien dit «j'aimerais vous *donner* un de mes poèmes», qu'il s'agissait bien d'un cadeau si on le prend au mot, il n'en reste pas moins que nous devons nous débattre avec notre sentiment de dette pendant, peut-être, le reste de l'après-midi!

Un cas similaire s'est produit il y a quelque temps dans un parc où nous étions trois à nous prélasser. Un homme d'une cinquantaine d'années s'est doucement approché pour nous parler de ses écrits et de ses réflexions sur l'Amour. Il tendit alors un feuillet livrant un poème de sa composition. Pour ma part, j'attendais le moment où l'argent serait demandé sous la forme de: «Si vous voulez, vous pouvez me laisser un petit quelque chose, afin de m'aider à publier ces textes. » Contrairement à mes deux compères, je jouais l'indifférente en me replongeant dans mon livre. Cependant, la situation m'intéressait. Mine de rien, j'observais et j'écoutais. Une longue discussion s'engagea. En d'autres circonstances, elle m'aurait stimulée à y participer, mais je restais méfiante sur les intentions de cet homme. Or, j'observais qu'à aucun moment, l'étranger ne réclamait un retour «monétaire» à son geste généreux. Au fur et à mesure que la discussion se déroulait, je percevais un discours d'ordre spirituel émanant de cet homme ainsi qu'une attitude sereine et tranquille. Après ce long échange d'opinions philosophiques, il remercia mes deux voisins de cette intéressante discussion et repartit. Cet exemple traduit finalement l'importance de formes de retours autres que matérielles : *l'écoute, l'intérêt que l'on porte à l'autre et les longues discussions chaleureuses* sont de ce registre et tout à fait valables. J'avoue que, pour conclure sur cette anecdote, je regrette de ne pas m'être immiscée dans la conversation. Cela dit, à bien y réfléchir, toutes les fois où j'ai été interpellée pour recevoir ce genre de cadeau imposé, on ne me demandait rien d'autre que de faire appel à mon porte-monnaie…

En effet, il existe des formes d'abus au principe de réciprocité.

Bien appliqué, ce code social permet à celui qui reçoit un geste, un service, une longue et chaleureuse écoute, un repas, une invitation à la campagne, une place de cinéma, etc. de *choisir quand et comment il «remboursera sa dette»*. Il a le *choix du moment*. Cela peut être *immédiatement* et dans ce cas, par exemple, il apporte des fleurs ou une bouteille lors d'une visite. Cela peut être des jours, des semaines ou des mois *plus tard*. Il a aussi le *choix de la forme*. Si vous lui avez rendu un service, par exemple, il peut, par la suite, vous convier à dîner ou à sortir avec ses amis.

Lorsqu'il y a *abus* ou quand le principe de réciprocité est perverti, celui qui a offert réclame un «remboursement de dette» selon sa convenance au moment et sous la forme qui lui importe, lui ! Il est très facile de détecter un détournement du principe de réciprocité. Le plus souvent, on entend (ou nous prononçons nous-mêmes) : « Tu ne peux pas ? Pourtant, je t'ai bien aidé à ton déménagement, moi!» Le but d'une telle remarque est de déclencher la culpabilité de celui qui reste redevable. En mettant ainsi de la pression sur lui, nous faisons en sorte que la confusion s'installe. Peu d'entre nous avons une connaissance consciente des tenants et des aboutissants d'un tel principe social, alors que nous l'utilisons quotidiennement. Ainsi, un reproche de ce genre génère couramment l'impression d'être considéré comme un profiteur et d'avoir fauté en refusant ce que notre interlocuteur nous demande. Il déclenche la crainte que cette situation ne crée une forme de cassure dans la relation. Peu d'entre nous pensons: «Eh! Que fait-il? Il m'impose la manière et le moment où je dois lui montrer mon affection ou le remercier d'un service! Ce n'est pas normal!»

Détourner le principe de réciprocité de son vrai sens constitue un maniement courant chez les vrais manipulateurs[25]. Non seulement ils déclarent subtilement que nous sommes en flagrant délit de faute mais le plus souvent, ce qu'ils demandent est 10 fois plus important ou compliqué que ce qu'ils nous ont offert «généreusement» ou imposé. Leurs cadeaux sont empoisonnés, car ils pervertissent systématiquement le principe de réciprocité.

Malheureusement, il arrive que le principe de réciprocité soit aussi totalement perverti dans certaines familles, dans certaines relations amicales ou même dans certaines cultures. Dans ce cas, il s'agit d'un véritable piège, car l'obéissance à un tel concept d'échange est le déterminant de la nature de notre relation avec celui ou ceux qui nous l'imposent.

Je semble m'adresser aux victimes de ce système perverti, mais je sais que certains lecteurs vont se reconnaître comme acteurs d'un tel mécanisme mental et comportemental. Peut-être allez-vous rétorquer: «Oui, mais c'est normal que, quand on donne, il y ait un retour!» Oui, c'est exact. Ce qui n'est pas normal, c'est de déterminer la forme et le moment du retour et de créer de ce fait un lien familial ou amical sur une échelle comptable de mesure du niveau affectif que l'on veut que l'autre nous manifeste. Sans le

---

25. Isabelle Nazare-Aga, *Les manipulateurs sont parmi nous,* Montréal, Les Éditions de l'Homme, 1997, 2004.

savoir, nous imposons un système qui semble le seul valable à nos yeux dans le sens où celui-ci est une preuve que l'autre tient à nous. Il est illusoire dans le sens où la culpabilisation est efficace auprès de beaucoup de gens de notre entourage. La culpabilité ressentie peut être d'une telle puissance qu'elle incite ceux qui la ressentent à agir effectivement selon nos désirs. Cela, pour nous rassurer sur la nature du lien qui nous unit. Si seule la culpabilité, et non le plaisir de nous rendre service, est le moteur de l'action de la personne à qui on vient d'imposer explicitement un «juste retour des choses», l'illusion persiste.

Quelques parents pervertissent le principe de réciprocité avec leurs enfants et continuent d'autant plus que ceux-ci sont devenus adultes. On entend des remarques terribles comme : «Après tout ce que j'ai fait pour toi…» ; «Je me suis sacrifié(e) pour que vous fassiez des études» ; «Si je suis restée avec votre père, c'était pour vous!» ; «Je ne te demande pas grand-chose, tout de même!» ; «Pense à ce que j'ai fait pour toi!», etc. Ces expressions sont énoncées le plus souvent en cas de frustrations ou lorsqu'on ne peut rendre le service escompté. Le simple fait d'être rappelé à l'ordre par la notion de dette modifie immédiatement la nature des sentiments qui nous lient au parent en question. Il ne parle ni d'amour ni d'élans spontanés et naturels quand il s'exprime en termes de «sacrifice», n'est-ce pas?

Heureusement, le principe de réciprocité existe pour unir les humains à travers les échanges de toutes natures. En revanche, les abus de ce principe mettent en péril à moyen et long termes la nature sincère de nos relations aux autres. Notamment, la perversion du principe de réciprocité met en péril l'amitié.

CHAPITRE 7

Comment se faire des amis ?

Avant de se faire un ami, soyons réaliste et commençons déjà par établir des contacts. Cette 1re étape est nécessaire mais non suffisante. Nous avons décrit dans le premier chapitre les modes indispensables d'attitudes mentales et comportementales pour parvenir à créer et à maintenir ce qu'on appelle des interactions. La 2e étape est brève mais essentielle : *donnons-nous les moyens de nous revoir !*

➤ Donner ses coordonnées

À l'issue d'une soirée, d'un repas, d'une randonnée, d'une sortie, d'une rencontre, donnons nos coordonnées ou demandons celles de la personne que nous aimerions revoir, car il est possible que l'occasion ne se renouvelle pas. Évidemment, si nous avons rencontré quelqu'un d'intéressant chez un ami commun ou dans un club d'activités régulières, il sera encore temps de demander les coordonnées téléphoniques de celui-ci. Mais au-delà d'une simple question de choix d'un moment, la démarche reste à faire. Il n'y a pas d'options alternatives.

Laisser ses coordonnées téléphoniques (ou de courrier électronique ou mail) signifie que l'on souhaite être joint. Ainsi, lorsqu'une personne nous donne ses coordonnées privées (le numéro de cellulaire est très significatif), ce n'est pas en général un geste machinal et non réfléchi. Ne jetez pas les cartes de visite en pensant : « Elle m'a donné sa carte pour que je la rappelle, mais qu'en a-t-elle à faire, de moi?» Non seulement il est quelque peu méprisant de définir une telle indifférence de la part de l'autre, mais c'est plus méprisant encore envers soi-même!

Quand on ne veut pas se faire «agripper» par un indésirable, on ne donne aucune coordonnée, on invente rapidement un prétexte ou encore, on dit clairement: «Je ne donne pas mes coordonnées.» Ce sera mal vu mais cela a l'avantage d'être clair et définitif. Cette dernière option est utile face à un dragueur persistant et indésirable.

Donner ses coordonnées s'effectue simplement. Il suffit de prononcer «Je vais vous donner mes coordonnées» et de tendre sa carte de visite (ou sa carte d'affaires). Vous n'en avez pas? Faites-en faire, même en petite quantité si vous n'êtes pas encore habitué aux nombreuses relations sociales ou professionnelles. Outre les imprimeurs, il existe de plus en plus en ville, dans les galeries marchandes, dans le métro, des machines à composer des cartes personnalisées. Une carte imprimée s'égare moins facilement qu'un nom et un numéro de téléphone inscrits sur un bout de papier.

Voici une petite anecdote que je considère justement comme pas anodine. Hier encore, je voyageais dans un avion d'une compagnie aérienne que j'ai longtemps boycottée. J'y ai redécouvert un accueil excellent (ce qui ne fut pas toujours le cas), un service impeccable et un très bon repas. J'ai demandé un formulaire de remarques (ou de réclamations). Je me suis exprimée en félicitant la compagnie et en regrettant d'hésiter malgré cela à la choisir pour mes voyages à cause des risques fréquents de grèves du personnel (raison de mon boycott). Je l'ai remise en mains propres à la chef de cabine qui se trouvait être exceptionnellement une chef de section de la compagnie. Peu de temps après, plusieurs hôtesses vinrent, les unes après les autres, me remercier chaleureusement de mes compliments. La chef de secteur en fit autant et nous discutâmes pendant environ 10 minutes. Ce peu de temps nous a suffi pour parler de nous-mêmes et pour que je lui donne quelques tuyaux sur la Crète et des adresses. Enthousiastes, l'une comme l'autre, nous avons dû cependant interrompre notre conversation, puisque nous étions à quelques minutes de l'atterrissage. Souhaitant me revoir (pas seulement sur les lignes de la compagnie !), elle me donna sa carte après y avoir inscrit son numéro de téléphone cellulaire. Je lui ai volontiers donné la mienne. À l'heure où j'écris ces lignes, je suis convaincue que nous allons nous revoir. Je vais la rappeler. On ne donne pas sa carte impunément... Pour consolider notre accord tacite, je lui ai serré la main en quittant la cabine. Voici donc l'exemple d'une interaction où nous semblons toutes deux avoir des choses à partager et où les étapes 1 et 2 furent accomplies en 10 minutes !

Cette femme va-t-elle devenir une amie, une copine ou une connaissance ? Nul ne le sait. En revanche, il est de ma responsabilité de passer ou non à la 3e étape. Ayant donné mes coordonnées, je souhaite être jointe mais je ne vais pas attendre qu'elle fasse le pas pour traverser cette future étape : je vais la contacter quand je rentrerai en ville. Je n'ai aucun doute que cela lui fasse plaisir : elle m'a laissé la première son numéro de téléphone[26]. Ainsi va la vie sur le chemin des rencontres...

Créer des amitiés est une dynamique. Si l'on prône le verbe « attendre » plutôt qu'« agir », nos chances de nous enrichir par l'inconnu s'amenuisent grandement. Ceci est valable quel que soit le domaine : celui de l'amitié, de l'amour, des loisirs et des voyages, de la culture, du travail, et j'en oublie.

➤ Accepter les invitations et oser inviter chez soi

Dans une thérapie comportementale et cognitive pour anxieux sociaux, le thérapeute assigne des consignes appelées « tâches à domicile ». Les raisons en sont simples. Premièrement, l'efficacité de cette méthode qui implique le patient dans son quotidien est prouvée. Elle fait intégralement partie du succès de la thérapie, complétant les séances individuelles ou de groupes. Deuxièmement, les anxieux

---

26. À l'heure de l'impression de cet ouvrage, cette femme est devenue effectivement une nouvelle amie.

sociaux font de l'évitement et s'ils n'explorent pas de nouvelles façons d'agir, leurs croyances erronées ne sont pas confrontées à la réalité et leur vie ne change pas. Or, comme je le dis souvent : « Faites vos tâches ! Elles sont nouvelles pour vous mais n'oubliez pas, vous payez pour cela ! » Ils rient mais sont d'accord ! Ainsi, sans faire de confrontations cognitives pures au préalable, je leur donne deux tâches comportementales après la séance où nous travaillons sur l'intégration dans un groupe : s'adresser à un inconnu puis démarrer et maintenir une conversation.

La première consigne est d'accepter pratiquement toutes les invitations qu'on leur offre. Dans ces circonstances, ils peuvent appliquer sur place les nouveaux comportements propices aux bonnes interactions et cesser les sabotages habituels. Les résultats sont tellement probants et rapides (changements dans la semaine !) qu'ils reviennent étonnés, enthousiastes et contents d'eux à la séance suivante. Ces modifications et les conséquences bénéfiques sont si efficaces et rapides que cela m'a stimulée à donner ces « tuyaux » en choisissant le thème de ce livre. À partir du moment où cette tâche leur est assignée (accepter et se rendre aux invitations), les participants réalisent qu'ils ont plus d'opportunités qu'ils ne le croyaient. Du même coup, ils prennent conscience de la fréquence de leurs évitements sous de sombres prétextes. Ces occasions sont diverses : assister au cocktail offert à l'occasion du départ d'un collègue, aller à l'arbre de Noël organisé par l'entreprise pour les enfants de ses salariés, se rendre à l'exposition d'un ami photographe, découvrir des tableaux lors d'un vernissage, participer à un souper, accepter de passer deux jours chez des amis, aller à un mariage, à un baptême, à un enterrement, contribuer par sa présence à l'assemblée générale de copropriétaires, rester à un cocktail après une présentation ou un congrès… Toutes ces circonstances sont valables pour se donner l'occasion d'expérimenter une nouvelle approche des autres, souvent inconnus. Beaucoup de mes stagiaires décident d'eux-mêmes de ne pas se faire accompagner. Même si leur anxiété est présente au début, ils remarquent que le fait de savoir maintenant qu'il vaut mieux se placer près du buffet (cocktail, fête…) plutôt que dans un coin et qu'ils doivent démarrer une conversation par une remarque banale sur un point commun et faire des phrases plus longues en parlant d'eux afin de fournir des accroches à leur interlocuteur les rend rapidement moins fébriles et plus sûrs d'eux. Ils prennent le soin de coter leur anxiété entre 0 et 10 avant, pendant et après la situation.

Le procédé des «tâches à domicile» stimule l'anxieux social à cesser à tout prix ses évitements, car les situations proposées auxquelles il peut se confronter ne relèvent d'aucun danger. Tant que l'exposition *in vivo* n'est pas créée et gérée *avec une nouvelle disposition mentale et de nouveaux comportements* (auxquels beaucoup n'ont jamais pensé recourir), la peur des autres perdure. Attention, ce qu'il faut comprendre dans la méthode d'exposition que préconisent les spécialistes, c'est qu'il ne s'agit aucunement d'enfermer un phobique dans un poulailler sous prétexte qu'il va bien finir par s'habituer aux poules! On explique d'abord pourquoi les poules ne sont pas dangereuses puis on apprend le langage des poules. Ceci est une image, bien sûr! Cela veut surtout dire que s'exposer aux contacts humains sans modifier volontairement ses propres comportements pour les rendre plus adaptés, ni modifier ses cognitions, ne changera pas notre peur.

Ne pas sortir de chez soi pour rencontrer les autres dans divers contextes ne guérira jamais un anxieux social. Il n'y a pas de mystère. Cet ouvrage est totalement inutile à tout lecteur qui n'essayerait pas d'adopter de nouvelles façons de penser et de faire. Pour cela, le terrain de jeu n'est pas loin : il est juste derrière votre porte à l'extérieur!

Pour en revenir plus précisément au lien entre les invitations et l'amitié, le raisonnement est le même. Il est basé sur le constat d'expériences et non sur la théorie. C'est en sortant de chez soi et de son travail si «prenant» qu'on peut se faire des amis. Accepter les invitations est un très bon premier pas. Ce qui ne veut pas dire qu'il doit nécessairement être fait *avant* d'inviter soi-même. Tous ces moyens se pratiquent en alternance.

Juste une dernière chose : si vous avez profité d'une invitation à un week-end à la campagne chez des amis, à une soirée d'anniversaire ou à un dîner, pensez à remercier par téléphone ou par écrit dans les jours qui suivent. Cette attention sera très appréciée par ceux qui vous ont conviés. Certes, on ne vous en tiendra pas rigueur si vous oubliez mais c'est lorsque vous le faites que vous gagnez des points!

La deuxième «tâche à domicile» porte bien son nom, puisqu'il s'agit effectivement d'inviter chez soi.

Ouvrir son territoire

Selon une étude du Crédoc[27] réalisée en 2004, 73% des Français de 25 à 70 ans convient au moins une fois par mois quelqu'un chez eux. D'après l'étude, 45% reçoivent en incitant leurs copains à mettre la main à la pâte, tandis que 30% préfèrent inviter pour un apéritif, un pique-nique ou un goûter. Les soirées télé, le plateau repas séduisent 10% des Français, notamment les célibataires et les jeunes.

Malgré ces chiffres concernant la population française générale, les timides, les phobiques sociaux et les personnalités évitantes font rarement partie de ces 73% qui invitent au moins une fois par mois chez eux… Et s'ils invitent au moins une fois par mois, selon le sondage, il s'agit bien souvent de la famille ou toujours des mêmes personnes.

Combien d'entre nous n'invitent personne à venir partager un repas à la maison? Sur un plan symbolique, convier ses semblables à entrer chez soi revient à se laisser découvrir de l'intérieur. Ce serait la raison pour laquelle y faire venir des gens qu'on ne connaît pas déjà (très) bien relève de l'exploit pour certaines personnes. Si nous avons peur de nous laisser découvrir par autrui, nous n'organisons effectivement pas ce genre de rencontres à la maison. Ce qui est valable dans un sens ne l'est pas nécessairement dans l'autre. Certaines personnes sociables n'invitent pas sous divers prétextes.

«C'est trop petit chez moi», dit l'une. Parfois je m'étonne en demandant une précision d'entendre: «Je n'habite qu'un 35 m²!» (375 pieds²).

---

27. Centre de recherche pour l'étude et l'observation des conditions de vie. Enquête réalisée pour le Comité des Arts de la Table, *in Consommation et modes de vie,* France, février 2004.

« Ce n'est pas rangé, j'ai des affaires partout ! » dira une autre. En réalité, il suffirait d'installer une étagère supplémentaire et de ranger sans nécessairement tout classer *parfaitement* pendant des heures pour gagner de l'espace.

« Je n'ai que deux chaises », prétexte une célibataire. Achetez-en quatre ou six autres pliables et vous voilà paré.

« Je ne sais pas cuisiner », me rétorque-t-on. Et alors ? Les plats préparés (surgelés ou non) et les traiteurs existent pour cette raison aussi. De plus, demander conseil au boucher ou au poissonnier est tout à fait faisable. Une salade composée ne demande aucun réel savoir-faire et c'est très bon.

À bien y regarder, je constate que tout cela ne constitue que des prétextes irrationnels. On peut s'arranger pour inviter cinq personnes dans un 18 m² (je l'ai personnellement fait pendant des années et Claire également) ; on peut acheter des chaises pliantes confortables à peu de frais, qui n'occuperont qu'un minimum d'espace ; et si nous trouvons que notre intérieur n'est pas joli (tiens donc !), faisons les frais une fois pour toutes afin de présenter une belle table, avec des bougies, par exemple.

Lorsque Marc a invité quelques-uns de ses amis et collègues, il y a quelques mois, Marie s'est sentie anxieuse. Contente mais anxieuse. Qui étaient « ces gens » qui allaient entrer chez elle ? Qu'allaient-ils penser de son intérieur ? Mais aussi, allaient-ils venir ? Claire ne s'est jamais posé cette dernière question ; ni Marc d'ailleurs. Marie projette sûrement ce qu'elle est capable de faire elle-même quand elle est invitée : dire « oui » et ne pas se présenter !

La majeure partie du temps, les invités qui se rendent chez nous sont flattés d'être conviés et ils viennent parce qu'ils nous apprécient. En dehors des cas « d'obligations familiales » où on se donne peu le choix de trier (un oncle, mais pas son épouse, par exemple), nous invitons de notre côté des personnes que nous apprécions ou que nous souhaitons mieux connaître. C'était l'intention de Marc. Deux partenaires de rugby, son professeur d'escalade, son associé et son épouse étaient libres ce dimanche-là. Les trois premiers individus étaient inconnus de Marie. Elle aurait voulu un équilibre entre hommes et femmes. Pourquoi ? Elle ne le savait pas elle-même ; «Ça se fait normalement comme cela !» avait-elle répondu à Marc. Ce à quoi il répondit en riant qu'il n'allait pas leur demander de prendre une compagne avant dimanche midi pour venir déjeuner ! Marc s'intéresse aux personnes individuellement. Qu'elles soient en couple ou pas n'y change rien. Il veut partager un bon moment avec elles parce qu'il les apprécie et que les faire venir à la maison permet de mieux se connaître mutuellement. La principale raison pour laquelle Marc ne renouvelle pas fréquemment les invitations à domicile est… l'anxiété de sa femme, Marie ! Depuis 15 ans, Marie râle chaque fois que Marc veut inviter du monde. C'est trop petit, ce n'est pas rangé, elle ne sait pas «quoi leur faire à manger», alors que Marc lui propose trois idées qu'elle ne semble pas entendre, et puis «t'es sûr qu'ils vont venir ?»… Las, Marc préfère voir ses copains à l'extérieur quitte à rentrer plus tard chez lui, deux à trois fois par semaine. Fuyant l'anxiété que génèrent les invitations (chez elle mais aussi à l'extérieur), Marie ne s'expose pas *à vérifier par expérience* que ses pensées sont irrationnelles. Elle fait de l'évitement. Quinze ans plus tard, elle y croit encore. Marc a abandonné l'idée de la convaincre qu'elle se fait trop de cinéma. Il satisfait ses besoins sociaux autrement…

Quand, qui, combien et comment ?

N'imaginez pas qu'il faille seulement inviter le soir ou le midi. L'originalité peut venir du fait, selon votre emploi du temps, que vous lanciez une invitation à un brunch un dimanche, à un petit déjeuner en semaine, à un goûter un après-midi, à un barbecue ou à un apéritif.

Lancer une invitation demande de l'organisation. En effet, l'idée ici n'est pas de compter uniquement sur les «bouffes à la bonne franquette» décidées à la dernière minute parce qu'une personne serait passée nous voir à l'improviste. Ceux qui évitent habituellement d'inviter n'en tirent aucun mérite, car ils n'ont pas à faire face à leur anxiété (ou alors, elle est légère). Notre propos est d'oser provoquer une invitation chez soi.

Examinons les étapes d'une bonne organisation sans complexité. Il est conseillé de *choisir deux dates à votre convenance*. Vous pouvez prévoir des dates jusqu'à un mois d'avance. Eh oui, il y a des gens très actifs et sociables dont l'agenda se remplit très vite ! Puis, de *faire une liste des gens* que vous aimeriez voir autour de votre table. Seulement ensuite, vous *décrochez le téléphone* pour dire ce que vous voulez faire et donner les deux dates au choix. Ne calculez pas trop qui mettre avec qui (je n'ai pas dit jamais). Vos critères risquent de limiter la richesse des échanges et de rencontres étonnantes et intéressantes. Occupez-vous davantage de rassembler autour de vous ceux qui vous conviennent. Dans mes groupes d'affirmation de soi, je demande à ce que les participants eux-mêmes, et non leur conjoint, décrochent le téléphone. Pas d'évitements subtils !

Autre nouveauté pour les moins entourés d'entre vous : invitez *des personnes que vous ne connaissez pas bien mais qui vous semblent sympathiques*. Collègues de travail, clients, partenaires de sport ou de stage, voisins, copains d'amis, sont autant de personnes potentiellement sympathiques. Aucun anxieux social ne pense à cela et c'est un tort, car il s'agit d'une clé importante qui ouvre la porte à une grande richesse. Le but, en invitant des personnes peu familières, est justement de créer une rencontre sur un terrain différent pour mieux se connaître. Est-ce à dire que nous allons donc devenir amis par la suite ? Pas le moins du monde. Il n'y a aucun code de bienséance sociale qui nous obligerait à renouveler l'expérience avec telle ou telle personne (ou couple). Cela peut rester une invitation unique. Mais souvent, l'inverse se produit. Notre instinct s'avère exact, car nous invitons des personnes qui nous paraissent intéressantes par leur personnalité, pas celles qui nous rebutent. Bien entendu, n'omettons pas de convier les copains et amis que nous voyons trop peu. Peut-être même des membres de notre famille ?

La notion de nombre de convives est plus importante qu'on ne le croit. Les anxieux sociaux qui invitent avec parcimonie sont également frileux pour aller jusqu'au bout du nombre d'invités que permet la longueur de leur table. Si vous n'invitez qu'une personne à la fois, faites un pas supplémentaire pour en inviter deux, puis trois ou plus. Ceux qui sont en couple se rassurent beaucoup en n'invitant qu'un autre couple. Ainsi, ils sont quatre. Ajoutez d'autres personnes, couples ou célibataires. Changez, augmentez, mélangez !

Pour entrer dans des considérations pratico-pratiques du «comment» organiser sa petite réception, je voudrais exposer le cas de Claire.

Savoir rendre les choses faciles

Lorsque Claire a quitté ses parents à 18 ans, elle a conçu son petit appartement de telle sorte que six personnes puissent y dîner. Cependant, plus les années passaient, plus elle faisait des dîners sophistiqués qui lui prenaient un temps fou et lui causaient une telle tension qu'elle se demanda un jour si elle n'allait pas cesser d'inviter chez elle.

Claire se rendit compte alors que le modèle de sa mère, fine cuisinière, y était pour quelque chose dans son exigence de perfection. À chaque occasion, sa mère s'évertue à mettre les petits plats dans les grands et à voir aux moindres détails. Cela prend beaucoup de temps, bien entendu. Lorsque Claire réalisa que sa mère ne travaillait qu'à mi-temps et que son emploi du temps le lui permettait, elle accepta la différence. *Ce qui se devait d'être compliqué, long, original, excellent et parfait est devenu facile, assez rapide, très bon et joliment présentable.* Comment Claire est-elle parvenue à réaliser ce changement?

Tout d'abord, elle a reconnu soudain que son sens de la perfection lui causait trop de stress au point d'envisager d'arrêter de faire des invitations à son domicile. Après une sérieuse introspection, elle a découvert l'origine de ses croyances et leur aspect intransigeant. À la suite d'une série de questions pertinentes et de réponses liées à sa situation spécifique, elle a expérimenté une autre manière de faire.

Pour ne pas se stresser, Claire dresse désormais la table la veille puisqu'elle travaille 11 heures par jour. *Idem* pour faire ses courses. Claire adore décorer une table. La nappe est magnifique malgré son *prix modique*. Elle a des porte-serviettes originaux. On vend de très *jolies serviettes en papier* dans le commerce et Claire a décrété un jour qu'elle ne se servirait plus de ses serviettes en tissu, trop compliquées à laver et à repasser. Elle décide de *ne pas passer plus d'une heure trente en cuisine.* Elle sert un repas *facile* à préparer comme une salade aux lardons, un saumon entier avec légumes en papillote et un dessert tout fait. Facile, bon et présentable : voilà la nouvelle devise de Claire depuis quelques années !

Claire n'a donc jamais cessé de laisser entrer des amis ou des étrangers, amis d'amis, chez elle. Elle a été mariée pendant six ans et les joyeux rassemblements ont toujours continué en présence ou en l'absence de son mari. Claire est divorcée depuis un an, sans enfant. Ses amis et sa famille l'entourent et elle le leur rend bien.

Accepter les invitations et en lancer crée une dynamique qui nous met en contact régulier non seulement avec des proches mais également avec des gens nouveaux. Peut-être de futurs amis ? Quoi qu'il en soit, une nouvelle richesse…

➤ Une question de fiabilité

Maintenir des relations amicales satisfaisantes et durables exige *le respect des codes sociaux*. Notamment un : la fiabilité.

La fiabilité se base sur l'engagement. Être fiable, c'est respecter ses engagements, tenir ses promesses. Il s'agit d'une caractéristique stable de notre caractère. Cette caractéristique est hautement appréciée par nos congénères et particulièrement par ceux qui pensent être nos amis.

Tenir ses promesses envers un ami prouve que nous pensons à lui, que nous le respectons, car il compte sur nous, que nous tenons à l'échange et que notre parole n'était pas une parole « en l'air ».

Lorsque Claire a déclaré au kinésithérapeute rencontré chez Laurence « Je te téléphone demain », elle s'en est tenue à ce qu'elle avait annoncé. Elle l'a appelé malgré son programme chargé. Bien sûr, nous pouvons arguer qu'elle était fortement motivée puisqu'il s'agissait d'un appel important pour leur future collaboration. Mais elle ne l'était pas seulement pour cette raison contextuelle. Lorsque Claire dit qu'elle va faire quelque chose pour quelqu'un, elle le fait. L'Authenticité est une de ses valeurs. L'Amitié aussi. Marc a le même type d'attitude (en lien avec ses deux valeurs prioritaires : Authenticité et Efficacité). Malgré le peu de temps disponible, il a pris la précaution d'envoyer une télécopie indiquant les coordonnées d'un bon plombier qu'il connaît à son professeur d'escalade. Cela ne concernait pas son travail, mais Marc s'est senti très satisfait de l'aide qu'il pouvait apporter à un homme qu'il apprécie. Clément, lui, fait l'inverse. Lors d'une petite conversation avec un collègue qui cherchait à acheter une maison dans la ville de banlieue où habite Clément, ce dernier l'a informé qu'une jolie maison était à vendre non loin de la gare ferroviaire. Le collègue s'est montré intéressé et lui a demandé de lui fournir les coordonnées de l'agence en charge de la vente; ce que Clément accepta de faire. Il suffisait à Clément de faire un détour de deux kilomètres pour noter les coordonnées inscrites sur la pancarte. Après une semaine, Clément n'en avait rien fait: il avait oublié! «Je n'ai pas pensé que mon collègue était vraiment sérieux quand il me l'a demandé. Je croyais qu'il ne se serait pas déplacé pour une visite supplémentaire», justifie Clément…

Lorsqu'un ami, un collègue ou un membre de notre famille s'engage vis-à-vis de nous à travers une promesse (quand bien même il n'aurait pas prononcé «je te le promets»), nous lui accordons une confiance immédiate. Celle-ci s'ajoute à la confiance que nous avons dans la qualité de la relation que nous développons. Nous nous investissons affectivement dans chaque relation. Mais lorsqu'une de ces personnes ne s'investit pas autant que nous l'attendions naturellement, il nous vient à l'idée que notre investissement est par trop démesuré s'il ne semble pas être partagé par l'autre. En revanche, si l'ami, le collègue ou le cousin nous appelle pour nous prévenir qu'il pense à notre demande mais qu'il n'a pas eu le temps de s'en occuper, le phénomène qui consiste à prendre du recul pour rééquilibrer notre investissement relationnel ne se produit pas. Nous sommes rassurés quant à la confiance que nous lui offrons.

Les personnes dites opportunistes changent d'engagement en un instant selon leurs intérêts. La fiabilité est reléguée chez elles au second plan. Peut-être pensent-elles que leurs amis ne leur en voudront pas de les avoir «laissés tomber» au dernier moment? Erreur de calcul! Leur investissement affectif va s'en trouver modifié afin de ne pas trop attendre de la personne en question dorénavant. Ces gens peuvent rester copains, mais la qualité relationnelle s'établit sur un autre plan. L'opportuniste, en général, ne s'en aperçoit pas.

Bien d'autres « relations » plus payantes, sur le moment, l'éblouissent. La conséquence se constatera à long terme…

Un tel cas s'est produit lors d'une soirée d'anniversaire organisée par Claire. Un nouveau couple d'amis est arrivé, s'est installé puis est allé discrètement prévenir Claire de son départ pour un autre souper prévu ! Ce, au bout de 45 minutes. Claire était choquée : un mélange de surprise, d'incompréhension et de déception l'envahissait soudain. Ce n'était pas tant la déception de ne pas passer du temps avec eux que le fait de ne pas avoir été *prévenue* de ce départ anticipé ! Elle leur fit part de sa surprise et de sa déception. Ce à quoi le couple répondit : « Excuse-nous, mais nous ne voulions froisser personne. Nous avions envie de venir te faire un petit coucou pour ta fête. L'autre souper était déjà organisé depuis longtemps. »

Ne vouloir froisser personne… Si tel est notre but, évitons absolument la maladresse de jouer l'effet de surprise.

Si nous sommes conviés à faire partie d'un groupe et que nous nous y rendons sans l'intention d'y rester le temps attendu, il existe une solution simple : *prévenir bien avant* de nous y rendre et *annoncer clairement la durée* maximale de notre présence. Ainsi, nos hôtes peuvent s'organiser en conséquence, car malgré ce que certains imaginent, tout le monde a de l'importance.

Nous inviter à faire partie d'un groupe temporairement n'est pas une toile tendue pour nous y piéger et nous empêcher d'en sortir (sauf dans les sectes, comme nous le savons). Nous sommes libres d'y entrer, de nous y intégrer et libres d'en sortir. Chacune de ces étapes comporte des codes. À nous de les respecter pour y être accueilli de nouveau et pour… ne froisser personne.

CHAPITRE 8

Savoir entretenir les amitiés

➤ Cela commence dès l'enfance

Tous les enfants se socialisent très jeunes, avec plus ou moins d'anxiété. Sous la surveillance naturelle des parents au bac à sable et parfois avec un coup de pouce, l'enfant commence à interagir avec d'autres petits enfants. Sa socialisation s'accélère grâce à la vie en communauté en crèche ou en garderie suivie de la maternelle. Tout est propice à ce que la *1ʳᵉ étape* qui consiste à créer des premiers contacts soit à la portée de l'enfant. Celui-ci est naturellement disposé à entrer en contact avec ses semblables. Balbutiant encore, il commence par interagir physiquement par des gestes de caresses, de baisers, de consolation, d'offrandes d'objets quelconques mais aussi de tapes, de bousculades ou de coups de pied. Il est exceptionnel et inquiétant qu'un enfant, à cinq ans, se montre encore incapable d'interagir avec ses congénères.

La socialisation constitue une étape primordiale et obligatoire pour le bon développement psychoaffectif de l'enfant. Les instituteurs y sont particulièrement attentifs. Il est du ressort de ces derniers et des parents de définir les codes, de les enseigner et de les faire appliquer aussi par l'entremise des limites à ne pas dépasser (ne pas frapper un autre enfant, prêter ses jouets, échanger et ne pas voler le jouet d'un autre, faire des activités ensemble, ranger ensemble, etc.). L'enfant apprend à respecter les codes de la vie en communauté. C'est ce que l'on appelle la socialisation, mais pas encore l'apprentissage de l'amitié.

Entretenir l'amitié s'apprend dès l'âge de la maternelle, vers cinq-six ans. À une condition : que les parents du jeune enfant connaissent bien eux-mêmes les démarches d'entretien des amitiés !

Comme l'adolescent et l'adulte, l'enfant manifeste ses préférences pour certains petits garçons ou petites filles. L'enfant est bavard à la sortie de l'école. C'est ainsi que les parents apprennent rapidement les prénoms de ceux et celles avec qui il joue le plus souvent. Le fait qu'un enfant manifeste des préférences et donc des rapports affectifs privilégiés est un bon signe. Il ressent de l'amitié et parfois de l'amour quand, dès quatre ans, il peut se déclarer amoureux d'un petit enfant du sexe opposé ! Peu importe qu'il s'agisse d'un véritable sentiment amoureux dans les termes adultes. Il ressent des sentiments particuliers envers certains de ses camarades. C'est donc au tour des parents de les prendre sérieusement en considération.

Les parents doivent entrer en action. Responsables des dispositions prises pour une socialisation possible (en plaçant leur enfant à l'école, au milieu des autres enfants), ils sont aussi responsables *de l'aider à expérimenter l'amitié.*

Les premiers contacts étant effectués, les sentiments d'amitié présents, il s'agit de passer à l'étape 2. Or, comment un enfant de trois à six ans peut-il donner ses coordonnées ? N'ayant aucune autonomie et ne sachant ni lire ni écrire, l'enfant en appelle aux parents. Les amitiés *se consolident en dehors* d'une classe et de la cour de récréation. Les parents doivent donc se mobiliser concrètement pour *inviter à l'extérieur de l'école* (ou du club sportif ou de loisirs) les petits amis de leur enfant. Fêter son anniversaire est une excellente occasion (c'est intéressant à partir de quatre ans). Les parents ont certes la liste des prénoms favoris, mais il leur manque les noms de famille. Souvent même, ils ne rencontrent pas les autres parents à la sortie de l'école (ou du club). Ils peuvent chercher auprès de l'instituteur ou du directeur d'école, outre les noms de famille, les adresses (pour les cartons d'invitation) et les numéros de téléphone. Cela semble facile. La tâche est effectivement simple pour cette

2e étape, mais qu'en est-il pour des parents timides ? L'enfant ne sait rien de cette anxiété sociale parentale. Il n'est pas dans l'intérêt de l'enfant de lui expliquer qu'il n'y aura pas d'invitation à la maison parce que ses parents ont peur d'aborder des adultes inconnus. Peut-être d'ailleurs que l'un des deux n'est pas un anxieux social. En dépit de la difficulté de certains parents à consentir cet effort, ils doivent le faire. N'est-ce pas une bonne motivation que d'accompagner son enfant sur les chemins de l'amitié ? Le parent timide et doté de peu d'amis n'a souvent pas eu la chance d'avoir lui-même des parents qui organisaient régulièrement des invitations d'enfants…

Une fois les cartons d'invitation envoyés (ou donnés en main propre), nous pouvons avoir la mauvaise surprise de ne pas recevoir toutes les réponses escomptées. Dans ce cas, il nous faut décrocher le téléphone et nous faire confirmer la présence ou non des enfants invités.

Un après-midi d'anniversaire s'organise très précieusement si on ne veut pas être vite débordé. Il existe d'ailleurs une recette : ne pas permettre aux autres parents de rester, interdire l'accès à la chambre et avoir préparé six jeux de 15 à 30 minutes à animer soi-même (ou par une animatrice professionnelle de goûters d'enfants si on en a les moyens. Je l'ai été moi-même pendant six ans). Il nous faut anticiper la réaction bien normale de surexcitation de notre enfant (qui entraîne les autres, bien sûr !). Pas de panique ! Pour lui, avoir la possibilité de rassembler des petits camarades autour de lui est extraordinaire. Cela le met à l'honneur et donc contribue à augmenter son assurance personnelle. Dix fois plus que quand il joue à l'école avec ces mêmes compères. Il ressent les premières excitations liées au plaisir de se sentir aimé et apprécié de ses semblables. Que ses petits amis soient venus revêt une signification affective (surtout à partir de sept ans), tout autant que pour un adulte qui invite d'autres adultes.

Régulièrement, l'enfant doit avoir la possibilité d'entretenir ses relations amicales. Et ce, dès l'âge de six-sept ans. Les parents ont le pouvoir de le lui permettre ou d'y faire obstacle. Il n'est pas nécessaire d'organiser des fêtes regroupant 10 enfants tous les mois pour cela. Faire dormir un petit camarade à la maison, permettre à son enfant d'en faire autant chez les autres, faire venir l'un d'entre eux pour jouer à la maison, pour une sortie, pour des vacances, sont autant de moyens d'entretenir ses amitiés. Ne vous inquiétez pas si le «meilleur copain» change de tête selon les périodes; cela fait partie des choses courantes chez les enfants. Il n'est pas du devoir des parents d'interférer pour obliger leur progéniture à préserver ses anciennes amitiés. Votre enfant apprend à faire des choix et à renouveler son réseau. *A priori,* c'est un bon signe. Il est préférable qu'il ait plusieurs amis, ce qui montre sa capacité à se faire des contacts, plutôt *qu'un seul et même* ami depuis des lustres.

En vacances, apprenons à l'enfant (selon son âge) à écrire quelques cartes postales, à prendre des photos pour les montrer à son retour, à acheter un petit souvenir à offrir à son meilleur copain (les filles sont très disposées à réaliser ces gestes). N'hésitons pas à inviter pour quelques jours un ami qu'il choisira. Les parents gardent, bien entendu, un droit de veto s'ils savent que cet enfant ou cet adolescent leur rendra la vie trop difficile.

À l'adolescence, les affaires continuent. Avec le téléphone en plus! À l'époque des téléphones cellulaires et d'Internet, tout devient exponentiel. Les ados peuvent passer cinq heures d'affilée accrochés au combiné pour discuter d'on ne sait quoi avec des copains (des copines surtout) qu'ils ont vus l'après-midi même! Difficile à comprendre pour les parents. La dépendance au téléphone ou au *chat* (discussion en direct sur Internet) les inquiète. Ce n'est pas du téléphone qu'ils sont dépendants, mais des relations amicales! Les discussions avec les parents sont reléguées en arrière-plan, voire abolies. Là aussi, pas de panique! Si nous interrogeons d'autres parents d'adolescents (surtout d'adolescentes), ils décriront les mêmes comportements. Le phénomène est donc classique. Il n'en reste pas moins que les parents dépensent une énergie considérable à poser des limites à cet engouement pour imposer des heures de repas en commun, le temps des devoirs scolaires, les heures de retour de sorties et l'heure maximale du coucher (qui s'étire bien sûr, puisque mademoiselle est encore au téléphone!). Aussi, le prix des rapports sociaux devient exorbitant: le téléphone et Internet coûtent cher! Le plus souvent, les parents se décident enfin à négocier la part financière à laquelle ils contribuent. Désormais, l'adolescent paie la totalité ou la majeure partie des frais. La régulation des contacts sociaux tient dès lors de la responsabilité de l'adolescent qui s'autonomise.

Les parents peuvent se rassurer sur un plan : leur progéniture sait se faire des contacts et s'organise pour entretenir ses amitiés. Mission accomplie[28] !

Comme nous venons de le comprendre, **l'influence de l'attitude parentale est considérable sur le devenir des capacités sociales de leur enfant.** Les parents démunis sur le plan amical n'encouragent pas leur progéniture à s'extérioriser et à se lier à des inconnus. Ils ne pensent pas à l'importance de fêter les anniversaires en dehors du clan familial (et encore!), n'invitent pas d'autres enfants à la maison de peur de rencontrer les parents ou que ceux-ci jugent l'aspect de leur domicile, n'envoient pas leur enfant en colonie ou en camp de vacances, craignant qu'il s'ennuie d'eux ou qu'il tombe sur un pédophile… Toutes ces raisons invoquées ne sont pas des caricatures. L'anxiété sociale des parents joue psychologiquement sur leur enfant. Qu'ils le veuillent ou non. Jusqu'à l'adolescence, les parents sont nos modèles de vie. Il m'a semblé opportun de décrire des moyens concrets pour aider des enfants de parents non habitués à entretenir de nombreuses relations amicales. En fait, mon objectif est d'aider les parents concernés à faire en sorte de limiter les dégâts en adoptant des comportements non spontanés, mais plus efficaces. Animant des groupes thérapeutiques d'affirmation de soi pour adultes, je rencontre régulièrement des parents souhaitant sincèrement ne pas transmettre leur anxiété sociale, voire leur phobie sociale, à leur enfant. C'est donc dans cette intention que je décris si concrètement les étapes à ne pas négliger. Il ne s'agit pas de vous culpabiliser si vous-même connais-

---

28. Attention, il s'agit ici de participer à des interactions sociales téléphoniques ou par Internet et non pas à des jeux interactifs durant des heures, tous les jours, sur Internet. En effet, une nouvelle dépendance cybernétique très inquiétante chez certains adolescents est à prévenir grâce à une autorité parentale attentive.

sez des difficultés pour vous constituer des amis et que vos enfants n'ont pas l'air très doués non plus. Il est possible d'apprendre, même à 70 ans! Pourquoi attendre quand on possède de nouvelles cartes en mains? Si vos enfants ont passé l'âge des goûters d'anniversaire et des camps d'adolescents, ils sont adultes. Ce livre est donc aussi conçu à leur attention. En revanche, si vos enfants sont encore petits, utilisez à la lettre les stratégies proposées. Vos efforts et vos actions seront récompensés.

Les parents entourés d'un vide amical (ou aux relations extrêmement restreintes) doivent connaître l'existence d'un autre effet sur leur enfant. Plus l'enfant grandit, plus il prend conscience de l'étrange absence d'amis diversifiés autour de ses parents. Qu'il l'exprime ou non, cela l'inquiète et cela finit même par le déranger, surtout à l'adolescence. Que se passe-t-il dans son esprit? *Un parent sans amis est, pour lui, un parent sans soutien* (il n'a pas tort). C'est encore plus vrai s'il vit avec un seul de ses parents divorcé ou veuf. Par amour mais aussi pour diminuer son anxiété, il va se sentir responsable lorsque ses parents (même en couple) se sentent seuls sans lui. J'ai personnellement entendu des parents (un seul membre du couple, mais en présence de l'autre) prononcer à leur adolescent ou jeune adulte: «Tu pars un mois? Qu'est-ce qu'on va faire sans toi?» ou: «Ah bon! Et nous, on reste là comme des cons!» Quelle responsabilité! Quel poids! De telles réflexions n'ont pas besoin d'être prononcées pour qu'un enfant (vers neuf ans), un adolescent puis un adulte (même de 40 ans!) se sente le devoir de suppléer au manque social de son ou ses parents par sa présence physique. Ainsi, des jeunes filles ou jeunes hommes refuseront de passer une fin de semaine avec des amis, pour ne pas laisser maman ou papa seul... Adultes, ils s'obligeront pour cette raison plus ou moins consciente à venir vivre à quelques kilomètres de son (leur) domicile. La solitude d'un parent angoisse toujours l'enfant que nous sommes, quel que soit notre âge, n'est-ce pas? Alors imaginons l'effet produit sur un adolescent qui se doit, pour son équilibre, de sortir souvent du nid et d'expérimenter les choses du monde...

Par cette analyse, j'aimerais vous motiver à reprendre votre vie sociale en main, car vous pouvez délivrer vos enfants psychologiquement du devoir de présence et d'attentions que des amis offrent. Il est très soulageant de savoir qu'en notre absence (vacances, voyages, travail, etc.), nos parents vivent une vie remplie et occupée grâce à la présence d'amis et de copains autour d'eux. Cela redonne à nos rencontres une vraie dimension de plaisir, libérée de toute anxiété ou inquiétude. Il n'est donc pas trop tard !

➤ Donner et demander des nouvelles

L'amitié est une valeur qu'il nous faut entretenir comme un jardin, pour obtenir une floraison constante. Avoir beaucoup d'amis est comme rendre un jardin plus fleuri et plus varié. N'est-il pas plaisant de regarder un ensemble de diverses couleurs données par des roses, des tulipes, des iris, des hortensias, des lys, du muguet et d'autres variétés qui n'apparaissent pas au même moment dans l'année ? Sans oublier les jeunes pousses vertes qui nous réservent la surprise d'éclore un jour...

L'amitié, ça s'arrose, n'est-ce pas ?

Le premier contact réussi constitue la 1re étape. Donner et prendre des coordonnées est la 2e étape. Inviter à une rencontre en dehors du premier contexte est la 3e étape. Et, si la personne nous intéresse vraiment, passons à la 4e étape qui consiste à se donner les moyens de consolider cette amitié en l'entretenant.

Quand passer à la 4e étape ? Entre 24 heures et 6 mois après la 3e.

Dans nos contrées, l'amitié se maintient d'une certaine façon et... de façon certaine. Bien que connus de la plupart d'entre nous, ces moyens ne sont pas pour autant appliqués. Cela comporte le risque pourtant prévisible de perdre le bénéfice des premiers contacts déjà établis. On gagne des amis, mais on peut les perdre bêtement par fainéantise (en dehors du fait que certains ont peur qu'on découvre leur personnalité qu'ils jugent sans intérêt). Entretenir les amitiés s'apprend ou se réapprend donc. Cela ne se passe pas dans la tête : c'est une pratique. Pour certains lecteurs, ce qui suit n'est qu'un rappel.

Donner des nouvelles est le minimum. Et par la même occasion, en demander en retour.

Le plus logique et agréable est de profiter des moments où nous sommes ensemble autour d'un verre, lors d'un repas, en roulant en voiture, en marchant dans la rue, à une partie de cartes ou de tennis… En somme, le but ultime est de *se voir au moins de temps en temps*. Il est bien rare de conserver une amitié en étant sûr de ne plus jamais se revoir, n'est-ce pas? À vrai dire, je ne connais aucun exemple où cela se passe ainsi.

Hors de la rencontre physique, le moyen le plus rapide et le plus direct est le *téléphone*. Utiliser celui-ci permet d'entendre le son et le ton de la voix. Celle-ci nous indique immédiatement l'état émotionnel de notre interlocuteur auquel nous pouvons réagir («Ça n'a pas l'air d'aller»; «Tu as l'air essoufflé»; «Tu as une angine?»; «Tu as l'air gaie!»; «Il y a du monde chez toi? J'entends des voix…»). L'interaction est vivante, car chacun s'exprime en alternance. De plus, si nous avons besoin d'une information, nous avons une réponse immédiate. C'est le moyen le plus efficace pour obtenir un rendez-vous. Par ailleurs, se parler au téléphone pendant 45 secondes est suffisant pour convenir quand et où il est possible de se voir. Inutile dans ce cas de tout raconter tout de suite dans le détail puisqu'une rencontre est prévue à cet effet. Attention, cet appel éclair n'est pas valable quand on ne connaît pas encore bien celui ou celle qui deviendra peut-être un ami. La relation n'étant pas encore solide, il est nécessaire d'interagir au moins un peu à cette première occasion. Seulement à la fin de la conversation, proposons les modalités de la rencontre.

Écrire des lettres devient plus rare depuis l'avènement du téléphone et récemment d'une nouvelle technologie : Internet. Recevoir une lettre devient d'autant plus précieux. On imagine l'effort et le temps consacrés à sa rédaction et à son envoi. Cela crée un effet valorisant pour le récepteur, sauf que… tout dépend de la teneur de la lettre. Si ce qui est écrit dans la lettre de l'ami aurait pu être dit au téléphone, il s'agit peut-être d'une fuite du contact direct. Fuite peut-être, mais pas totale, sinon il n'y aurait pas d'écrits. Et les écrits restent et se relisent. Pour exprimer des choses importantes ou difficiles, la lettre est un bon support. Elle permet de peser chaque mot; de se corriger pour y mettre les bonnes nuances. Et surtout, de ne pas se faire interrompre. Celui qui la reçoit a tout loisir de la relire et de s'en imprégner, peut-être aussi pour prendre l'espace et le temps nécessaires pour y réfléchir puis y répondre (souvent par le même moyen, d'ailleurs). De plus, il est rare de jeter à la poubelle les lettres reçues. Cela ressemblerait à un blasphème. Alors on les préserve pour les relire dans nos vieux jours… en souvenir…

Le courrier électronique (mail ou courriel) est formidable. Ceux qui s'aiment et qui se trouvent loin les uns des autres le pensent particulièrement. Ceux qui ne l'utilisent pas le décrient, pensant que cela empêche de se parler directement et tarit la puissance de l'amitié. Cela est faux la plupart du temps. En effet, les amis habitant une même ville *qui ne se contactent qu'à travers l'ordinateur* et qui ne décrochent pas le téléphone sont rares. Et quand bien même cela se passerait ainsi, ils le veulent bien. Mais correspondre par courrier électronique montre manifestement qu'on n'a pas le désir de perdre le contact. Ceux qui voyagent se font des amis qui résident à des milliers de kilomètres. Indéniablement, la facilité d'utilisation d'Internet permet à ceux-ci de se donner des nouvelles, ce que leur emploi du temps ne leur aurait pas permis autrement. Écrire et envoyer un courriel est facile, rapide et peu onéreux. Inutile de chercher un timbre ni de se déplacer pour poster les missives. Aucun risque de rater les appels téléphoniques à cause du décalage horaire, ni de tomber à un mauvais moment. De plus, on s'écrit plus fréquemment et donc les nouvelles sont plus fraîches. Il est des copains et des amis précieux au loin que l'on ne souhaite pas perdre de vue. Pour entretenir les amitiés à distance, le courrier électronique n'a pas son pareil à l'heure actuelle.

Envoyer une *carte postale* de vacances ou de voyage à l'étranger et envoyer en fin d'année une *carte de vœux* ne relèvent pas de la même origine intentionnelle. Une carte de vœux implique des efforts stimulés par un sentiment de devoir satisfaire à une convention sociale. C'est une carte de souhaits qui n'indique rien de personnel et ne donne aucune nouvelle de soi. On s'attend à un retour sous la même forme puisqu'il s'agit d'un code conventionnel. La carte de vœux n'a pas autant de signification aux yeux de nos amis qu'une carte postale. Nos amis et copains pardonneront facilement un oubli de leur nom sur notre liste de fin d'année. La carte de vœux exprime davantage une pensée bienveillante pour ce qu'on appelle nos «connaissances», professionnelles et sociales. Cela dit, rien ne nous empêche d'envoyer une carte de vœux à nos amis si nous en avons le souhait et le temps.

Utiliser la carte postale nous demande aussi des efforts : s'arrêter et choisir parmi une multitude de photos, écrire de courtes nouvelles, inscrire l'adresse, trouver le timbre correspondant, le coller et poster tout cela en calculant le moment probable de son arrivée à destination. Notre intention est souvent de partager, à distance, un peu de ce dont les amis ne peuvent profiter avec nous. Grâce à la photo sur le recto, nous souhaitons leur donner une vue de l'endroit où nous sommes ou que nous avons traversé. D'une certaine façon, nous voulons qu'ils en expérimentent quelques aspects comme s'ils pouvaient s'évader dans le temps et l'espace par procuration. La carte postale envoie de la bonne humeur, de la joie, du bien-être, voire du bonheur. Et quand on le vit là où on est, on a bien envie de le partager avec ceux auxquels on pense et qu'on aime («Ah, s'ils pouvaient voir cela!»). Pour ma part, quand je voyage en dehors d'un contexte purement professionnel, donc quand j'ai le temps, je me donne le plaisir laborieux d'envoyer des cartes postales à de très nombreux amis et membres de ma famille. Cela leur fait toujours très plaisir! Ils me le disent souvent. Je n'en reçois pas autant et cela n'a pas d'importance, car je conçois que tout le monde ne peut avoir la même discipline (c'en est une puisque cela me prend une bonne semaine). Je savoure par avance le plaisir qu'ils auront à me sentir heureuse là où je suis, à se transporter quelques secondes dans des endroits souvent inconnus et merveilleux à travers la photo. L'espace laissé à l'écriture me permet tout de même de donner des nouvelles assez précises et concrètes. N'étant pas d'une nature très poétique en plus d'être une vraie kinesthésique, je raconte davantage ce que je fais plutôt que de décrire en trois phrases la nature transcendante du sable où je pose mes pieds! Par l'intermédiaire du style de message inscrit sur une carte postale, il est facile de relever un aspect de la personnalité de l'auteur. Quant au choix de la photo, il ne faut pas croire que si celle qu'on reçoit est moche, ce serait que l'ami ne s'est pas bien «fatigué». Je connais beaucoup d'endroits dans le monde où trouver de jolies cartes relève du parcours de l'archéologue! En somme, pour toutes ces raisons, je prône l'utilisation de la carte postale en signe d'amitié.

➤ Oser prendre les initiatives

Outre les contacts furtifs au téléphone, par courriel, lettres ou cartes, le summum du plaisir est de passer du temps entre amis. Pour ce faire, on recherche une activité à partager.

Je souhaite retenir votre attention sur l'habitude d'attendre chaque fois que l'autre propose ou fasse les premiers pas. Pour deux raisons principales : on risque de ne pas faire grand-chose finalement et, par ailleurs, on peut lasser par notre manque d'énergie et d'initiatives. Certes, il existe des personnalités dites de «meneurs», toujours pleines d'entrain et d'idées. Mais celles-ci risquent, un jour, de s'interroger s'il existe un trop fort déséquilibre entre ce qu'elles donnent et ce qu'elles reçoivent. Elles peuvent alors freiner soudain et attendre elles aussi que «quelque chose» se passe de la part des autres!

Libre place au quiproquo… C'est d'ailleurs ce qui se passe pour Marie, par rapport à son amie mariée, Nicole. Marie a «deviné» que Nicole avait autre chose à faire que passer du temps avec elle, à cause de ses nombreuses activités et de sa famille. Elle ne lui «demande donc pas grand-chose» et ne la «dérange» pas au téléphone, selon sa propre expression. Marie a décidé d'attendre que Nicole se manifeste quand elle sera disponible. Mais son amie ne le sait pas! Marie ne se manifestant pas depuis des semaines, Nicole en a, de son côté, conclu qu'elle était occupée ou qu'elle n'avait pas trop envie de sorties ou de loisirs pour le moment! Rappelons-nous aussi qu'il est souvent arrivé à Marie d'accepter les dîners et sorties en groupe que lui proposait Nicole, mais qu'elle se défilait au dernier moment… N'obtenant que des fausses explications de la part de son amie, Nicole n'a jamais réalisé l'intensité de l'anxiété sociale de Marie et ne comprend toujours pas.

Il est donc temps de passer de « *Qu'est-ce qu'on fait ?* » à « *J'ai-merais qu'on fasse…* ».

Proposer et voir l'autre décliner une proposition n'a rien d'offensant. Il ne faut pas confondre avec un rejet personnel. En regardant sous un autre angle, on découvre que cela peut être un moyen de mieux se connaître et de découvrir les goûts de chacun. Si nous proposons une visite dans un musée mais que l'ami ne se sent pas chaud pour cela, cela peut vouloir dire ce qu'il dit simplement : il n'aime pas particulièrement la peinture (ou se fatigue vite dans les musées). Notre idée n'était pas idiote pour autant et cela ne doit pas concourir à nous renfermer dans notre coquille ! Il faut oser prendre le relais avec une autre idée immédiatement.

➤ Sortir des relations exclusives

Une personne qui devient anxieuse dès lors qu'elle se retrouve avec plus de trois personnes aura tendance à établir puis à investir ses contacts sur le mode de l'exclusivité. Elle évite ou limite le temps passé en groupe, évoquant des tâches à terminer à la maison, la fatigue ou un réveil matinal le lendemain. Quasi systématiquement. Lorsqu'elle est invitée à se joindre aux autres et qu'elle s'y présente, on observe deux attitudes successives. La première est l'écoute silencieuse qui peut durer jusqu'à 45 minutes (lors d'un apéritif, par exemple). La deuxième est d'accaparer une personne voisine qu'elle «sent» bienveillante ou qu'elle connaît mieux, et ce, pendant… trop longtemps. La participation globale à la discussion d'un groupe entier lui est difficile. Elle préfère nettement *la relation intime*. Il y a fort à parier qu'elle n'a pas l'objectif ni acquis le talent de rassembler beaucoup d'amis autour d'elle afin de les faire connaître les uns aux autres. Tout d'abord, on constate que ces personnes n'ont pas beaucoup d'amis. De plus, sortir des rapports exclusifs avec chacun et rassembler ces différentes personnes comporte, selon eux, un «risque» particulier. Voyons lequel.

Marie se sent concernée. Elle explique : «Je n'ai pas beaucoup d'amis, effectivement. Nicole, Muriel, et quelque cinq ou six autres comme Laurence chez qui je suis allée, dernièrement, à la crémaillère. J'aime mieux les voir individuellement, car on a plus la liberté de se raconter qu'à plusieurs. C'est plus intense pour moi. À bien y réfléchir, je crois maintenant que l'un n'empêche pas l'autre, mais que ce sont les groupes qui me mettent mal à l'aise. Je ne sais jamais quoi dire d'intéressant ou plutôt quoi dire pour m'assurer de ne pas les ennuyer. Pour vous dire la vérité, je n'ai donné l'occasion à Nicole et Muriel de se rencontrer que quelques fois et je crois qu'inconsciemment, j'avais peur qu'elles s'aiment... Oui, qu'elles s'apprécient mutuellement, plus qu'elles ne m'apprécient, moi... C'est triste, hein ? »

Je suis convaincue que Marie détient les bonnes explications : une peur de s'exprimer librement en groupe et surtout, une *crainte d'être mise de côté* une fois que ses amis se côtoient.

Comment comprendre cette peur ? Le *manque de confiance en soi,* et non un manque d'assurance quant à la fidélité de ses amis, en est la principale raison. Se dire *plus ou moins consciemment* : « Elle (il) va trouver mieux que moi et je ne prends pas le risque qu'elle (il) me lâche » est sous-jacent au sentiment que le partage des amitiés est dangereux pour soi. Il s'agit là encore d'une croyance, souvent non consciente. Elle est irrationnelle. Quand bien même ces amis, qui se seraient rencontrés par notre intermédiaire, s'apprécieraient et deviendraient amis, cela impliquerait-il que nous devenions hors jeu ? Absolument pas ! Il n'en tient qu'à nous de ne pas interpréter une telle chose et de ne pas nous mettre de côté comme s'il n'y avait *pas de place pour tout le monde* dans le cœur de chacun. Or, ce raisonnement erroné est cependant *logique* : il ne se base que sur l'idée que le mode duel (à deux) est celui des « vrais » rapports amicaux. De ce fait, comment peut-il y avoir de la place pour tous en même temps ? Cette base de pensée est bancale et constitue un gage de déséquilibre à long terme.

Si nous adhérons à ce fonctionnement social, nos amis sont-ils sur le même registre ? Ont-ils, eux-mêmes, des amis qu'ils partagent ? Si oui, les avons-nous perdus pour autant ? Parfois non, parfois oui. Dans ce dernier cas, il est possible que nous y soyons pour quelque chose. L'attitude d'une personne qui ne conçoit bien que les relations intenses exclusives devient trop exigeante pour un ami qui *n'a pas la même conception*. Elle demande du temps et autant de disponibilité, que l'on ne devrait pas offrir aux autres simultanément. Une telle personne incite implicitement ses amis bien entourés à faire chaque fois un choix entre elle seule et les autres... Cette attente *(qui n'est dans la plupart des cas jamais exprimée clairement, bien sûr)* devient étouffante. S'il manque de disponibilité, l'ami ne peut pas toujours voir chacun individuellement. Il le fait, bien sûr, mais de temps en temps.

Pour sa part, l'amour exige, sans aucun doute, de fréquents et longs moments intimes. Mais il ne s'agit pas du même type de relations. Je partage le point de vue développé par Francesco Alberoni[29] lorsqu'il écrit : « L'amitié ne conduit pas en général à la formation d'un couple fermé et autosuffisant. Cette particularité serait plus spécifique de l'amour [...] L'amitié n'est pas un sentiment exclusif. Deux amis sont heureux quand un autre se joint à eux et un autre encore. » En effet, l'amitié avec l'un n'exclut pas l'amitié avec l'autre et encore moins avec *les autres* ! Se montrer fidèle en amitié ne ressemble en rien à la fidélité amoureuse. Car il existe un sentiment que le mode de l'exclusivité amicale, non consenti pleinement par certains de nos amis, va tôt ou tard faire ressortir : *la jalousie* ! De la peur, en passant par la déception, nous voilà à ressentir de la jalousie envers la disponibilité que notre bon(ne) ami(e) offre aux autres... sans nous. Soyons logique : il fallait bien que cela arrive puisque nous préférons la relation seule à seule ! (Je le mets au féminin car les hommes n'ont, en général, pas cette attente du mode intime en amitié.)

La richesse des amitiés ne se trouve justement pas dans l'exclusivité !

Certes, les relations exclusives comportent une certaine richesse et semblent nous rassurer, grâce à la complicité acquise, sur notre capacité à être aimé. Mais les liens amicaux non exclusifs également ! Ils nous donnent même des sentiments d'intégration, d'appartenance sans dépendance, d'amour au sens large, de partage, de communion et une certitude d'évoluer 10 fois plus puissants.

---

29. *L'amitié, op. cit.*

Le simple fait de ne convenir qu'à des contacts basés sur l'exclusivité, et conséquemment de *n'appliquer que ce mode,* n'incite pas à comparer l'aspect restrictif de cette vision des choses.

Rester sur le registre de l'exclusivité en amitié comporte le risque, *à long terme,* de mettre en péril certaines de nos relations existantes.

➤ Construire son réseau amical

Toutes les formes d'activités sont bénéfiques à l'entretien des amitiés : un repas offert à la maison, un barbecue ou un pique-nique constituent des activités amicales simples mais efficaces pour *permettre à nos amis, à nos copains et à nos connaissances de se rencontrer entre eux.*

Un homme m'écrivait : « J'ai constitué une association "parallèle" avec certains de mes collègues de travail pour nous donner des activités à faire ensemble. Nos femmes viennent et c'est très sympa ! » Être l'instigateur d'un groupement d'amis autour d'activités donne effectivement une énergie qui confère à une forme de fierté.

L'amitié est aussi un partage d'amis !

L'énergie engagée à faire en sorte que nos compagnons amicaux se rencontrent n'est que la partie intentionnelle de l'énergie qui ressort d'une communion d'êtres humains qui vibrent pour la même chose. On pourrait concevoir qu'il s'agit d'une énergie de connexion spirituelle.

L'intention est opposée à celle d'une relation exclusive. Elle *s'ouvre* sur l'idée de l'existence d'une forte puissance de la communion des âmes. Cette intention vient du fond du cœur, bien plus qu'on ne l'imagine. Elle est un don de soi possible, car elle est dénuée de peur. Aucune peur d'être comparé, de ne pas être assez aimé, d'être abandonné… Place à l'énergie émanant de chacun des membres du groupe. L'essentiel réside dans l'idée que chacun peut établir de belles relations, que chacun peut en tirer du bon suc. L'activité choisie est un prétexte. Le but de la personne qui organise la rencontre est de permettre un mélange « chimique » suffisant pour que des « formules » individuelles se dégagent. Rassembler des individus que l'on apprécie et les laisser se trouver des affinités pour leur permettre de les nourrir à long terme relève d'un grand plaisir que beaucoup d'entre nous connaissent déjà.

Celui qui met sur pied ces rencontres d'amis, qui ne se connaissent pas nécessairement, se veut être un catalyseur de «réactions chimiques» dont il ne connaît pas par avance le résultat. Il est curieux et intéressant d'oser mélanger les genres, les âges, les statuts socioprofessionnels et de laisser les gens s'apprécier pour autre chose que tout cela. Bien sûr, un bon catalyseur aura pris soin de ne pas mélanger des êtres foncièrement incompatibles. Sur quelle base? Celle des valeurs! Inutile de se baser sur les opinions politiques afin de rassembler les amis du même bord. Cela n'a pas d'importance réelle. Une exception cependant: si une personne entame, chaque fois, des monologues sur un registre extrémiste (car relatif à ses valeurs fondamentales) que nous savons ne pas être du goût de nos autres convives, ne prenons pas le risque de gâcher l'ambiance. Parfois, je vois des gens tergiverser pour savoir si, en invitant Untel, il s'entendra avec tel autre, si le nombre d'hommes correspond exactement au nombre de femmes, etc. Selon notre milieu social d'origine et notre éducation (avec son lot de croyances, bien sûr), il peut nous sembler indispensable de procéder à un choix attentif afin de planifier la rencontre de gens qui se ressemblent au minimum. Oui, peut-être, mais dans ce cas, la rencontre est calculée d'avance et risque d'être ennuyeuse. Nous sommes presque assurés qu'il n'y aura aucune surprise, car tout le monde comprend pourquoi ces personnes sont mises ensemble et chacun jouera le rôle qu'on attend de lui. Ce qui n'est pas déplaisant, certes, puisque chacun a son propre miroir en face et qu'on se complaît dans la reconnaissance d'appartenir à «un même monde». Mais tout cela se base sur un calcul souvent bancal des probabilités. Par exemple: si on veut que cinq amis médicaux et paramédicaux se rencontrent coûte que coûte par notre intermédiaire au cours d'un dîner, nous avons d'emblée l'idée qu'ils s'entendront tous, puisqu'ils évoluent dans le «même monde». Cela peut être une erreur. Je connais des médecins chaleureux et honnêtes et d'autres cupides et sans réelle compassion (ce ne sont pas mes amis). Comment peut-on imaginer qu'ils vibreront en créant une bonne atmosphère si leurs valeurs prioritaires s'opposent?

Les valeurs des uns et des autres transpirent dans nos attitudes, nos discours, notre façon d'écouter et de s'intéresser à autrui ou non… En un mot, pour fédérer de bonnes énergies lorsque nous rassemblons nos amis, nos copains et nos connaissances, faisons en sorte que le seul critère soit *la communion des valeurs prioritaires.*

Quand on veut créer progressivement un réseau amical cohérent, la meilleure façon de ne pas trop se tromper consiste à provoquer la chimie autour des valeurs de fond. Si nous savons choisir nos amis, ils ont tous des valeurs communes aux nôtres. L'ambiance générée par le simple fait d'être ensemble sera formidable. Si une « connaissance » détonne par un aspect désagréable inattendu, prenons-en bonne note et ne renouvelons pas l'expérience.

Si nos amis, copains et connaissances se plaisent au point de s'échanger leurs coordonnées puis de se revoir, même en notre absence, nous avons réussi une bien belle chose. Il ne s'agit pas d'une preuve de préférence qui nous laisserait sur le bas-côté. Bien au contraire, on peut dire que le réseau est créé, car il évolue et grandit (et il grossit) par lui-même. Le fédérateur du départ peut, certes, continuer à être actif mais les autres le deviennent aussi. De plus, chacun n'étant pas toujours présent ou disponible, il est bien agréable, de temps en temps, d'obtenir des nouvelles de l'un de nous par un autre membre du réseau. D'ailleurs, pour signifier la notion d'appartenance, on regrette souvent l'absence d'une personne au moment d'un partage de belles émotions entre les autres membres du réseau présents autour d'un repas ou de toute autre activité.

J'ai aimé une fable découverte dans un livre[30] et que je souhaite offrir à votre réflexion :

Et Dieu dit à un religieux : « Viens, je vais te montrer l'Enfer. » Ils entrent dans la salle où se tient un groupe de personnes assises autour d'une énorme marmite contenant un ragoût délicieux. Chacun semble affamé et au comble du désespoir. En effet, tous peuvent puiser dans le récipient grâce à leur cuillère

---

30. Susan Jeffers, *Oser briser la glace,* Paris, Éditions Marabout, 2001.

en bois, mais le manche de celui-ci est si long qu'il leur est impossible de porter la nourriture à leur bouche. Le supplice de Tantale est atroce…

«Viens, maintenant je vais te montrer le Paradis», dit Dieu au bout d'un moment. Ils entrent dans une autre salle identique à la précédente, avec également un groupe de personnes assises autour d'un chaudron rempli de ragoût avec les mêmes cuillères à la main. Ici, pourtant, chacun paraît heureux et avoir mangé à sa faim.

«Je ne comprends pas, dit le religieux. Pourquoi sont-ils joyeux ici, alors qu'ils sont désespérés là-bas?» À ces mots, Dieu sourit: «C'est très simple, dit-Il, ici, ils ont appris à se nourrir les uns les autres»…

Un réseau amical vivant est un moyen puissant de partage de chaleur humaine sincère. Il offre un grand soutien grâce aux différentes personnalités, aux multiples talents des uns et des autres mais aussi par l'assurance que l'un ou l'autre membre soit disponible au moment opportun. Sans oublier qu'il représente un moyen supplémentaire d'entretenir les liens à distance, en cas d'absence pendant quelque temps.

➤ Quand on s'est perdu de vue

Une jeune fille de 25 ans m'écrit: «De nature timide et réservée, j'ai beaucoup de mal à aller à la rencontre des autres. Lorsque "j'accroche", je trouve toujours le moyen, à terme, de ne pas donner de nouvelles de moi, même lorsqu'on me le demande. Je réponds au début, mais je perds la trace des connaissances intéressantes que je peux faire. Et j'ai souvent un sentiment de culpabilité que je n'ose affronter. Comment dois-je faire? Avoir des amis, c'est important pour s'épanouir et pour l'harmonie de sa vie.»

Si elle se pose la question, d'autres se la posent aussi. Je compte donner des réponses satisfaisantes pour y remédier.

En dehors des cas de ruptures volontaires, les aléas de la vie mais aussi notre insuffisance à entretenir nos amitiés expliquent bien souvent pourquoi nous avons perdu le contact avec des amis, des copains et des connaissances.

La question revient à chacun : que s'est-il passé pour que nous nous perdions de vue ?

Si, d'aventure, la situation a été créée par l'autre personne malgré nos appels, nos propositions, nos lettres et nos invitations laissées sans réponse, il est possible que nous n'en saisissions pas la raison. Il y a fort à parier que cette incompréhension ait généré en nous une certaine anxiété pendant de long mois. D'autant plus que le lien semblait solide. Qu'avons-nous fait pour provoquer une telle rupture ? Tergiverser ne nous donnera pas une réponse sûre et dans ce cas, nous avons deux choix : réessayer plusieurs mois plus tard de téléphoner à l'ami pour lui demander des explications ; sinon, modifier notre approche cognitive du problème et, sans comprendre précisément ce qui est arrivé, laisser tout bonnement tomber. Le sentiment de perte sera d'autant moins rude que nous avons beaucoup d'autres amis de qualité dans notre entourage. Et si ce n'est malheureusement pas encore le cas, il est temps de mettre en pratique tout ce qui a été abordé dans ce livre pour se créer de nouvelles amitiés !

En revanche, si nous sommes responsables de nous être laissés aller à la fainéantise, à la fatigue de nourrir notre jardin amical et social, la réponse est donc trouvée. Mais allons plus loin. En dehors d'une anxiété sociale à la base, il existe des raisons indépendantes de *notre volonté* qui peuvent justifier ce recul. Elles *semblent* indépendantes de notre volonté. Disons que « quelque chose » de plus fort qu'une question de volonté soit apparu dans notre vie. Nous nous sommes laissés entraîner dans un tourbillon. Nous allons aborder quatre possibilités : une dépression, le travail, la puissante influence d'un conjoint et la dépendance affective.

Une dépression isole

Une femme me confiait : « J'ai eu beaucoup d'amis, mais la perte d'un enfant m'a fait me refermer comme une huître. » Il ne fait aucun doute que la perte d'un être cher et, pire encore, son propre enfant, nous plonge dans une douleur dont certains ne se remettent pas avant longtemps. Les symptômes du désarroi se combinent parfois pour constituer un tableau dépressif.

Ces symptômes, bien connus des psys, sont : une perte d'intérêt pour les choses de la vie, une perte de plaisir associée à une grande tristesse, des insomnies du petit matin ou des hypersomnies, une fatigue, un manque d'énergie constant, un ralentissement de la pensée, des troubles alimentaires, des idées noires, de la culpabilité, une perte de confiance en soi, dans l'avenir (la personne n'a plus de projets) et dans les autres (« On ne peut pas m'aider et de toute façon, les autres ont autre chose à faire »), et enfin une forte tendance à l'isolement. Ces symptômes sont en effet indépendants de notre volonté et il faut savoir qu'une dépression peut faire son apparition chez les plus solides d'entre nous. L'exemple précédent montre que l'on peut soudain réagir de façon inhabituelle et inattendue. On appelle cela une dépression réactionnelle. Un deuil, un licenciement, un divorce ou une séparation, un accident qui nous rend handicapé, l'annonce d'une maladie grave sont des exemples de ce qui peut déclencher une dépression dite réactionnelle.

Des scientifiques travaillant en neurobiologie et des chercheurs en psychologie humaine ont démontré que notre style de vie *précédant* l'évènement nous rend plus ou moins vulnérables. Si nous pratiquons régulièrement un exercice physique pendant au moins 20 minutes consécutives et cela trois fois par semaine, si nous avons une alimentation riche en acides gras essentiels Oméga 3 qu'on trouve dans les poissons, les crustacés et l'huile de colza (entre autres), si nous pratiquons la cohérence cardiaque par des exercices proches de la méditation[31], nous avons plus de chances d'être préservés de cette maladie. De plus, on découvre que ces pratiques ne sont pas seulement préventives mais curatives. Ces données sont encore nouvelles et méconnues de la plupart des médecins. La prescription d'antidépresseurs reste au goût du jour et s'avère souvent efficace pour sortir d'une dépression réactionnelle (à condition qu'on trouve la bonne molécule pour vous).

---

31. David Servan-Schreiber, *Guérir le stress, l'anxiété et la dépression sans médicaments ni psychanalyse,* Paris, Éditions Robert Laffont, 2003.

D'autres moyens de ne pas sombrer dans la dépression, malgré un grand désarroi, ne sont pas à négliger et ont aussi fait l'objet de recherches scientifiques. Il a été prouvé que *le soutien social est primordial* dans de tels cas. Que les personnes qui ne sont pas entourées d'un conjoint aimant, d'amis et même d'un animal de compagnie s'en sortent plus mal que les autres. Voire ne s'en sortent pas du tout… Si vous avez vu le film de Robert Zemeckis, *Seul au monde,* avec Tom Hanks, vous vous souvenez sûrement que le seul rescapé sur l'île déserte regardait régulièrement la photo de sa fiancée qu'il aimait et de qui il se savait aimé. L'espoir de la revoir telle qu'elle était lorsqu'ils s'étaient quittés lui a permis de survivre dans ce milieu hostile et dénué de vie. Mais cela ne suffisait pas ! Il avait besoin de parler à quelqu'un. Il a fini par dessiner un visage avec son sang sur un ballon blanc ; et il donna un prénom à cette représentation de tête humaine pour s'imaginer qu'il avait dorénavant un ami. Pour ne pas devenir profondément dépressif ou fou dans un tel contexte de solitude qui dura trois ans, cet homme a eu l'instinct, l'intuition, qu'il lui fallait la présence d'un soutien à l'allure vivante. Seul, il ne s'en sortirait pas.

La connexion et la chaleur humaine sont indispensables à la survie psychique.

Dans le cas où vous seriez déprimé ou dépressif, *soyez désormais attentif aux premiers symptômes.* D'une part, pour prendre les mesures de traitement le plus tôt possible en faisant appel à un psy, par exemple. D'autre part, pour ne pas faire ce que tous les dépressifs non avertis font, c'est-à-dire vous isoler. Il faut *réagir avant la fin de la première semaine.*

Personnellement, les rares fois où cela m'est arrivé, j'ai réagi le premier jour, car je reconnaissais tous les symptômes. Par peur de m'enfoncer et sachant que ma volonté n'y pourrait plus rien passé un certain stade, je décidais d'appeler au secours tant que j'en avais encore l'énergie. Je me souviens de la façon dont j'ai pu gérer, avec de l'aide, la descente vers ce qui était probablement une dépression. Je me surprenais à ne plus avoir envie de me lever, de me laver, de m'habiller et encore moins de me maquiller. Des pleurs se déclenchaient sans raisons apparentes toute la journée, je n'avais envie de rien ; plus rien ne me faisait plaisir, même me nourrir ; j'étais en proie à des idées noires, ce qui ne me ressemblait pas.

Mon mari ne savait que faire. Nous étions en vacances au Liban, dans sa famille, et j'étais désœuvrée. Il nous fallait, le plus souvent, rester assis des journées entières à discuter ou à écouter des gens qui visitaient la famille et qui parlaient une langue qui m'était encore inconnue. Un sursaut de lucidité me vint à la tombée de la nuit et je reconnus les symptômes de la dépression qui m'assaillaient. Sur-le-champ, j'ai choisi de ne pas rester victime de mon état. Alors que mon mari entrait dans la chambre d'où je ne voulais plus sortir, je lui dis : « Chéri, il faut que tu m'aides ! Je réalise que j'ai tous les symptômes de la dépression : je pleure, je n'ai envie de rien, je me laisse aller… (J'expliquais tout en détail.) Je sais que cela va empirer si je ne fais rien. Mais en même temps, je sais que tout ce que tu vas me proposer, je vais le refuser (c'était déjà le cas). Il faut que tu insistes et que tu tiennes bon. Il faut que je sorte d'ici, mais je ne peux rien sans ton aide. » Très compréhensif, il me proposa immédiatement d'aller au cinéma. Je refusai. Je lui ai avoué ne pas avoir envie de m'habiller à cette heure, que j'étais fatiguée. Il m'a répondu : « Ce n'est pas grave. C'est moi qui t'habille et qui te coiffe. Et c'est moi qui conduis. » Et il le fit. Je me traînais en marchant, je n'avais aucune conversation dans la voiture et je pleurais encore.

Cet état m'a tenue deux heures supplémentaires. Ce n'est qu'à la fin du film qu'enfin, je ressentis une nouvelle énergie. Je me sentais indéniablement mieux. Ce n'est pas le thème du film qui m'a apporté cette sensation. Je n'ai aucun souvenir de ce film. C'est le fait d'avoir été entendue et soutenue ! Sur le chemin du retour, j'analysais à voix haute la cause de mon état. Je fis le lien avec un rêve très puissant et significatif où je me voyais enterrée vivante, que j'avais raconté dans le détail le matin même à mon conjoint. Il me fallait d'urgence partir de cette maison, me retrouver dans l'intimité avec celui que j'aimais et… cueillir du blé dans les champs ! Nous partîmes dès le lendemain pour trois jours. Au retour, j'ai demandé qu'on aille acheter des fleurs séchées quel qu'en soit le prix, afin de pouvoir faire des compositions florales. Ainsi, mes longues journées se passaient dans la créativité, tout en étant à proximité des visiteurs. Ma valeur « Créativité » était enfin satisfaite et ma dépression naissante avait disparu !

Il est important de réaliser que ce n'est pas parce qu'on se connaît bien entre époux ou amis que ceux-ci trouvent immédiatement la bonne solution pour nous. Je suis convaincue que si je n'y avais pas mis du mien dès le début, si je n'avais pas fait appel à mon mari en lui expliquant clairement comment il pouvait agir, j'aurais plongé.

S'isoler afin de créer, de composer ou d'écrire est un processus souvent indispensable pour les artistes ou les écrivains. Il s'agit d'un besoin naturel et positif. Dans le cas d'une dépression, l'isolement ressemble à un besoin mais il n'en est rien. La mélancolie de certains auteurs littéraires[32] était pathologique et l'écriture constituait leur mode privilégié d'expression. La douleur morale si bien exprimée à travers des poèmes qui nous sont restés comme des chefs-d'œuvre s'est souvent soldée par un abandon de la vie. *Il n'existe pas de besoin de s'isoler pour vivre sa dépression* : c'est un symptôme et non un choix volontaire.

Si cet état dépressif vous atteint et que vous en admettez les symptômes sans mettre la tête dans le sable (« Mais non, je ne suis pas dépressif, juste un peu fatigué ! »), *il faut agir vite. Prenez le téléphone et appelez quelques amis pour leur dire* : « Je ne vais pas bien. Je déprime et je commence à m'isoler. Ce n'est pas bon ! J'ai besoin de compagnie et de sortir, même si en ce moment cela ne me procure pas de plaisir. Si je ne fais pas cela, ça ira de plus en plus mal ! » Vos amis répondront présents s'ils sont sollicités d'une telle manière. Autre conseil pour ne pas gâcher leur propre plaisir d'être auprès de vous : une fois l'explication de votre malaise exprimée, ne revenez pas sans cesse dessus ; ne rabâchez pas à haute voix vos idées noires et votre pessimisme. Vous n'éclatez pas de joie, certes, mais vous les avez prévenus et ils comprendront.

---

32. Charles Baudelaire, Paul Verlaine, entre autres…

Quand on a trop de travail...

Le prétexte le plus courant, et le plus risqué aussi, est un surplus de travail. Jusqu'à la retraite, il y a des chances que nous ayons de plus en plus de travail! J'ai remarqué ce phénomène croître dans les grandes villes et particulièrement à Paris. Alors que l'avènement des machines modernes et de moyens électroniques de plus en plus rapides et puissants est censé nous apporter un soulagement dans nos tâches professionnelles et domestiques, il semble que nous ayons de moins en moins de temps à consacrer à notre famille et à nos amis. Les possibilités d'augmenter nos performances dans des délais raccourcis, si on les compare à la réalité d'il y a 30 ans, par exemple, nous poussent à en faire plus. Il est bien connu que plus on vieillit, plus le temps s'accélère... De fait, nous sommes de plus en plus stressés et de plus en plus fatigués. Une étude pratiquée auprès des cadres de grandes entreprises européennes montre que plus de 70% d'entre eux se disent «fatigués» soit «pratiquement tout le temps» soit «une bonne partie du temps». Pas moins de 50% d'entre eux s'estiment «épuisés[33]»! Pris par le tourbillon du quotidien de la semaine, nous nous rendons au vendredi sur les genoux, sans avoir pris le temps d'organiser un repas à la maison entre amis. Du coup, nous octroyons davantage la priorité au repos devant la télévision ou dans notre lit. Nous n'avons plus l'énergie nécessaire pour mettre un projet supplémentaire en place. Et les semaines et les mois passent ainsi jusqu'au jour où, soudain, nous réalisons que nous n'avons pas vu nos amis (en les invitant par exemple) depuis plusieurs mois! Pour ceux qui se sentent vraiment concernés par cette situation et qui le regrettent, il existe néanmoins une stratégie pour entretenir l'amitié dans ce tumulte: *prévoir longtemps à l'avance.*

Prévoir dans sa tête ne suffit absolument pas. On revient au fameux «il faudrait» ou «il faut». Ce n'est *pas une obligation* d'inviter ou de voir ses amis, c'est un souhait, une envie, un désir. Rencontrer ses amis n'est pas une idée, c'est une action.

---

33. B. Barrios-Choplin, R. McCraty *et al.,* «An inner quality approach to reducing stress and improving physical and emotional wellbeing at work», *Stress Medicine,* vol. 13, p. 193-201, 1997.

Tout d'abord, *prévoir le mode* de rencontre. Avons-nous des préférences pour un dîner, un déjeuner du dimanche, un barbecue, un pique-nique dans un espace vert, sur la plage ou à la campagne, une invitation un week-end entier à sa résidence secondaire, une sortie, un spectacle ? Nous déciderons en fonction de notre style de vie et de notre organisation générale. Pour ma part, terminant les soirs de semaine vers 21 h 30, j'invite mes amis au déjeuner de midi, le dimanche soir ou les soirs de mes jours de repos. J'en vois même certains, qui demeurent à proximité de mon domicile, au petit déjeuner ! Ensuite, comme je l'ai mentionné antérieurement, écrire une liste de noms d'amis, de copains et de connaissances à qui nous aimerions proposer notre idée. Si la liste est longue et qu'il n'y a pas de places pour tout ce beau monde en même temps, nous pouvons regarder dans notre agenda *toutes les dates disponibles,* et ce jusqu'à un mois à l'avance, comme je l'ai déjà mentionné. Cela peut sembler curieux de voir si loin, mais, par expérience, je sais que certains amis sont très occupés aussi et que justement, ils planifient d'avance. C'est la raison même de leur indisponibilité. Il faut savoir s'offrir des chances ! Si Pierre et Tina ne peuvent pas venir à telle date, ils pourront sûrement à une autre. De même pour Max, Sylvianne, Florence, Jean… Chacun peut alors choisir sa date sans se sentir coincé et éviter la déception de rater une rare occasion (puisque nous travaillons trop !). Si nous concevons qu'il est inutile de trier entre nos différents amis, la tache devient facile. De plus, il est important de se rappeler que notre intérêt premier est de retrouver chacun de *nos* amis même si cela se passe en groupe. Quand le réseau est constitué, que tout le monde se connaît et s'apprécie, la question ne se pose même plus. Cependant, si nous voyons un intérêt à faire rencontrer Olivier et Line, parce que l'un est compositeur musical et l'autre chanteuse, il n'est pas plus difficile de leur dévoiler notre intention et de faire coïncider les dates puisqu'il y a plusieurs choix proposés sur une assez longue période.

Dans le cas où vous manquez de temps pour donner des coups de téléphone ou envoyer des courriels, vous avez peut-être la possibilité de le faire faire par votre conjoint, plus disponible, ou par votre secrétaire, si vous en avez. Si vous rétorquez que vous n'avez pas cette chance, rien ne vous interdit de passer vos coups de fil espacés de plusieurs jours et d'organiser tout cela tranquillement.

Il y a une raison pour laquelle cette méthode est éprouvée malgré le manque de temps et l'état de fatigue qui nous étreint. Lorsque tout est au point depuis plusieurs semaines et que nous en sommes à une heure de notre dîner, la fatigue s'évanouit miraculeusement ! Cela est finalement simple à comprendre : nous anticipons mentalement la joie et les autres bons sentiments comme le plaisir de revoir ceux que nous aimons. Physiologiquement, l'état de stress (même celui dû à la préparation du repas, si c'est encore le cas) laisse place à celui lié au plaisir et à une excitation d'un autre ordre. Certaines hormones sont sécrétées, provoquant un état mental agréable. De plus, nous savourons encore notre réussite à être parvenus à réaliser tout cela, une fois que nos convives sont partis. Même si la fatigue revient soudain après coup !

Je connais de nombreuses personnes extrêmement actives et occupées par plusieurs domaines de leur vie de façon quotidienne. Tiraillées entre leurs obligations professionnelles et familiales, leurs nombreux voyages en avion, leurs déplacements en voiture ou en train, leur gestion de personnels et des imprévus, elles s'organisent, pour la majorité d'entre elles, afin de conserver le contact régulier avec leurs amis, copains et connaissances. J'en fais partie personnellement. Comme quoi ce n'est pas indépendant de notre volonté… Cela est donc possible !

Quand un conjoint nous éloigne de nos amis

Malheureusement, il arrive fréquemment qu'un conjoint éloigne l'autre de ses amis. Nous avons évoqué les relations amicales exclusives ; il existe bien entendu des relations amoureuses trop exclusives. Quand on est amoureux, désirer se retrouver dans l'intimité le plus souvent possible est tout à fait normal. Cela est même nécessaire lorsqu'une telle relation se construit. Et *fuir* les moments intimes à deux révèle un dysfonctionnement dans le cours normal des choses de l'amour. Rechercher systématiquement et de façon presque compulsive le contact de tierces personnes lorsqu'on est avec son amoureux (amoureuse) engendre quelques interrogations bien légitimes de la part de celui ou celle qui rêve d'un minimum d'intimité. Pourtant, avoir, l'un et l'autre, des amis et des copains et vouloir entretenir ces amitiés n'est pas antinomique avec l'état amoureux. Il suffit de savoir doser son temps et sa disponibilité.

Or, il existe des individus «*insécures*» et particulièrement possessifs qui ne conçoivent pas que le temps disponible de l'autre ne leur soit pas entièrement consacré. Ils se débrouillent visiblement pour que nos amitiés soient reléguées aux oubliettes. La peur de l'abandon et la jalousie, qui serait consécutive à la première, sont les deux émotions responsables de comportements trop exclusifs. Qui peut se profiler derrière ces aspects? On reconnaît cette attitude d'exclusivité et de rejet des amitiés existantes chez la personne dépendante affective et chez la personnalité manipulatrice.

J'aimerais commencer par décrire ce qu'il en est si vous êtes tombé dans les bras d'un manipulateur (ou d'une manipulatrice).

Pour avoir commis deux ouvrages entiers sur les manipulateurs[34], je ne donnerai ici que quelques aspects utiles pour notre propos.

Un conjoint manipulateur a d'abord été un être absolument délicieux dans les premiers temps jusqu'au premier engagement tel que la vie en commun, le mariage ou la venue d'un bébé. À partir de là, les choses se gâtent de façon incompréhensible. Nous sommes affublés de multiples défauts, incapables de…, nuls, etc. Plus le manipulateur est intelligent, plus la démarche de dévalorisation est subtile. Égocentrique et jaloux, il (elle) considère que l'autre conjoint lui «appartient». Une forte relation de pouvoir du premier sur le second s'installe généralement en moins de deux ans après la première rencontre. Les dégâts psychologiques et psychosomatiques chez le conjoint sont phénoménaux. Bizarrement, il ne les attribue pas d'emblée aux attitudes méprisantes et d'emprisonnement (parfois dans une prison dorée) de celui ou celle qu'il croit avoir choisi

---

34. Isabelle Nazare-Aga, *Les manipulateurs sont parmi nous* (1997, 2004) et *Les manipulateurs et l'amour* (2000, 2004), Montréal, Les Éditions de l'Homme.

par amour. Envahi par la culpabilité, le conjoint se croit responsable de cette dégradation, d'autant plus que le manipulateur l'en accuse par des raisonnements continuels et pseudo-logiques. Pour ne pas retourner dans des conflits aux conséquences exagérées et pénibles au quotidien, le conjoint ne s'exprime plus librement. Il s'éloigne de sa propre personnalité. Jaloux de l'attention que pourrait porter autrui à son (sa) partenaire, le manipulateur fait en sorte d'éloigner les amis de celui-ci. Ce phénomène n'intervient pas dans la phase de séduction mais plutôt quand le lien entre les conjoints semble consolidé par un engagement mutuel.

Pour éloigner nos amis, copains et même des membres de notre famille, le manipulateur utilise plusieurs stratégies assez efficaces:

- Bouder lorsque nous rentrons seul d'une sortie entre amis.
- Se plaindre que nous ne nous soucions pas de lui (d'elle), de nos propres enfants ou des tâches domestiques quand nous sortons avec nos amis. Il joue la victime abandonnée.
- Se montrer distant, désagréable, systématiquement souffrant, provocateur ou bouder à chaque rencontre avec nos amis personnels.
- Au contraire, se montrer séduisant et charmeur en public mais très critique envers l'un ou l'autre de nos amis dès que celui-ci a le dos tourné.
- Être désagréable et froid au téléphone quand nos amis appellent.
- Ne pas nous transmettre les messages ni nous informer que tel ami a téléphoné.
- Subtiliser des lettres personnelles qui nous sont adressées.
- Lors d'une crise violente de jalousie, nous obliger à déchirer les photos de notre vie passée. Plus rarement, il peut aussi brûler notre répertoire d'adresses et ainsi faire table rase de notre passé (cas des pervers de caractère uniquement).

En somme, le manipulateur s'arrange pour que, progressivement, la visite de nos amis nous devienne pénible à cause des conséquences psychologiques et comportementales qu'il nous faudra gérer ensuite. Autrement dit, préserver et entretenir nos amitiés nous coûte cher, car nous nous attendons à une sanction d'une manière ou d'une autre de la part de celui (celle) avec qui nous avons choisi de vivre.

Malheureusement, l'aberration et la nature infantilisante de ces agissements ne sautent pas aux yeux du conjoint persécuté. Celui-ci est plutôt tendu vers le maintien coûte que coûte de son couple, soit pour des raisons purement matérielles (les femmes ont peur de se retrouver «à la rue» ou «sous les ponts» lorsqu'elles sont devenues dépendantes financièrement), soit pour des raisons cognitives («Je l'ai choisi, j'assume!»), philosophiques («Chacun a ses défauts et ses qualités») ou religieuses («On ne divorce pas»).

La peur, voire la terreur, avouent les victimes de manipulateurs, est la principale cause de l'éloignement d'amis, qui restent, malgré tout, chers à leur cœur.

Il suffit que nous soyons, de surcroît, ce qu'on appelle «un dépendant affectif», pour constituer la formule perdante à coup sûr!

Le dépendant affectif délaisse ses anciens amis

Sous un aspect moins dangereux que le précédent, être dépendant des sentiments amoureux n'incite pas à la fidélité amicale. Pour les dépendants affectifs, cela se passe comme si l'amour était plus fort que tout et le seul salut pour leur bien-être. De fait, ces personnes disparaissent de la circulation une fois qu'elles pensent avoir trouvé l'âme sœur. Et comme, en général, leur sens critique en amour est peu développé, elles croient souvent «avoir trouvé l'âme sœur»...

Le retrait du cercle amical se produit extrêmement tôt dans l'engagement d'une relation amoureuse. Après quelques jours à quelques semaines.

Le dépendant affectif est un grand sentimental en quelque sorte. Il attend le prince charmant ou la princesse à chérir, avec une grande impatience. C'est comme si les amis et les copains étaient là en attendant...

Le dépendant hait la solitude. Surtout celle du samedi soir, moment où tous les couples se retrouvent et s'enlacent en dansant. C'est le soir où «on» devrait «avoir quelqu'un»!

Le «dépendant affectif» est dépendant par définition. Contrairement à ce qu'il croit quand il est amoureux, il n'aime pas nécessairement l'autre, mais... la relation elle-même! *Il est dépendant de la relation amoureuse.* Et comme toutes les dépendances, celle-ci pousse à mettre de côté les autres priorités : soi-même, parfois ses propres enfants, son travail, ses loisirs antérieurs et bien sûr ses amis. C'est aussi la raison pour laquelle le sens critique du dépendant affectif dans ses choix amoureux est souvent défaillant. Du moment qu'un homme ou une femme (valable pour les homosexuels) accepte de les prendre dans leur vie, c'est suffisant. Cela est suffisant pour quoi? Pour se sentir valorisé et donc cela contribue, pour un temps seulement, à augmenter leur estime personnelle. Car le dépendant affectif ne choisit pas au vrai sens du terme. Il est choisi et s'en remet à l'autre, les yeux fermés, par reconnaissance inconsciente. Il est capable d'accepter les petits et grands défauts du partenaire. Il se met à son service comme pour le remercier d'être choisi. Selon le type de partenaires, il peut facilement prendre à son tour le rôle du «sauveur». C'est la raison pour laquelle, statistiquement, de nombreux dépendants affectifs entretiennent des liens amoureux avec des gens déséquilibrés (dépressifs, alcooliques, drogués ou anciens drogués, antisociaux voire des psychopathes, et bien entendu des manipulateurs voire des pervers de caractère).

Le tableau des conséquences d'une telle dépendance n'est pas bien réjouissant. Et pourtant, nombreux sont ceux qui ne réalisent leur état que vers 30 ou 40 ans. Ce qui les réveille, le plus souvent, est une suite de relations amoureuses insatisfaisantes qui, quand elles sont rompues (par l'autre le plus souvent), les laissent dans un état psychologique extrêmement douloureux. Ils se dépriment très rapidement et peuvent tomber dans la véritable dépression jusqu'à... ce qu'ils trouvent un nouveau partenaire. Ayant depuis longtemps abandonné leur réseau amical, ils ne trouvent pas beaucoup de soutien pendant cette période «à vide». En dépit d'une ou deux amitiés qu'ils auraient préservées de façon sporadique, il leur est difficile d'appeler au secours juste au moment où les choses vont mal pour eux. Ils peuvent aussi se «réveiller» lorsqu'ils réalisent que, justement, ils tournent en rond dans leur cocon et qu'ils n'ont presque plus d'amis. La relation amoureuse, faite pour durer selon eux, est certes sécurisante mais elle devient également anxiogène : que se passerait-il si notre couple volait en éclats ? Le vide… La peur de perdre l'autre (la relation) contribue à renforcer le cercle vicieux de la dépendance.

La dépendance affective touche statistiquement plus les femmes que les hommes.

Elle se détecte facilement grâce à un diagnostic précis en psychologie. Ce que j'en ai mentionné ici ne représente que les aspects principaux de ce trouble. Elle peut bien se traiter sur une période de deux ans environ. Parmi les démarches thérapeutiques, le psy travaille beaucoup sur l'estime de soi, la confiance en soi par une approche en affirmation de soi et également la faculté de se recréer des amitiés et de les entretenir autrement que jusqu'alors. Il n'y a pas de médicaments qui soignent la dépendance affective. La psychothérapie constitue le recours le plus efficace, car il est très douloureux et long de s'en sortir seul, en général.

Qu'en est-il quand la dépendance affective *provient de notre partenaire de vie* et non pas de nous-mêmes ?

Prenons le cas de cette femme qui me racontait à ce propos : « Je suis mariée à un homme qui m'a coupée de mes amis. À l'enterrement de mon frère, je me suis de nouveau retrouvée entourée d'anciens amis. J'ai reconnu un plaisir perdu depuis longtemps. Depuis, j'ai décidé de les préserver. Cependant, j'ai dû faire comprendre à mon mari que son amour ne me suffisait plus : j'avais besoin d'amitié. »

Pour protéger un dépendant, il arrive souvent que le conjoint limite, de façon significative, l'importance de son cercle amical. Il se produit le même phénomène quand l'un des deux s'avère être un phobique social ou une personnalité évitante. Nous avons relevé que le mettre dans des situations sociales diverses génère chez lui une très forte anxiété. Nous sacrifions alors une partie de nos besoins pour préserver une sorte d'équilibre sans surprises chez l'autre.

Et que se passe-t-il lorsque deux dépendants affectifs vivent ensemble ? Ils ont très peu d'amis l'un et l'autre. La relation de couple leur suffit jusqu'à ce que l'un, au bout de 10 ou 20 ans, sente le besoin de sortir du cocon pour évoluer. Si chacun des deux ne fait pas la même démarche d'ouverture *en même temps,* le couple court de grands risques de se détériorer...

Reprendre contact

Quand on s'est perdu de vue, quelle qu'en soit la raison, et qu'on a le souhait de reprendre contact avec certains amis et copains, il nous faut passer à l'action.

Passer du souhait à la réalité nous apporte beaucoup de bonheur et de fierté, car la démarche psychologique n'est pas si simple.

Tout d'abord, le *sentiment de honte* est souvent présent. «Rappeler quelqu'un au bout de 10 ans, ça ne se fait pas!»... Nous avons honte d'avoir failli au code amical de l'entretien minimal. On peut avoir honte de dévoiler les raisons de son recul, surtout quand on a été dépendant, dépressif ou, pire, manipulé. Or, c'est exactement là que l'amitié reprend ses droits. Tout peut se dire, tout peut s'expliquer. Parce que, justement, nous avons *le courage* de nous expliquer, notre absence d'un temps va être totalement pardonnée. De plus, il y a un deuxième bénéfice à s'expliquer auprès de ceux qui n'auraient pas compris notre retrait: *parler abolit la honte.* La honte est un sentiment puissant mais que l'on cache, qui ne se «parle» pas. Tout simplement parce que nous sommes convaincus que l'objet de cette honte, une fois dévoilé, nous projetterait hors du clan humain. Vivre la honte revient à croire que nous allons obligatoirement être jugés responsables de notre malheur et que ce ne peut être pardonnable (cela se voit encore pour les personnes violées). Rien n'est plus faux en amitié. Il va se produire exactement le contraire.

Mettons-nous quelques instants à la place de celui ou celle qui reçoit un coup de téléphone, une carte ou une lettre d'un ami perdu de vue depuis des années. Que ressentiriez-vous? De la rancœur ou de la joie? Probablement une belle excitation associée à la pensée: «Il (elle) ne m'a pas oublié donc!» C'est très valorisant de ne pas avoir été oublié. Il nous tarde alors de rencontrer l'ancien ami afin d'échanger nos nouvelles respectives. Il arrive même que ce délicieux sentiment nous envahisse alors que nous nous étions disputés il y a 15 ans.

Il est fort rare que nous ayons jeté nos anciens répertoires d'adresses. Si nous manquons d'amis, nous pouvons commencer par rechercher ceux que nous appréciions et dont les coordonnées sont inscrites dans nos anciens répertoires. Ensuite, contacter l'ancien ami ou copain le plus simplement du monde, par téléphone. Les coordonnées peuvent être périmées et dans ce cas, nous utiliserons d'autres moyens pour les retrouver (les renseignements téléphoniques, le Minitel en France, le bottin, Internet, les coordonnées de ses parents ou d'anciens amis communs).

Il m'est arrivé plusieurs fois d'être contactée par d'anciens copains et amis à la suite de passages à la radio ou à la télévision. J'étais ravie! Nous nous sommes donné des nouvelles. Je reste en contact avec certains d'entre eux. D'autres, plus proches de mon domicile, redeviennent des amis actuels. À ce propos, une femme m'écrivait : « Grâce à une carte postale, après 10 ans sans contact, le lien s'est rétabli. »

Pour éviter d'être déçu, ne nous annonçons pas soudain au téléphone par : « Coucou, c'est moi! » Le téléphone déforme les voix. De plus, il n'y a aucune raison que notre interlocuteur reconnaisse un revenant si simplement. Ne le mettons pas dans l'embarras. La manière la plus appropriée de procéder consiste à s'annoncer par son prénom et son nom de famille (l'ancien si nous avons changé de nom en nous mariant), puis de rappeler dans la foulée dans quelle *circonstance nous nous voyions*. Le petit silence qui suit doit permettre à notre interlocuteur de nous retrouver « dans ses archives mentales ». Rappeler où nous nous voyions à l'époque lui permet un accès visuel à sa mémoire. Si cette information manque, il risque de ne pas se souvenir de nous immédiatement (surtout si c'était une connaissance ou un copain irrégulier) et nous le mettons dans l'embarras. Le but d'une telle démarche n'est pas de vérifier s'il se souvient de nous mais de lui signifier que nous nous souvenons de lui.

Dernière étape : soit notre appel est motivé par de la curiosité bienveillante, soit nous avons le désir de rencontrer l'ancien ami et de tenter de renouer une relation. Dans le premier cas, une longue conversation téléphonique suffit. Dans le second, prenons rendez-vous. J'attire votre attention sur le fait de ne pas terminer la conversation par une conclusion du type : « Bon, cela m'a fait plaisir de discuter avec toi. On se reverra sûrement un de ces jours, hein? » Il est de notre ressort de concrétiser notre idée (sauf si la teneur de cette première approche nous déçoit). *Fixons une date, une heure et un lieu pour se retrouver.* Une invitation à un spectacle n'est pas valable dans un tel cas. Il est préférable d'organiser la première rencontre dans l'intimité, au restaurant ou à la maison. Et comptons au moins deux heures et demie de disponibilité ; il y a tant à raconter…

CHAPITRE 9

Clore des amitiés

Une jeune femme témoignait lors d'une émission de radio : « L'amitié, c'est bien. Mais la vie nous change et une amitié de longue date peut mourir quand nos vies changent. J'avais un ami depuis le collège. On a mené à peu près les mêmes vies. Depuis quatre ans, je suis redevenue célibataire, avec toute la liberté que cela implique. Depuis, on se perd ; les contacts se font de plus en plus rares et j'ai même parfois du mal à trouver quelque chose à lui dire… »

Oui, les amitiés meurent, comme l'amour du reste. C'est un constat. Comme le disait cette jeune femme, nous changeons au cours de notre vie ; et les autres en font en général autant. Quelqu'un me demandait : « Faut-il entretenir une amitié lorsqu'on n'a plus les mêmes envies, les mêmes objectifs ? » La réponse est non, il ne « faut » pas. Mais il *vaut mieux* se départir d'un lien quand celui-ci nous dérange mentalement ou moralement (spirituellement y compris).

Or, il se peut que nous changions nos vies et nos intérêts sans que cela devienne un obstacle à une relation future, fût-elle moins soutenue. Autrement dit, nous pouvons modifier la nature, la consistance, l'implication et l'engagement d'une relation sans pour autant la rompre totalement. Cela peut être judicieux par exemple lorsqu'un des membres d'un couple ami nous déçoit fortement mais que nous continuons d'apprécier l'autre membre. Pour continuer à voir ce dernier ou à garder un contact, nous sommes amenés à remanier le rapport sous une autre forme. Dans le cas d'un couple, c'est assez compliqué mais cela reste possible. Un autre cas courant est lorsque nous partageons pendant des années une même activité, une même passion autour de laquelle se cristallisent nos rencontres régulières. Un jour, cet engouement peut cesser de notre part et il est classique que les relations qui y étaient liées s'effilochent banalement. Probablement parce que l'objet d'intérêt commun est la seule chose qui nous unissait. Enfin, il peut être judicieux de stopper nos initiatives et de moins « donner » quand un grand déséquilibre dans le principe de réciprocité devient évident. Il existe des individus habiles pour exploiter la gentillesse et la générosité d'autrui et qui ne donnent rien en échange, pas même leur bonne humeur. C'est assez rare. Soyons prudents avant de conclure à une telle constatation ; la réciprocité ne se base pas que sur des échanges matériels et visibles. Il nous faut donc reconsidérer ce que l'autre nous apporte sur d'autres plans, par exemple sur le plan énergétique et spirituel. Si nous ne trouvons vraiment pas grand-chose que l'autre ait pu nous apporter par sa soi-disant amitié, là aussi, la résolution est simple : reculons et attendons de voir s'il prend le relais. S'il ne revient pas vers nous et ne rétablit pas l'équilibre, peut-être n'en est-il pas capable pour le moment.

Selon l'axe de la communion spirituelle, *la divergence de valeurs profondes justifie une rupture volontaire* avec un ami, un couple, un copain ou une connaissance.

Soit elle nous saute aux yeux rapidement, soit nous n'avions pas décelé cette opposition de manière consciente pendant des années. Dans les deux cas, la rupture est souvent brutale et définitive. La jalousie récurrente provenant d'autrui est rédhibitoire. Tout comme la méchanceté si nous sommes profondément gentils et bienveillants envers le genre humain. Ce n'est souvent qu'après un laps de temps que nous accumulons nos observations. Les défauts des uns et des autres n'apparaissent pas toujours aux premières rencontres. De plus, ce qui peut constituer un défaut pour certains ne l'est pas pour d'autres. Prenons l'exemple de la dépendance, qui est aussi une valeur. Si nous avons la valeur inverse, l'indépendance, et que cela caractérise tous les aspects de notre vie, notre amitié avec un dépendant deviendra étouffante et pénible. En revanche, si les deux partagent la même valeur, le même besoin de dépendance dans les aspects divers de leur vie, cela ne pose pas de problème, jusqu'à ce que l'un des deux modifie ses priorités dans sa hiérarchie de valeurs et que le besoin de dépendance se perde.

Un homme de 42 ans me racontait avoir fait les frais d'une divergence de valeurs : « J'ai été très déçu en amitié et je crois que c'est pire qu'une déception amoureuse. Je me suis rendu compte qu'un ami n'agissait le plus souvent *que par intérêt*. C'est dommage, d'autant plus que l'amitié est très importante pour moi. » Il a rompu net avec cet ami. En effet, dans les rapports sociaux, intérêt et valeur sont deux univers parallèles…

Pour se prémunir des grandes déceptions en amitié, mieux vaut connaître l'existence sous-jacente des valeurs chez chacun. Ainsi, lorsque le doute apparaît dans une relation, nous pouvons en chercher les raisons sur la voie la plus probable des divergences de valeurs. De plus, nous nous justifions d'autant mieux notre décision de rupture et celle-ci devient un choix pour rester *cohérent avec soi-même*. Si je donne beaucoup d'importance à l'amitié, il est un besoin qui la dépasse : celui d'être en accord moral avec soi-même afin d'harmoniser son bien-être.

Toute rupture ne se doit pas d'être nette. Nous pouvons espacer les contacts, ne plus téléphoner, ne plus écrire de cartes postales, etc. Mais là encore, la personne peut croire à une tout autre raison qu'un acte délibéré de notre part (trop de travail, trop d'occupations,…). Si nous ne répondons plus aux appels, aux messages laissés sur répondeur, aux courriels, la personne finit par comprendre notre perte d'intérêt dans cette relation.

En cas de rupture totale ou partielle avec un ami, un copain ou une connaissance, doit-on lui en expliquer les raisons ?

Si nous sommes absolument sûrs de faire le bon choix, nous ne retirons *personnellement* aucun bénéfice à expliquer la raison de notre retrait. Expliquer les divergences fondamentales peut s'avérer délicat et l'interlocuteur peut vouloir se défendre alors qu'il n'a pas pris conscience de ces différences de fond. Les valeurs de chacun ne sont pas des défauts. Il n'est pas dans notre objectif de les changer.

Il n'y a pas de leçon que la personne puisse en tirer. J'ai personnellement mis fin à une relation de 18 ans avec une amie. Régulièrement plaintive, malheureuse malgré son courage extraordinaire, elle se sabotait à atteindre le bonheur et celui de ses enfants. Elle se plaignait de ne plus sortir mais refusait de se déplacer lors de mes invitations. Or, parmi mes valeurs prioritaires, j'ai «Bonheur» (je ne l'avais pas si haut dans ma hiérarchie 18 ans plus tôt). Être, pendant 18 ans, auprès d'une personne douée pour le malheur ne pouvait plus coller… Je ne me suis pas encore expliquée de ce retrait, ne concevant pas l'épreuve très utile après réflexion.

En revanche, je pense que par compassion et respect, il est nécessaire de s'expliquer lorsque la personne *en fait la demande explicite*. Avez-vous remarqué que c'est d'ailleurs rarement le cas?

À l'inverse de l'exemple précédent, j'ai été quittée brutalement par un très bon ami avec qui la relation amicale durait depuis un an. Outre le fait d'avoir préparé notre ceinture noire de karaté ensemble, nous partagions de nombreux points communs et de multiples autres activités. Cette rupture m'était donc incompréhensible. Il évitait mes appels. Un an plus tard, je l'appelai de nouveau pour comprendre ce qui s'était passé. L'inquiétude ne m'avait pas quittée. Il répondit. Il m'apprit qu'à l'époque où nous nous voyions, il était en réalité en dépression. Mon dynamisme, ma joie et mon énergie étaient «trop» pour lui; il ne parvenait plus à se mettre en phase. Je suis tombée de ma tour Eiffel! Je n'ai jamais rien su de son état réel ni même deviné quoi que ce soit. Il admit de lui-même qu'il n'avait pas eu le courage d'en parler, pas même à ses parents (nous étions étudiants). Il n'en était toujours pas complètement sorti, car il s'était isolé trop longtemps sans demander d'aide ni aux amis ni à un psychothérapeute. Je le remercie d'avoir finalement satisfait à ma demande d'explication et donc de m'avoir aidée à sortir de ma propre inquiétude concernant notre rupture amicale.

Je vois deux raisons qui peuvent nous motiver à téléphoner ou à écrire *spontanément* pour nous expliquer: soit nous craignons qu'il y ait eu un quiproquo, nous apprécions encore la personne, et *nous* voulons aussi une explication en réponse avec un espoir de rétablir l'amitié; soit nous pensons que notre expérience avec cette personne et nos observations vont l'aider à changer et à ne pas renouveler l'erreur fatale dans ses futures relations. Il s'agit rarement d'une question de valeurs. Cette dernière démarche est bienveillante. Encore faut-il que les mots suivent et soient empreints de compassion. Il faut bannir l'agressivité par des attaques méchantes tout en étant très clair et en donnant deux à trois exemples. Pour que l'approche soit constructive, outre la description objective des faits, il vaut mieux parler de ce que ses actes (ou ses paroles) ont provoqué sur nous, en utilisant des messages avec «je». Les messages en «je» sont composés de façon que l'émetteur parle de ses propres ressentis sans accuser l'interlocuteur par des messages en «tu». Par exemple, il est préférable de dire (et de penser) «Je me sens seul depuis que tu es parti» plutôt que «Tu m'as laissé tomber».

S'il y a trop de colère en nous que nous ne savons gérer, oublions cette option pour le moment.

Il nous arrive quelquefois de nous sentir nostalgiques, des années après avoir mis un terme à une relation. De la manière dont nous avons déjà parlé, nous ne prenons pas un grand risque en rappelant la personne, en prenant de ses nouvelles tout en décelant s'il y a une possibilité de renouer, n'est-ce pas ?

En résumé

Pour créer de nouvelles relations :

- Donnez vos coordonnées, dès la première rencontre qui augure une suite relationnelle plus profonde.
- Donnez de vos nouvelles.
- Acceptez les invitations.
- Adoptez une attitude mentale bienveillante envers vous-même et les autres.
- Ouvrez votre territoire : invitez chez vous en vous organisant.
- Osez convier des personnes peu connues mais sympathiques.

Pour vos enfants :

- Aidez vos enfants à expérimenter l'amitié, très jeunes.
- Invitez leurs amis à la maison.
- Ne laissez pas vos enfants compenser, au détriment de leur vie sociale, votre manque de soutien amical.
- Soyez heureux en amitié, ils s'autoriseront à en faire de même…

Pour donner une vraie qualité à vos relations amicales :

- Ne vous limitez pas à peu d'amis : qualité et quantité sont compatibles !
- Départissez-vous des amitiés empoisonnées.
- Créez et maintenez des amitiés cohérentes avec vos valeurs profondes.
- Soyez toujours authentique dans vos rapports amicaux.
- Soyez fiable.
- Cessez les mystères, annoncez les bonnes nouvelles.
- Ne faites pas de vos rencontres un espace systématique de plaintes et de négativité ressassées.
- Faites rencontrer vos amis les uns avec les autres.
- Acceptez des relations amicales non exclusives.
- Prenez des initiatives.
- Sachez donner à vos amis l'occasion de se montrer généreux : faites des demandes claires.
- Ne testez pas l'affection qu'on vous porte en laissant « deviner » aux autres vos envies ou vos besoins.
- Ne pervertissez pas le principe de réciprocité : n'exigez pas les retours de « dette ».
- En cas de blues, faites appel à vos amis en 24 heures.
- Travaillez, certes, mais voyez vos amis !
- Reprenez contact avec des amis perdus de vue.
- Ne lâchez pas vos amis sans bonnes raisons.

Troisième partie

Reprendre confiance en soi

CHAPITRE 10

Les trois piliers de l'estime de soi

Qu'y a-t-il de commun entre Marie et Clément au-delà de leurs comportements ? Tous les deux manquent d'estime et de confiance en eux-mêmes !

Nous avons tous une idée de ce qu'est l'estime de soi. Toutefois, je vais me faire le plaisir d'en préciser quelques notions.

Il n'existe pas une définition commune à tous les professionnels de la psychologie, mais toutes les approches sont admises par les uns et les autres.

L'estime de soi est l'acte de porter sur soi-même, ses attributs, ses capacités ou ses performances un jugement positif ou négatif[35].

Il existe trois fondements essentiels à l'estime de soi[36] :
l'amour de soi ;
la vision de soi ;
la confiance en soi.

Selon certains auteurs, seuls les deux premiers fondements correspondent au terme «estime de soi». Pour d'autres, ce sont les deux derniers. Il s'agit souvent d'un problème de traduction entre l'an-

---

35. Daniel Nollet et Jacques Thomas, *Dictionnaire de psychothérapie cognitive et comportementale,* Éditions Ellipses.
36. C. André et F. Lelord, *L'estime de soi,* Paris, Éditions Odile Jacob.

glais et le français car, somme toute, les définitions de ces concepts se rejoignent. Que veulent dire ces trois notions ?

➤ L'amour de soi

De la *conscience profonde de notre valeur intrinsèque* en tant qu'être humain découle l'amour de soi.

Quels que soient nos actes, nos choix, notre efficacité, nos diplômes, notre fortune et nos exploits, nous sommes dignes d'être aimés et respectés pour ce que nous sommes : des êtres vivants.

Chaque être humain est important. Chaque bébé qui naît est accueilli dans ce monde comme un être unique. Ce bébé qui grandit, qui vieillit et qui s'éteindra un jour fait partie du monde humain par sa seule présence. Chaque être est absolument unique. L'ADN qui caractérise chacun sur cette planète le prouve scientifiquement. Nous méritons d'être sur terre pour cette seule raison. Autrement dit, nous ne sommes pas tenus de réaliser des exploits en tout genre ni d'avoir l'intelligence d'Einstein pour nous estimer dignes d'amour. Quoi que nous fassions, pensions et éprouvions, notre valeur ne change pas. Et ce, jusqu'à notre mort (et même au-delà, aux yeux de ceux qui restent !). À partir du moment où nous existons, nous avons le devoir de nous respecter ! L'amour de soi représente la conviction que l'on *mérite le bonheur.*

L'amour de soi est une acceptation et un respect inconditionnels pour sa propre personne.

Nathaniel Branden[37], éminent psychologue américain et spécialiste de la question, définit *l'acceptation de soi* comme un concept à trois niveaux :

Le premier niveau est l'acte de prendre son propre parti et d'affirmer son droit de vie en tant qu'être humain, avec l'évidence de se valoriser et de se respecter comme tel.

---

37. Nathaniel Branden, *Les six clés de la confiance en soi,* Paris, Éditions J'ai lu.

Le deuxième niveau est «l'envie de ce que nous sommes, d'exprimer nos pensées, de vivre nos sensations, nos désirs, de reconnaître nos actes, de nous sentir exister. C'est le refus d'être étranger à notre corps, à nos émotions, à nos pensées, à nos actes et à nos rêves».

Le troisième niveau implique une attitude de compassion envers soi-même.

Malgré l'amour de soi, à la base de ce que nous appelons notre identité, il faut être actif afin de nourrir une bonne estime personnelle.

> ➤ La vision de soi

La vision de soi est l'évaluation subjective de nos qualités et de nos lacunes.

Nous nous percevons et nous jugeons globalement de façon positive ou négative.

Nos parents ainsi que nos proches depuis l'enfance ont eu le réflexe naturel de poser sur nous des adjectifs censés nous décrire. Au lieu de parler de nos comportements ou de certains aspects temporaires de notre allure, ils nous ont définis sur le plan de l'identité.

Ainsi, Clément s'est fait dire pendant toute son enfance, et encore parfois, par les mêmes personnes : qu'il était «imbécile» ou «crétin» quand il se trompait, dès l'âge de cinq ans; un «solitaire» dès l'âge de sept ans; «bigleux» dès qu'il porta des lunettes (par des camarades d'école); «intello» quand il rechignait à aider son père au jardin et «paresseux» quand, adolescent, il faisait la grasse matinée…

Marie était jugée «gentille fille» dès qu'elle rendait service, «sage» quand elle se taisait, «pas intelligente» quand elle ne comprenait pas les devoirs scolaires de maths, «idiote» quand elle posait certaines questions en classe et «pas maligne» quand elle ne gagnait pas à un jeu…

On a souvent dit de Marc qu'il «réussirait dans la vie, ce garçon», qu'il était «gentil» parce qu'il rendait service, «intenable» quand il n'obéissait pas immédiatement, «tête en l'air» quand il oubliait ses affaires d'école; qu'il serait sûrement «un bon père», car il aimait s'occuper des plus petits que lui et qu'il avait «la carrure d'un rugbyman»…

Claire était «belle comme un cœur»; «débrouillarde» parce que ses parents ne la surprotégeaient pas; «agressive» quand elle répondait à sa mère; «douée en tout», car elle avait de bonnes notes scolaires en sport, en anglais et en sciences naturelles; «tête de mule» quand elle ne démordait pas. Ses camarades de récréation la trouvaient «super sympa»…

Nous avons tous eu notre lot d'étiquettes posées tôt sur notre «bocal» (image d'un bocal de conserve en verre. Parfois il y a tant d'étiquettes que la nature du contenu n'est plus visible!). En réalité, confondant comportement ou attitude et identité, ces personnes importantes de notre entourage à l'époque ont influencé beaucoup plus qu'elles ne l'imaginent le devenir de notre caractère. Ces qualificatifs, répétés plusieurs fois par semaine, voire par jour, finissent par être intégrés par l'enfant comme une composante de sa personne. Il finit par s'imaginer tel qu'on le voit.

Ces croyances sur nous-mêmes peuvent perdurer la vie entière si, à aucun moment, nous ne les remettons en question.

Or, *la vision de soi est modifiable!*

Pour vous donner une idée de la qualité de votre vision personnelle, je vous propose de répondre en *10 minutes* à la question suivante: *« Qu'est-ce que vous aimez en vous? »* Vous pouvez énumérer des qualités physiques et morales ou des talents même peu importants, du moment que vous vous formuliez un maximum de qualités.

À l'intention des personnes qui manqueraient d'estime personnelle, la question «Qu'est-ce que vous n'aimez pas en vous?» est volontairement évincée pour ne pas renforcer l'idée que vous avez trop d'aspects médiocres. Mais il est vrai qu'avoir une bonne estime de soi nous permet aussi de connaître nos défauts sans les concevoir comme des calamités!

➤ La confiance en soi

La confiance en soi est *un sentiment*. *C'est le sentiment d'être capable d'agir et de surmonter les difficultés de la vie.*

C'est la voie d'accès à la liberté d'action et d'expression (affirmation de soi) ainsi qu'à la responsabilité : celle de choisir sa vie (aussi liée au sentiment de mériter le bonheur).

Le *manque* de confiance en soi nous inhibe le plus souvent. Cependant, ne nous méprenons pas. Si une personne réagit trop souvent de façon agressive et défensive à des stimuli neutres, elle ne possède pas le degré de confiance personnelle qu'on lui prête.

La confiance en soi découle de la vision de soi mais aussi de nos comportements. Meilleure est ma vision de moi-même, plus je me sens capable d'agir. Par ailleurs, plus j'agis, plus je peux conclure au succès, plus j'améliore mon évaluation personnelle et plus je me sens capable… La boucle est bouclée. Autrement dit, *l'estime de soi se réalise aussi en termes d'action.*

Plus on encourage un enfant à tenter de nouvelles expériences non dangereuses, plus il gagne confiance en lui.

Des adultes qui paniquent dès qu'un enfant court, grimpe, nage ou explore son monde (on reste d'accord qu'il ne faut pas toucher aux prises électriques ni au feu) freinent l'évolution de sa confiance personnelle. «Ralentis, tu *vas* tomber!»; «Descends de là! Ça ne va pas, non? Et si tu tombais, hein?»; «Ne va pas nager trop loin et te noyer!» sont autant d'injonctions empreintes de peur et formulées comme si la catastrophe *allait* arriver réellement. L'apprentissage se base alors sur la peur de l'échec et non sur l'enthousiasme à explorer l'inconnu.

L'estime de soi ne se construit pas à l'extérieur. Certains accumulent des diplômes d'une université réputée sans jamais véritablement s'en servir. D'autres vont grever leur budget pour acquérir des biens de consommation, des vêtements en signe extérieur de richesse (essentiellement des marques de prestige ou une marque de voiture valorisante). Certains vont recourir à la chirurgie esthétique à plusieurs reprises pour appuyer leur confiance sur une esthétique parfaite. Mais combien se sentent vides à l'intérieur sans que cela ne paraisse à l'extérieur ?

L'estime de soi est une expérience intime...

À partir de cette description simplifiée des trois fondements de l'estime de soi, je souhaite vous aider à évaluer plus précisément votre niveau d'estime personnelle et à l'augmenter par des moyens utilisables au quotidien.

CHAPITRE 11

Quel est votre niveau d'estime personnelle ?

Plusieurs indices nous permettent, sans nécessairement consulter un thérapeute, de mieux évaluer notre niveau d'estime de soi. Hors certains cas de pathologies psychiatriques, nous sommes tous à même d'en avoir déjà une idée. Cependant, nous pouvons la croire basse alors qu'en réalité elle n'est que moyenne. Parfois aussi, elle peut s'avérer plus basse qu'on ne l'imagine. Si vous souhaitez vous évaluer, je vous propose quelques exercices, tests et introspections par les approches qui suivent.

➤ La liste de vos qualités

Prenez maintenant une page blanche ou l'emplacement réservé à cet effet ci-dessous. Notez uniquement les qualités et les atouts que vous avez, le plus rapidement possible pendant 20 secondes. Chronométrez. Prêt ?

La question est : « Qu'est-ce que vous aimez en vous ? »

_____

_____

_____

_____

Combien de qualités avez-vous trouvées en 20 secondes? Aucune? Une à trois? Ce n'est pas assez.

Alors, prenez *10 minutes* cette fois et notez-en un maximum. Soit sous la forme d'adjectifs (exemple: «je suis *courageux (se)* »), soit sous la forme du substantif («je suis capable de *courage*»). Notez «courageux» ou «courage», par exemple, sans recourir à une phrase. La première forme signifie qu'il s'agit plutôt d'une qualité *stable* chez vous, donc récurrente. La deuxième forme, possiblement d'une qualité *ponctuelle* qui fait partie de vos ressources.

Prenez une montre et chronométrez 10 minutes.

_____

_____

_____

_____

_____

_____

_____

_____

_____

_____

_____

Combien en comptez-vous?

Notez la date d'aujourd'hui.

Cet exercice de base consiste à repérer où en est votre vision positive de vous-même. Toutes les qualités suivies de «oui, mais...» sont à revoir. Éliminez les éventuelles phrases comme «j'aime cuisiner» ou «j'aime écouter». Ce sont des plaisirs que vous éprouvez.

De plus, ce sont des verbes. L'idée est de savoir vous-même si vous cuisinez ou écoutez *bien*.

Claire a relevé 55 qualités personnelles en 10 minutes. Marie en a trouvé 12. Elle ne détient pas que 12 qualités, mais sa vision subjective n'est pas suffisamment développée pour en percevoir davantage pour le moment.

Ce premier test devrait déjà vous donner une idée de votre facilité ou de votre difficulté à vous décrire positivement. La quantité d'adjectifs posés nous donne une indication pertinente, s'il n'y a pas eu de censure.

Par écrit, nous sommes moins inquiets de paraître prétentieux et les mots pour nous décrire devraient venir plus facilement. S'ils ne vous sont pas apparus aisément, il y a fort à parier que vous ne vous dites jamais ce qui est bien en vous, que vous ne vous félicitez pas et que, justement, votre vision positive de vous-même est insuffisante.

➤ Le questionnaire de Rosenberg

Certains psychothérapeutes spécialisés utilisent le questionnaire de Rosenberg pour détecter plus rigoureusement le niveau d'estime de soi d'une personne. Je suis de ceux-là.

Ce questionnaire se remplit seul. Vous pouvez prendre votre temps.

Remplissez la case en bout de ligne par le chiffre correspondant à votre sentiment. *Ne remplissez pas la case « total » pour le moment.*

ÉCHELLE DE ROSENBERG

(Traduction de O. CHAMBON 1992)

Indiquez la réponse qui vous semble correcte pour chacune des 10 affirmations suivantes, selon que vous soyez : fortement en accord, en accord, en désaccord, ou fortement en désaccord.

Faites particulièrement attention à l'affirmation n° 8 (*note d'Isabelle Nazare-Aga*).

La cotation à utiliser est la suivante :

1 = fortement en accord
2 = en accord
3 = en désaccord
4 = fortement en désaccord

1. Dans l'ensemble, je suis satisfait de moi . . . . ____
2.* Parfois je pense que je ne vaux rien. . . . . ____
3. Je pense que j'ai un certain nombre de bonnes qualités . . . . . . ____
4. Je suis capable de faire les choses aussi bien
   que la plupart des gens. . . . . ____
5.* Je sens qu'il n'y a pas grand-chose en moi dont
   je puisse être fier . . . . ____
6.* Parfois, je me sens réellement inutile . . . . ____
7. Je pense que je suis quelqu'un de valable, au moins
   autant que les autres gens . . . . ____
8.* J'aimerais pouvoir avoir plus de respect pour moi-même . . . . . ____
9.* Tout bien considéré, j'ai tendance à penser
   que je suis un(e) raté(e) . . . . ____
10. J'ai une opinion positive de moi-même . . . . ____

Total. . . . . ____
Ne remplir cette case qu'après la correction

Date : _____

Correction de l'échelle de Rosenberg
Procédure de correction :

Inverser les chiffres obtenus aux éléments 1, 3, 4, 7 et 10, là où il n'y a pas d'astérisque, de la façon suivante :

1 devient 4
2 devient 3
3 devient 2
4 devient 1

Puis, vous ajoutez ces notes au total des notes des éléments 2, 5, 6, 8, 9.

Inscrivez maintenant le total dans la case prévue à cet effet.

Le résultat obtenu correspond à une note d'estime de soi.

<u>Résultat :</u>

Score de 10 à 16 : estime de soi *basse*
Score de 17 à 33 : estime de soi *moyenne*
Score de 34 à 40 : *haute* estime de soi

Ce questionnaire n'est pas un questionnaire dit de « diagnostic ». Cependant, nous pouvons avoir une idée de notre niveau d'estime de soi grâce à cette cotation.

L'intérêt d'un tel questionnaire est de le *renouveler quelques mois plus tard* après avoir nourri consciemment, tous les jours, son estime personnelle. Le chiffre du total peut alors bondir de façon surprenante. Cela n'est pas si étonnant pour les thérapeutes spécialisés : l'estime de soi s'améliore indéniablement lorsqu'on y œuvre tous les jours, à travers les aspects de notre quotidien. Le questionnaire de Rosenberg est en ce sens *comparatif*. Vous trouverez en fin d'ouvrage le même questionnaire afin de l'utiliser plus tard.

➤ Votre réaction aux compliments

Comment réagissez-vous intérieurement et extérieurement à un compliment qu'on vous adresse?

La façon dont nous réceptionnons les compliments est en lien direct avec *notre estime personnelle*. La manière d'y répondre concerne davantage le domaine de la communication, c'est-à-dire la faculté d'exprimer un remerciement clair. La première réaction est vécue de l'intérieur et la deuxième est une réaction comportementale, donc extériorisée.

L'accueil interne que nous faisons aux compliments est significatif.

Marie, Clément et beaucoup de leurs semblables ont une faible ou une moyenne estime d'eux-mêmes. Ils ne reconnaissent pas suffisamment leurs qualités et leurs atouts. Le miroir tendu par le compliment d'autrui ne se reflète sur rien. Marie interprète chaque compliment: on le lui dit pour «lui faire plaisir», mais elle croit souvent que la personne ne le pense pas vraiment. Il lui est difficile de percevoir la sincérité d'autrui à ce moment-là. C'est comme si *elle seule* pouvait ou devait évaluer ce qui est bien ou valable dans ses comportements, ses attitudes, ses choix ou son caractère. Elle avoue toutefois que «cela lui fait plaisir» sur le moment. Malheureusement, son doute l'incite à ne pas donner crédit au compliment et contribue à l'évaporation immédiate de ce fugace sentiment agréable. Elle *n'intègre pas* en elle les compliments. Ils entrent par une oreille et ressortent par l'autre! *Qu'en est-il pour vous?*

Toutefois, il arrive que, même étant doté d'une moyenne ou d'une bonne estime personnelle, nous ne donnions pas crédit à certains compliments. «Cela dépend de qui cela provient», peut-on rétorquer. Certes, il existe peut-être dans notre entourage quelques individus trop flatteurs pour être sincères, mais ils sont rares. On dit qu'ils formulent des flatteries et non des compliments. C'est possible, mais ils peuvent aussi parfois être réellement sincères. Dans ce cas, il s'agit pour nous de les repérer. Plus nous nous connaissons nous-mêmes, plus facilement et rapidement nous ferons la différence entre une flatterie et un compliment. Si nous avons peu d'estime personnelle, nous risquons d'interpréter systématiquement qu'il s'agit d'une réflexion intéressée et, pour ne pas prendre le risque d'être perméables, nous ne croyons finalement à aucun compliment ! Quel dommage ! Je le répète, ces individus « hypocrites » sont beaucoup plus rares que vous ne le pensez. De plus, quand bien même vous connaissez une personne de cet acabit, ses flatteries sont-elles si dangereuses que cela ? Pour éviter le risque de vous « faire avoir », vous préférez douter de tous les compliments qu'on vous offre (« Elle dit ça pour me faire plaisir » ; « Je me demande bien pourquoi il me dit cela » ; « Ce n'est pas si vrai » ; etc.). Certes, ce n'est pas notre bonne réception aux compliments qui augmentera notre estime de soi, mais il est observé que plus nous nourrissons cette dernière de notre propre chef, plus les compliments vont prendre sens, nous encourager et donc nous renforcer. D'ailleurs, plus nous croyons en nos qualités, moins nous doutons de la sincérité des autres…

Une petite anecdote me revient à l'esprit. Alors que j'accueillais dans la salle d'attente une nouvelle patiente qui accrochait son manteau au vestiaire, je lui dis : « Oh ! Vous avez un très joli manteau ! » Ce à quoi elle répondit : « Mm, oui » sans enthousiasme. Trente minutes plus tard, je lui demandais quelle était sa réaction habituelle aux compliments, dans son for intérieur et d'un point de vue comportemental. Elle me répondit : « Oh ! On ne m'en fait pas souvent ! » Je me souvins alors de lui en avoir, moi-même, formulé un (je trouvais son manteau rose extrêmement joli). J'eus l'idée de lui demander : « Quand vous en a-t-on fait la dernière fois ? » Après un temps de réflexion, elle répondit : « Cela doit faire des mois… Je ne m'en souviens pas. » J'insistais pour qu'elle continue la recherche dans ses souvenirs. « Non, répéta-t-elle, je ne me souviens pas. » C'est alors que je lui rappelai que, moi-même, 35 minutes plus tôt, je lui en avais formulé un sur son joli manteau…

Le compliment est ce qu'on appelle un *renforcement positif*. C'est-à-dire que lorsqu'il est entendu et intégré comme une évaluation positive (jugement) d'autrui, nous avons tendance à renouveler le comportement en question. Dans l'anecdote précédente, cela devrait donner envie à cette femme de porter ce manteau rose plus souvent. Peut-être le porte-t-elle souvent? Lui aurait-on fait la même remarque plusieurs fois, quand bien même elle n'en aurait pas pris conscience?

À présent, voyons comment vous répondez aux compliments.

La façon d'y répondre spontanément peut être significative comme elle peut ne plus l'être dès lors que vous avez *appris* à remercier. Votre tendance habituelle peut être:

- soit d'ignorer sans répondre;
- soit de marmonner «Mm» sans conviction;
- soit de minimiser l'importance donnée à un aspect remarquable chez vous («Oh! tu sais, je ne l'ai pas payé cher!»);
- soit de nier («Tu dis n'importe quoi!», «Non, je ne suis pas plus organisée que n'importe qui!»; «Arrête donc!»…).

Si vous adoptez couramment un ou plusieurs de ces réflexes, vous pouvez faire le lien avec la croyance de ne pas mériter tant d'égards ou de paraître prétentieux en les acceptant. En revanche, si vos réponses sont visiblement liées au *plaisir* et à *l'intégration* du message, on vous entend dire «Merci» ou «Merci, c'est très gentil» ou encore «Merci, ça me fait plaisir» (sourire et regard associés). Dans ce cas, votre estime personnelle se porte assez bien.

Récapitulons. Si, en général, vous ne croyez pas aux compliments qu'on vous adresse, si vous décelez des flatteries intéressées, si vous pensez qu'on veut seulement vous faire plaisir ou qu'il s'agit d'une gentillesse sans fondement et qu'en plus vous avez de la réticence à manifester votre plaisir en remerciant avec authenticité, vous trouveriez sûrement un intérêt à améliorer votre vision de vous-mêmes.

Les compliments ne semblent pas être considérés comme importants ou crédibles par ceux et celles qui manquent de confiance en eux. Or, ce sont les mêmes personnes qui se montrent très attentives aux jugements d'autrui. Il y a là un paradoxe. En réalité, elles sont sélectives: elles sont particulièrement sensibles aux *jugements négatifs* d'autrui, c'est-à-dire aux critiques.

➤ Votre réaction aux critiques

Le manque d'estime de soi nous rend particulièrement sensibles aux remarques et aux critiques.

Des remarques neutres venant d'autrui peuvent être immédiatement interprétées comme des critiques ou des reproches. Souvent, dans ce cas, la personne répond à sa montée d'anxiété par une attitude défensive et agressive.

> Un collègue de Clément entre dans le bureau de ce dernier.
> Le collègue : *Ça va ?*
> Clément : *Oui.*
> Le collègue : *Je n'ai plus d'encre couleur dans mon imprimante. C'est bizarre que cela s'use si vite.*
> Clément : *Je n'y suis pour rien ! Je n'ai pas utilisé ta machine !*
> Le collègue : *... ??? Mais je ne te reproche rien, Clément ; je te dis cela comme ça !*
> Interloqué, le collègue sort de la pièce.

Le manque d'assurance nous amène à prêter aux autres des intentions à notre encontre sans prendre la peine d'en vérifier la justesse. La communication est parasitée par une réaction immédiate et inadéquate. Notre interlocuteur répond alors par une rectification de son intention («Je n'ai pas dit cela !» ; «Ce n'est pas ce que je voulais dire»), le plus souvent irrité d'être mal compris et vexé qu'on lui attribue ainsi le rôle «d'agresseur» alors qu'il n'exprimait qu'une remarque «en l'air».

Réagir si vivement à une simple remarque est la résultante de ce qu'on appelle une projection en psychologie. Nous reprochons à l'autre de nous accuser ou de nous reprocher quelque chose alors qu'il s'agit d'un reproche que nous nous faisons à nous-mêmes. Notre culpabilité s'immisce partout et sans légitimité. Ne supportant que difficilement nos propres défauts et lacunes, nous en concluons qu'ils sont tout autant perceptibles et insupportables pour les autres. Ainsi, nous faisons une projection de notre propre opinion comme s'il s'agissait de l'opinion de l'autre. Relevons que ce mécanisme n'est pas du goût de tout le monde puisque la personne émettant le premier message se voit attribuer des pensées intentionnellement désobligeantes.

Reprenons l'exemple précédent. Que peut bien se reprocher Clément dans ce cas-ci? Tout et rien. Il ne le sait probablement pas lui-même. Clément a juste pris l'habitude de penser de façon égocentrée, c'est-à-dire de se croire *personnellement* concerné chaque fois que «les choses ne tournent pas rond». Il se sent coupable et fautif d'une manière générale. Ce sentiment remonte à longtemps. Devenu adulte, ce sentiment perdure. Il ne l'a jamais remis en question malgré les troubles de la communication que cela a engendrés et l'anxiété pénible qu'il subit.

Contrairement aux compliments, les critiques sont toujours bien entendues et intégrées par ceux qui ne s'estiment pas suffisamment. Elles font écho à une vision négative d'eux-mêmes. L'exercice qui consisterait à noter ses défauts et ses lacunes ne serait pas difficile à produire. Je ne vous propose *pas* de le faire. Cela irait à l'encontre de mon objectif que de renforcer votre médiocre vision personnelle (si c'est le cas) alors que nous cherchons à gagner en assurance.

Marc possède une agence immobilière importante. Il en est le gérant actif. Souvent en déplacement, il ne consacre pas suffisamment de temps à certains détails administratifs. Alors qu'il entre dans le bureau de sa secrétaire principale, celle-ci lui dit:

La secrétaire: *Marc, il faut que vous preniez du temps avec moi. Vous êtes toujours par monts et par vaux et je m'aperçois que vous ne regardez pas les notes que je vous laisse; en tout cas, vous n'y répondez pas. C'est pénible pour moi. En plus, on prend le risque de dépasser plusieurs délais. Je ne peux pas signer à votre place!*

Marc: *Oui, Sylvie. Je vais m'en occuper, c'est promis!*

La secrétaire: *Je préfère voir cela aujourd'hui si possible. Au moins, je serais rassurée.*

Marc: *Bon, d'accord. Juste après mon rendez-vous, on fera ça ensemble.*

La secrétaire: *Parfait!*

Marc a reçu une critique claire, nous n'en doutons pas. Cependant, à aucun moment, il ne s'est senti menacé. À aucun moment, il n'a interprété que son assistante le déconsidérait. Pourquoi ? Nous avons ici une personne qui connaît ses qualités personnelles et professionnelles. Aussi, Marc reconnaît dans la critique sa fâcheuse lacune de gérant responsable : il n'aime pas l'aspect administratif des charges et il fuit le moment de s'y atteler. Ce que lui dit son assistante fait écho en lui et ne l'étonne pas. Cependant, il a conscience d'avoir plus de qualités que de lacunes et cela fait toute la différence ! Marc ne peut pas se vexer d'être faillible puisque cela ne remet pas en jeu la valeur qu'il se donne. Il a confiance en ses capacités. Il sait que, même en l'absence de sa secrétaire, il est capable de s'y mettre ; il est conscient que cela fait partie de ces « corvées » à assumer pour bien gérer son entreprise.

Plus nous avons confiance en nous, plus les critiques justes sont considérées comme des invitations à résoudre des problèmes et à évoluer.

Pour Marc, Claire et des millions de personnes, évoluer constitue le mouvement moteur vers l'adaptation qui tend vers la réussite.

Face aux remarques et aux critiques, vous sentez-vous neutre ? Vexé ? Ou blessé ?

Rester *neutre* devant les critiques ne relève pas seulement du comportement. Intérieurement, vous n'éprouvez pas d'émotions particulières. L'écoute est totale et induit immédiatement des idées afin de résoudre le problème évoqué, si on le souhaite.

Être vexé vous fait ressentir une émotion passagère. Parfois intense, mais courte. Le sentiment de ne pas avoir été à la hauteur, par exemple, ou de porter un défaut est relayé par une relativisation de la gravité et, si besoin est, par une résolution.

En revanche, les critères pour se dire « blessé » par les critiques sont une haute intensité émotionnelle due à la remise en question de sa propre valeur *et* la durée sur plusieurs jours de celle-ci (voire des mois).

Il est des individus qui ne supportent aucune critique. Chaque tentative les fait réagir de manière anormalement vive. Ils peuvent réagir de façon défensive face à une toute petite remarque. Ils peuvent :

- se renfermer dans leur coquille sans répondre quoi que ce soit, mais nourrir des dialogues internes négatifs contre eux-mêmes ou rancuniers envers l'autre ;

- « attaquer » l'autre par une critique acerbe qui parfois n'a rien à voir avec le propos de base (ex.: « Et toi, tu ne t'es pas vue quand tu parles au téléphone! ») ;
- se justifier à outrance ;
- dévier du problème soulevé en se montrant plaintifs ou en jouant les victimes ;
- faire la tête immédiatement ;
- maintenir leur bouderie des heures entières, voire des jours ;
- se mettre à pleurer…

Ces réactions s'expliquent au fond par le sentiment d'être menacé sur le plan de l'identité. Mais attention car, si vous êtes dans ces cas, *de façon plus ou moins consciente,* ces réactions exagérées ont une conséquence. Elles culpabilisent l'autre. Elles peuvent créer chez lui le sentiment d'avoir commis une faute impardonnable en ayant osé s'exprimer. Cela peut même l'inciter à ne pas renouveler la démarche. Et cela fonctionne plutôt bien: plus vous réagissez exagérément à la blessure ressentie, moins vous donnez envie à votre entourage de vous dire librement ce qui ne va pas… Cela expliquerait-il pourquoi les gens susceptibles disent ne pas recevoir beaucoup de remarques ou de critiques?

Une dernière question peut vous permettre de compléter votre introspection. Finalement, *croyez-vous, d'une certaine façon, aux remarques négatives qu'on vous adresse?* Pensez-vous qu'il y a toujours du vrai dans ce que l'on vous dit?

Cette question relève de votre capacité à *discerner* une critique vraie d'une critique fausse et d'une critique vague. Meilleure est votre vision de vous-même, meilleur sera votre discernement. Si, par exemple, vous vous reconnaissez clairement comme une personne fiable et qu'un collègue vous reproche un jour un oubli mineur en vous adressant un « *On* ne peut pas compter sur toi! », vous décèlerez immédiatement le caractère généraliste, exagéré, définitif et donc totalement erroné de la remarque. Ainsi, vous avez plus de chances de réagir posément sans culpabilité exagérée.

CHAPITRE 12

Vous dites-vous
« Je ne suis pas capable » ?

Combien d'entre nous pensons à propos de tout et de rien *« Je ne suis pas capable... »* ?

Comme nous le disions précédemment, la confiance en soi provient certes de nos comportements (par feed-back), mais en priorité de notre vision personnelle de nos qualités et de nos limites. Je le rappelle, nous avons beaucoup plus de qualités que de défauts. Beaucoup de ces fameux défauts n'en sont pas réellement et par ailleurs, ces lacunes peuvent être perfectibles.

➤ Compétences, capacités et valeur personnelle

Mettons en jeu Claire et Marie dans une même situation. Imaginons les reléguer 10 ou 20 ans en arrière, lorsqu'elles étaient étudiantes. Une entreprise recrute 20 étudiants pendant un mois afin d'exploiter sur ordinateur des milliers de données statistiques. Marie est conviée pour un entretien de recrutement à la suite de l'envoi de son *curriculum vitae* (CV). Imaginons cette situation à notre époque afin de concevoir qu'elle sait se servir d'un ordinateur.

Recruteur : *Je tiens là votre CV. Je vois que vous avez fait vos classes en section littéraire jusqu'à votre bac...* (Question semifermée afin de créer le contact)

Marie: *Mm…* (Pas de vraie confirmation)

Recruteur: *Et que vous suivez des études en histoire de l'art, c'est cela?*

Marie: *Oui.* (Réponse très courte)

Recruteur: *… Bien. Utilisez-vous l'ordinateur?*

Marie: *Oui, pour mes exposés et certains devoirs.* (Réponse avec courte information complémentaire)

Recruteur: *Ah oui! Je vois: vous utilisez Word, c'est cela?*

Marie: *Oui, mais juste à la maison… Ce n'est pas mon travail quotidien!* (Marie commence à minimiser sa pratique)

Recruteur: *Oui, bien sûr, j'imagine… Nous avons besoin d'un certain nombre d'étudiants ou de secrétaires pour travailler sur un programme d'exploitation de type Excel. Vous connaissez?*

Marie: *Ah?… Je connais Excel de nom… mais je ne l'ai jamais utilisé. Je n'ai aucune idée de la façon de m'en servir…* (Immédiatement déroutée, Marie est hésitante et marque sa déception)

Recruteur: *Oh! vous savez, ce n'est pas bien compliqué… Mais c'est vrai que nous préférons des personnes rapidement opérationnelles sur ce logiciel… Bon, écoutez, je vous tiens au courant de notre réponse dans la semaine. Nous avons encore d'autres candidats à rencontrer. Mais je vous avoue que ce n'est pas si facile de trouver des gens à la fois compétents sur Excel et disponibles sept heures par jour pour seulement une durée d'un mois, samedi et dimanche compris. Nous préférons des étudiants pour leur disponibilité la fin de semaine également. Bon, eh bien, je vous remercie, Mademoiselle; je vous tiens au courant dès vendredi prochain!*

Voyons maintenant ce que donnerait le même entretien entre le même recruteur et Claire.

Recruteur: *J'ai votre CV en main et je vois que vous êtes en troisième année de kinésithérapie, c'est cela?* (Question fermée pour créer le contact)

Claire: *Oui. La troisième année est un peu moins chargée en cours magistraux et nous avons des stages à répartir sur l'année, donc je peux me permettre de faire quelques petits boulots à côté.* (Claire donne immédiatement de l'information sur elle)

Recruteur : *Bon ! Tant mieux, mais est-ce que vous savez vous servir de l'ordinateur ?*

Claire : *Oui. Je m'en suis acheté un et c'est très pratique.* (Réponse avec courte information complémentaire)

Recruteur : *D'accord. Vous travaillez avec quel logiciel ?*

Claire : *Avec Word.*

Recruteur : *Avec Word 7 ?*

Claire : *Oui. Je crois. Non ! C'est sûr même !* (Claire reprend sa réponse)

Recruteur : *Et Excel ?*

Claire : *Je l'ai dans mon ordinateur mais je n'ai pas eu le temps de m'y essayer. Je sais que c'est très utile pour les tableaux et les statistiques.* (Réponse authentique et objective)

Recruteur : *Oui, effectivement. C'est le logiciel que nous utilisons pour le travail qu'on va vous demander. Le problème, c'est que vous ne savez pas vous en servir…*

Claire interrompt : *Oh ! Mais je peux apprendre ! J'ai déjà acheté un livre sur l'utilisation d'Excel :* Excel pour les nuls *! Tout dépend de quand le travail commence ici. Il me faut le temps de m'y exercer…* (Résolution de problème immédiate. Aucune marque de déception)

Recruteur : *Le 15 février.*

Claire : *Donc ça fait quinze jours pour m'y mettre. J'ai largement le temps !* (Résolution de problème)

Recruteur : *Oui ?*

Claire : *Oui ! Justement, voilà une bonne occasion d'apprendre Excel et en plus ça va être utile !* (Enthousiasme et optimisme exprimés)

Recruteur : *Bon, très bien. Je retiens votre candidature à cette condition. Mais il faut que je puisse compter sur vous, car nous avons besoin de gens compétents avec Excel dès le premier jour de travail.*

Claire : *Oui, d'accord. Mais dites-moi, est-ce qu'il y aura quelqu'un pour nous encadrer et nous aider si je ne sais pas une manœuvre ?* (Anticipation de résolution de problème)

Recruteur : *Oui, tout à fait.*

Claire: *Bon, tout va bien, alors.* (Confirmation claire de son engagement)

Recruteur: *Je vous tiens au courant de notre décision vendredi prochain.*

Claire: *D'accord. Je vous remercie.*

À votre avis, quelle sera la tendance du recruteur face à ces deux jeunes filles qui n'ont aucune compétence avec le logiciel Excel?

En cas d'incompétence dans un domaine, seule la confiance en nos qualités et en nos capacités peut jouer en notre faveur. Cette confiance en nous rassure nos semblables et ils savent intuitivement qu'une personne battue d'avance a trop de risques d'échouer, uniquement à cause d'une anxiété à réussir trop élevée (donc hésitation, lenteur, déconcentration liée à la crainte d'échouer).

Un recruteur prend connaissance de nos diverses *compétences* à travers notre CV. Il en déduit que ce que nous avons fait antérieurement, nous savons toujours le faire. Or, un CV ne suffit pas pour déceler certains aspects de notre personnalité. Un entretien de recrutement sert à faire connaître de notre propre bouche ce que nous pouvons offrir à la compagnie, mais aussi à faire ressortir nos *capacités*.

Il existe une légère différence entre *compétence* et *capacité*. La compétence est *contextualisée*; la capacité est *décontextualisée*. Enseigner l'anglais est une compétence. Enseigner est une capacité. Utiliser le logiciel Excel est une compétence. Utiliser un ordinateur est une capacité. Marie ne s'est présentée au recruteur qu'à travers le prisme de la compétence. Elle se savait incompétente en Excel et donc en a vite conclu à l'échec total. Ce que le recruteur n'a pas manqué de repérer, c'est le *degré de capacité* de Claire, malgré son incompétence. Sur quoi s'est appuyée Claire pour se croire capable? Sur ses qualités! Parmi les 55 qualités notées sur sa liste, je lis dans le désordre: dynamique, aime apprendre, intelligente, enthousiaste, persévérante, réfléchie, rapide, battante, résolue, décidée, cherche à comprendre, travailleuse, active, bonne vision oculaire (!), débrouillarde (c'était prévu depuis son enfance!), bricoleuse, prudente, courageuse, calme intérieurement… Sachant consciemment qu'elle disposait d'autant de ressources intérieures, elle se trouvait logiquement en position de tenter l'aventure avec optimisme. Malgré ses qualités, elle a pu envisager qu'en cas de besoin, faute de compétence, elle pouvait demander de l'aide sans remettre en cause sa valeur. En ce domaine, Marie a pris le mauvais raccourci : le constat de son incompétence a remis en cause sa valeur. Elle s'est sentie « nulle » et « minable ».

➤ « Je ne suis pas capable »… et si c'était faux ?

Marie, Clément et des millions de gens font une grave erreur : celle de confondre leur valeur avec leur niveau de compétence. Aussi, celle de confondre l'importance des capacités et celle des compétences. **Se savoir incompétent n'est pas grave en soi. Se croire incapable l'est beaucoup plus.** Cela entraîne même le sentiment d'incapacité à devenir compétent ! Autrement dit, *ce sentiment inhibe l'apprentissage et les tentatives de nouvelles expériences.* Cette inhibition comportementale semble être générée par notre émotion d'anxiété, et un vague sentiment négatif à notre encontre. Elle est en réalité créée par notre dialogue intérieur : *« Je ne suis pas capable de… ».* Cette croyance est irrationnelle compte tenu de la distorsion cognitive de nos qualités réelles, comme c'était le cas chez Marie.

Schématiquement, cela donne ceci :

```
┌─────────────────────────────────────────────────┐
│              SITUATION DÉCLENCHANTE               │
└─────────────────────────────────────────────────┘
                         ↓
┌─────────────────────────────────────────────────┐
│  COGNITIONS (CE QUE JE PENSE, CE QUE JE CROIS) :  │
│            Je ne suis pas capable de…             │
│           Je devrais être compétent en…          │
│   Si je ne suis pas compétent en… alors je suis nul. │
└─────────────────────────────────────────────────┘
                         ↓
┌─────────────────────────────────────────────────┐
│          ÉMOTIONS (CE QUE JE RESSENS) :           │
│      Anxieux, démuni, dévalorisé, déçu, triste…   │
└─────────────────────────────────────────────────┘
                         ↓
┌─────────────────────────────────────────────────┐
│                 COMPORTEMENTS :                   │
│          J'abandonne, je jette l'éponge.          │
│                     Je fuis.                      │
│                    Je me tais.                    │
│                  Je ne fais rien.                 │
└─────────────────────────────────────────────────┘
```

Le sentiment d'incapacité nous empêche, de façon non consciente, d'élaborer un projet que nous serions pourtant capables de réaliser. En un mot, nous n'y avons même pas songé!

J'aimerais partager avec vous une anecdote extraordinaire à ce sujet. Je dis «extraordinaire», car sa résolution a changé ma vie! J'enseignais en qualité de formatrice en formation continue dans les entreprises depuis sept ans lorsque dans un intervalle de 15 jours, deux stagiaires (cadres en milieu hospitalier) m'ont lancé le défi d'écrire un livre sur un sujet que je venais de leur exposer: les manipulateurs, comment les reconnaître et s'en protéger. La première fois que l'un m'a dit «Vous devriez écrire un livre!» comme je connaissais fort bien le sujet, j'ai réagi en souriant : « Non, je ne sais pas écrire. Je suis bonne oratrice, mais je n'écris pas. » Puis je suis passée à un autre thème. Deux semaines plus tard, le sujet des manipulations en communication et en même temps celui des manipulateurs passionnent de nouveau mes stagiaires d'un groupe différent. Alors que je réponds à chacune des questions qui me sont posées en donnant des exemples concrets, je lance : « Je pourrais vous donner plusieurs autres exemples ; vous savez, il y a de quoi en écrire un livre ! » Sur quoi un participant s'écrie : « Oui ! Écrivez-le ! » J'ai commencé à rire puis, en trois secondes, j'ai réalisé que c'était la deuxième fois en 15 jours qu'on me le suggérait. J'ai d'ailleurs partagé cette réflexion avec mes stagiaires, mais je leur ai signalé tout de même que je ne savais pas écrire. S'installa alors un dialogue qui modifia totalement ma croyance : « Je ne suis pas capable d'écrire un livre. » Une participante sur ma droite enchaîna spontanément :

Elle : *Et alors ?*

Moi : *Et alors, non ! Je sais parler, mais je ne sais pas écrire !*

Elle : *Comment le savez-vous ?*

Moi : … (Je réfléchis) *Parce qu'à l'école, je faisais des dissertations médiocres. Mes notes atteignaient à peine la moyenne. Mes phrases étaient longues et lourdes.*

Elle : *Il y a combien de temps ?*

Moi : … (Je souris) *Oh ! Cela fait 15 ans… 17 ans même !*

Elle : *Vous avez écrit depuis ?*

Moi : *Non.*

Elle : *Comment savez-vous que vous ne savez pas écrire ?*

Moi : … *!!!*

Quatre questions. Uniquement quatre questions neutres en quelques minutes m'ont permis de confronter ma croyance « Je ne sais pas écrire, je n'en suis pas capable » avec mon réel.

Cela peut vous paraître paradoxal de voir la formatrice confrontée dans sa croyance par ses participants. Je les sentais tous de connivence pendant qu'elle me « travaillait ». Et pour cause : je leur avais enseigné, pour eux-mêmes, un moyen extrait de la thérapie cognitive (travail de confrontation des pensées) afin de vérifier l'existence d'éventuelles pensées irrationnelles. Cette femme a émis l'hypothèse de la présence d'une croyance peut-être irrationnelle chez moi et elle s'entraînait à la vérifier. Bien lui en a pris. Je ne soupçonnais même pas l'existence de cette croyance spécifique en moi, et pour cause : je n'avais *jamais* imaginé jusqu'à cet instant que je pouvais écrire sur ce sujet que je connaissais si bien. Comme on dit, cela ne m'était même pas venu à l'esprit !

J'ai écrit depuis deux ouvrages sur les manipulateurs. Ils sont devenus des *best-sellers*…

J'ai osé. J'ai appliqué. J'ai évalué. Je me suis donné confiance dans ce domaine et me voici de nouveau assise pendant des heures à vous écrire sous le soleil de la Thaïlande (travail et plaisir associés !).

La vie peut tellement changer quand on se remet en question !

Chaque fois que nous nous disons « Je ne suis pas capable de… », nous pouvons utiliser la méthode qui consiste à vérifier si cette idée est juste (rationnelle) ou pas. Comment ? Il existe plusieurs moyens.

En tant que sophrologue, je vous inviterais à créer en vous un état de relaxation physiologique (assis ou allongé). Attendez de vous sentir au bord du sommeil, sans vous endormir. Puis visualisez la situation projetée uniquement sous sa forme réussie avec tous les moyens d'y parvenir (environ 10 minutes). À renouveler au besoin.

En tant que praticienne en PNL (Programmation neuro-linguistique), je vous suggérerais de visualiser avec des caractéristiques précises des processus de réussite en faisant appel à vos ressources utilisées antérieurement dans votre vie. La méthode est plus dirigée et plus complexe qu'une visualisation sous relaxation, mais elle peut s'avérer efficace en une séance. Si cette approche vous interpelle, consultez un praticien en PNL, si possible Master en PNL.

La troisième méthode est en réalité celle que j'utilise en premier pour moi-même et pour mes patients. C'est l'approche cognitive et comportementale.

Pour ne pas m'éloigner de mon désir de rester très pragmatique dans cet ouvrage, je vous suggère de vous informer davantage sur la thérapie cognitive (d'A. Beck) ou l'autre approche cognitive d'Albert Ellis (Thérapie émotivo-rationnelle ou Stratégie rationnelle émotive) dans d'autres ouvrages (voir bibliographie). L'approche cognitive représente à mes yeux une clé en or. Elle s'inscrit dans une démarche thérapeutique certes, mais cette méthode peut être utilisée par chacun d'entre nous. D'ailleurs, des millions de gens s'en servent spontanément sans le savoir. Autrement dit, puisque c'est le sujet qui nous préoccupe présentement, nous sommes capables de l'utiliser n'importe quand, n'importe où ! Je ne dis pas que nous sommes tous *compétents* pour aboutir chaque fois à un excellent résultat, mais nous sommes *capables* de tenter cette approche. Alors tentons !

Qu'a utilisé cette participante au stage pour confronter mon idée « Je ne suis pas capable » ? *Une série de questions !* Aucune affirmation.

Elle ne m'a pas convaincue d'emblée *qu'elle croyait* que j'en étais capable. Elle a agi de façon neutre et a persévéré par une autre question qui rebondissait sur ma réponse précédente. Jusqu'à ce que mon cerveau fasse remonter à ma conscience ce que je ne voyais pas. Quand on dit « confrontation à *mon réel* », on fait une nuance avec la notion de *la réalité*. En effet, la réalité semble être une vision générale du monde et n'est pas nécessairement adaptée à la vie de chacun. Dans la réalité, *tout le monde* n'est pas capable d'écrire un livre. De même, la réalité ne nous montre pas que quand on est médiocre dans un domaine, on le reste à vie. Cela peut être le cas comme le contraire. Tout dépend. De quoi ? De notre vécu, de nos expériences propres, de nos qualités stables et temporaires et de dizaines d'autres critères qui représentent *notre* propre réalité. C'est donc à partir de notre réel que nous allons répondre à ces questions.

Quelles sont donc les questions utiles pour confronter votre idée « Je ne suis pas capable » ? En vous en offrant quelques-unes, je prends le risque d'en oublier. Vous êtes capable d'en créer d'autres à bon escient, je vous fais confiance. On peut prononcer « je » ou « tu » pour se parler à soi-même.

Exemples de questions face à sa propre croyance «Je ne suis pas capable de…»:

- Comment est-ce que tu (je) le sais?
- L'as-tu déjà fait?
- Si tu ne l'as pas fait, comment sais-tu que tu ne peux pas le faire?
- Le faire comment? *parfaitement*?
- Est-ce qu'on peut (le) faire sans atteindre l'idéal de perfection?
- Si oui, comment?
- Est-ce qu'on peut (le) faire *en partie*?
- Est-ce qu'on peut (le) faire en *plusieurs étapes*?
- Est-ce qu'on peut (le) faire en se faisant *aider*?
- Est-ce qu'on peut (le) faire en se faisant *conseiller avant*?
- Est-ce qu'on peut (le) faire en se faisant conseiller *pendant*?
- Est-ce qu'on peut (le) faire en se faisant conseiller si les premiers résultats ne sont pas probants?
- Par qui? par quoi?
- Quand et comment peux-tu ou pourrais-tu, dans le futur, demander cette aide ou ce conseil?
- Dans le pire des cas, tu rates, que se passe-t-il?
- Dans le pire des cas, tu rates, qu'aurais-tu perdu?
- Dans le pire des cas, tu rates, qu'aurais-tu gagné?
- Si tu réussis, que gagnes-tu?
- Dans le pire des cas, tu rates, *on* te croit incapable ou idiot: qui «on»?
- Est-ce le genre de X (nom de la personne citée précédemment) de penser cela?
- Est-ce que son avis, son opinion sur toi est vital?
- Si cette personne a une telle opinion de toi (négative), qu'est-ce que tu risques vraiment?
- Si cette personne a une opinion négative de toi (ce que tu crois), est-elle capable de (le) faire comme, toi, tu souhaites le faire (à ta manière)?
- Si cette personne a une opinion négative de toi en cas d'échec ou de mauvaise direction, peux-tu demander son conseil?

- Pourquoi oui ? Pourquoi non ?
- Est-ce que d'autres l'ont fait avant toi ?
- À qui penses-tu ?
- Étaient-ils d'emblée compétents ou l'ont-ils appris ?
- S'ils étaient d'emblée compétents, cela veut-il dire que (cela) ne s'expérimente pas ?
- Si d'autres sont compétents et réussissent dans ce domaine, se sont-ils entraînés ? durement ? longtemps ?
- Si tu échoues et que telle ou telle autre personne y réussit, quelle(s) en serai(en)t la (les) raison(s) ?
- Est-ce que ta méthode est inadaptée ?
- Peux-tu prendre modèle sur quelqu'un de crédible à tes yeux ?
- Si tu échoues et que d'autres y réussissent, tout le monde réussit-il pour autant ?
- Est-ce que si tu ne réussis pas du premier coup, cela est définitif ?
- Est-ce que tous ceux qui réussissent cette chose y parviennent du premier coup ?
- Si certains ont déjà la compétence, cela t'empêche-t-il d'avoir la *capacité* ?
- Au pire, si tu constates que « ce n'est pas ton truc », as-tu d'autres qualités ? As-tu d'autres compétences ?
- Si ce n'est finalement pas « ton truc », cela remet-il en cause *ta valeur* ?

Je pense qu'avec cette série de choix de questions, à prendre par section ou par point, vous disposez d'une base suffisante. Savoir quelles questions se poser est très utile, mais répondre avec conscience et tranquillement à chacune d'elles rend la méthode réellement efficace la plupart du temps. Attention, la réponse « je ne sais pas » correspond souvent à un manque de réflexion impulsif. Si on ne sait pas répondre de façon sûre à une interrogation, peut-être que « c'est possible » est plus approprié. De toute façon, le but est de répondre avec réalisme et authenticité.

Combien de temps ou combien de questions faut-il pour aboutir à une prise de conscience ? Cela dépend de nous : de notre concentration, du type de questions posées en fonction des cognitions de base, de nos interruptions (ex. : le téléphone sonne au même moment), de notre motivation plus ou moins consciente à résoudre sincèrement le problème…

Ce dernier point correspond souvent à nos résistances. Nos résistances à nous extraire du problème, nos résistances à… *réussir*. Aussi paradoxal que cela puisse paraître, ne pas se sentir capable peut comporter le bénéfice de ne pas créer de déséquilibre. En ne déclenchant pas l'action qui aurait une conséquence pourtant désirée, l'absence de changement nous préserve de l'effort à faire pour nous réadapter. De plus, on a constaté que certaines personnes détiennent un plan inconscient à garantir l'échec en ne tentant pas ce qu'il faut pour réussir. Par exemple, elles ne commencent pas ou ne terminent pas leurs examens. En agissant ainsi, elles déplacent la véritable cause de leur échec, qu'elles attribuent au manque d'efforts concrets personnels et non à ce qu'elles redoutent le plus : leur manque d'aptitude. Ne serait-ce pas, inconsciemment, un moyen de préserver l'illusion de contrôler la situation ?

Prenons un exemple chez Clément. Au fond de lui, il se dit « Je ne suis pas capable d'apprendre à jouer au billard à mon âge » (ses collègues vont y jouer de temps à autre). Cela peut lui donner le bénéfice de ne pas déséquilibrer le climat familial avec sa conjointe, Françoise. En effet, celle-ci se plaint qu'il ne soit pas souvent avec elle, même lorsqu'il est présent à domicile. Clément conclut que s'il ne rentre pas chez eux après le travail, elle ne supportera pas cette absence. Clément pense que lorsqu'il se trouve physiquement à la maison, sa compagne est plus satisfaite. Malgré le fait que Françoise lui explique qu'il ne s'agit pas tant du besoin de présence physique que d'une présence affective, il ne démord pas de l'idée que la première implique l'autre. Clément est terrorisé à l'idée que Françoise le quitte et comme cela ne se produit pas depuis cinq ans, il en conclut qu'en ne modifiant rien dans sa vie, il préservera l'équilibre. Notons que tant qu'il ne confronte pas cette peur soit par une démarche de questionnement telle que nous venons de le voir, soit en demandant directement à sa conjointe ce qu'elle pense de son projet de s'octroyer une fois par semaine une partie de billard pour tisser des liens avec ses collègues, il est logique que rien ne bouge.

Changer, c'est prendre le risque de déséquilibrer une situation qu'on croit stable. Cette stabilité est-elle par définition positive ? Posons-nous les bonnes questions…

Une autre résistance inconsciente à se sentir capable s'appelle la culpabilité. Pas celle qui consiste à se croire en faute parce qu'on reste une heure de plus à son centre sportif alors que les enfants sont « seuls » avec leur père à la maison. Nous parlons ici de la culpabilité inconsciente. *La culpabilité inconsciente à réussir pleinement sa vie* affective, sociale et/ou professionnelle. Ceux qui constatent la malédiction de redescendre en vrille systématiquement quand les choses ont l'air de bien tourner sont probablement très concernés par ce point. Leur inconscient les protège du sentiment apparemment insoutenable de commettre une faute. Celle de « surpasser les siens » est très fréquente. Par « les siens », nous comprenons notre père, notre mère ou nos frères et sœurs. Les surpasser sous-entend réussir là où ils ont échoué. Cela signifie dépasser la limite supérieure que les uns et les autres dans notre famille ont atteinte grâce à leurs caractéristiques personnelles. Et ce, malgré les prédictions négatives à notre propos qu'ont pu émettre certains parents. C'est acquérir un meilleur statut social, une reconnaissance sociale que n'a pas eu notre père ou notre mère par exemple (surtout si nous avons choisi le même métier !). Surpasser les siens implique mieux « s'en sortir » affectivement, physiquement ou financièrement que notre frère ou notre sœur, par exemple. Nous nous empêchons alors de nous épanouir et de réussir à faire mieux qu'eux, comme si l'expression de notre bien-être, de notre bonheur ou de notre aisance financière allait leur prouver leur incapacité ; comme si cela les blessait dans leur ego. Nous interprétons ce phénomène comme s'il s'agissait d'un vase communicant : plus je suis heureux et plus je vais les rendre malheureux. Plutôt que de risquer de leur faire du mal, je me tiens donc tranquille en n'augmentant pas le potentiel dont je suis capable. Cette forme de culpabilité est le plus souvent le fruit de notre imagination et d'idées irrationnelles. Cependant, il existe des familles où le simple fait qu'une personne réussisse à un point que d'autres membres n'ont eux-mêmes pas atteint ou que cette personne se trouve ostensiblement dans une meilleure position qu'eux (ex. : vous allez les visiter avec votre nouvelle voiture) lui attire des réflexions désobligeantes empreintes de jalousie ou de jugement (ex. : « Qu'est-ce que tu avais besoin de t'acheter une nouvelle voiture ! »). Dans ce cas, notre réticence à nous montrer épanouis, heureux ou dans la réussite n'est pas complètement le fruit de notre irrationalité. Il n'empêche que ce n'est pas une faute que de réussir sa vie. L'irrationalité n'est pas alors de notre côté seulement...

Il existe d'autres « crimes imaginaires » que Lewis Engel et Tom Fergusson[38] décrivent amplement dans leur excellent ouvrage *La culpabilité*. Par exemple, « trahir les siens » en adoptant un style de vie, une religion, une philosophie en contradiction avec les préceptes enseignés et vécus par notre famille d'origine. Si la culpabilité est présente plus ou moins consciemment en nous, elle nous amènera à mentir et à cacher longtemps ce qui nous caractérise, dans le meilleur des cas. Mais cette culpabilité inconsciente peut expliquer justement que l'on n'assume aucunement ses désirs de changements ou d'expériences nouvelles. Dans ce cas, se sentir incapable de changements dans sa vie constitue une protection.

Après avoir pris conscience de nos résistances à aller de l'avant à travers de nouvelles expériences, nous sommes en mesure de confronter nos croyances, que nous avons découvertes, par des questions telles que proposées précédemment. Puis, s'il reste des résidus de culpabilité ou de crainte, comme la crainte du rejet et de l'abandon de Clément, celui-ci a la possibilité de poser directement la question à Françoise : « J'aimerais m'ouvrir davantage avec mes collègues et j'ai pensé m'intégrer à eux une fois de temps en temps à leur sortie de billard. Je ne sais pas y jouer mais ils pourraient m'apprendre. Qu'est-ce que tu en penses ? » De cette façon, il n'aura pas réglé son manque d'intimité avec Françoise mais les problèmes « Je ne suis pas capable de jouer au billard » et « Je ne suis pas capable de

---

38. Lewis Engel et Tom Fergusson, *La culpabilité,* Montréal, Le Jour, éditeur.

m'intégrer » avancent d'un grand pas. J'ai remarqué que mes patients masculins, dans une large majorité, donnaient comme objectifs à leur travail de changement en estime de soi et en affirmation de soi une priorité au domaine professionnel et au domaine social. Très peu notent « Améliorer ma relation amoureuse (ou conjugale) » ou même « Améliorer mes relations familiales avec ma femme et mes enfants ». Cela me laisse dubitative…

➤ Votre perfectionnisme vous dessert

Nous avons vu que chez certains d'entre nous, les critiques peuvent générer une telle anxiété que nous ressassons le message pendant les jours ou les nuits qui suivent. Dans ce cas, pas de doute : nous sommes blessés. La critique nous remet alors en cause sur le plan de l'identité : notre valeur intrinsèque en prend un coup ! Or, il est inexact de penser que la critique remet en cause notre valeur. Seule notre propre interprétation génère un tel désarroi.

En quoi le fait d'avoir omis d'éteindre les lumières du bureau la veille au soir, d'avoir mal équilibré le papier peint sur le mur ou de nous être fait faire une teinture chez le coiffeur qui finalement ne nous sied pas remet-il en cause notre identité ?

Nous ne sommes pas ce que nous faisons. Il y a une confusion entre l'Être et l'Agir.

Le psychologue américain Albert Ellis est un des précurseurs de l'approche cognitive en thérapie. Il a fondé la Thérapie émotivo-rationnelle (TER) autrement traduite par Stratégie rationnelle émotive (SRE). Il a, par ailleurs, relevé un certain nombre de schémas cognitifs, c'est-à-dire des croyances profondes et non conscientes qui nous gâchent l'existence tant qu'elles nous apparaissent comme évidentes et tant que nous ne les remanions pas[39].

Un schéma cognitif représente une base solide à d'autres croyances et donc une explication plausible à des comportements ou à des attitudes systématiques et inefficaces. On peut découvrir

---

39. Lucien Auger, *S'aider soi-même,* Montréal, Les Éditions de l'Homme.

un schéma cognitif de base par l'observation de nos attitudes récurrentes et en se disant : « Je réagis dans la vie comme si... »

Pour le propos qui nous préoccupe, il existe le schéma cognitif suivant :

« On doit être profondément compétent, adéquat et capable d'atteindre ses objectifs dans tous ses aspects positifs pour pouvoir se considérer comme valable. »

Comment se nomme l'attitude qui en découle ? Le perfectionnisme !

Contrairement à l'idée populaire, un perfectionniste ne s'organise pas à la perfection et ne range pas tout. Nous rencontrons beaucoup de perfectionnistes qui se disent « bordéliques ».

Un perfectionniste agit et réagit dans la vie selon l'énoncé du schéma cognitif cité plus haut. Chaque erreur, chaque mauvaise décision, chaque critique, chaque travail incomplet génère chez lui une anxiété importante. Elle peut être si intense que le seul fait d'envisager une tâche ou un projet l'inhibe. En effet, nombre de perfectionnistes dits « internes[40] » (qui exigent d'eux-mêmes mais pas d'autrui) n'envisagent pas une tâche sans son aboutissement complet et parfait. Ils confondent *l'idéal* de perfection avec *l'objectif* de perfection. Je m'explique : la présence du schéma comme une base évidente de pensée (un principe donc) leur interdit d'envisager que la perfection n'est pas le but à atteindre. Même s'ils vous accordent que « la perfection n'est pas de ce monde » ou que « personne n'est parfait », au fond d'eux, il n'en est rien. Ils ne croient à aucune de ces phrases toutes faites. Pour eux, la perfection doit pouvoir s'atteindre. Dans beaucoup de domaines, cela leur semble si difficile qu'ils préfèrent ne rien commencer. Dans d'autres, ils peaufinent des détails de telles façons qu'ils perdent un temps inouï. Ces détails n'ont pas nécessairement d'importance aux yeux des autres mais qu'importe, ils se doivent de continuer leur processus, car lorsque cela sera terminé, parfaitement, ils pourront se considérer

---

40. Monica Ramirez Basco, *Y a-t-il des perfectionnistes heureux ?*, Montréal, Le Jour, éditeur.

comme valables. Tant que ce n'est pas parfait à leurs yeux, pas d'oreilles pour recevoir les compliments !

D'ailleurs, voici, pour vous, deux questions :

Quand vous produisez quelque chose et que quelqu'un vous félicite, avez-vous systématiquement le réflexe de rétorquer que ce n'est pas fini ou que ce n'est pas tout à fait ce que vous vouliez faire ?

Avez-vous du mal à vous satisfaire, à être fier ou content de ce que vous faites tant que ce n'est pas parfait à vos yeux ?

Si vous avez répondu par la positive à ces deux questions, vous êtes sûrement perfectionniste.

À tous les perfectionnistes, je dis que s'il existait une voie facile pour atteindre la perfection dans tous les domaines, les psychothérapeutes n'auraient aucun perfectionniste dans leur clientèle ! Je pense même que ce serait aux perfectionnistes parfaits de devenir eux-mêmes thérapeutes et professeurs pour enseigner leur méthode. Or, la réalité est autre. Les perfectionnistes représentent un nombre considérable de nos patients parce qu'ils ne disposent d'aucune méthode qui nous prouverait qu'avec un tel dessein, ils sont actifs, efficaces et… heureux.

La perfection n'est pas un but à atteindre, mais plutôt ce vers quoi nous pouvons tendre. C'est la différence fondamentale entre la recherche de la perfection et *la recherche de l'excellence* !

Marie et Clément sont tous deux perfectionnistes. Clément l'est même plus que Marie si tant est qu'on l'est à divers degrés. Disons que la vision du monde de Clément tourne prioritairement autour de ce principe. Si Marie n'a noté que 12 qualités sur sa liste en 10 minutes, c'est qu'elle a systématiquement éliminé celles qui n'étaient pas complètes et parfaites chez elle. Parfaites signifiant pour Marie constantes en tout temps, avec tout le monde, tous les jours quelles que soient les circonstances. Sur sa liste, elle n'a pas inscrit « pédagogue » ni « patiente ». Selon son état d'esprit perfectionniste, être pédagogue inclut d'être patiente, mais comme elle ne l'est pas *en tout temps* ni avec *tous* ses élèves, elle ne s'est pas autorisée à noter ni l'une ni l'autre. Elle n'a pris en compte dans la question que la présence de ses qualités stables comme « gentille », « généreuse » et « ponctuelle ».

Claire est travailleuse, battante, persévérante… Elle recherche l'excellence sans compter atteindre la perfection. Il est facile de le constater lorsqu'elle note 55 atouts personnels en 10 minutes. Certaines sont des qualités stables, mais beaucoup sont circonstancielles. Il n'en est pas moins qu'elle a inclus toutes les qualités ressources qu'elle a souvent mises en œuvre jusque-là dans sa vie.

Les perfectionnistes ont tendance à laisser aux autres ce qu'ils se croient incapables de faire parfaitement (et du premier coup!). Paradoxalement, ils ne s'inscrivent pas davantage à des cours pour apprendre ou se perfectionner. Et pour cause: en phase d'apprentissage, ils s'irritent de ne pas comprendre tout, tout de suite, et de ne pas savoir appliquer immédiatement ce qu'ils apprennent!

Le schéma cognitif *« On doit être profondément compétent, adéquat et capable d'atteindre ses objectifs dans tous ses aspects positifs pour pouvoir se considérer comme valable »* n'est jamais relatif aux circonstances. Qu'il *pratique déjà* le golf, le billard ou la cuisine ou qu'il soit *débutant,* le perfectionniste vit l'activité sans relativisation. De plus, il pense en mode dichotomique, c'est-à-dire en mode binaire: tout ou rien, parfait ou nul, tout de suite ou jamais. S'il se constate maladroit dans un apprentissage, il court un risque important d'abandonner en se justifiant ainsi: «Je n'y arrive pas: je suis nul» ou «Je ne suis pas doué, c'est tout! Ce n'est pas pour moi!».

Si Clément fait une confrontation mentale de sa croyance «Je ne suis pas capable d'apprendre à jouer au billard à mon âge» et qu'il réussit à accompagner finalement ses collègues, il doit s'attendre à l'émergence de son schéma perfectionniste *sur place*. Il pourra alors opérer une autre série de questions-réponses (*Stratégie rationnelle émotive*) au moment où il se dira quelque chose comme: *« Mon Dieu, je suis nul! Je n'ai pas mis une seule boule dans un trou! »* Parmi les questions que je vous ai suggérées, certaines seraient particulièrement adaptées:

- Est-ce que tous ceux qui réussissent au billard y sont parvenus du premier coup?
- Étaient-ils d'emblée talentueux ou l'ont-ils appris?
- Si mes collègues sont compétents et réussissent à bien jouer au billard, se sont-ils entraînés? durement? longtemps?

- Si je ne peux répondre à ces questions de façon sûre, puis-je les poser à l'un d'entre eux ?
- Est-ce que je peux jouer en me faisant conseiller si mes premiers résultats ne sont pas probants ?
- Par qui ?
- Si certains ont déjà la compétence, cela m'empêche-t-il d'avoir la *capacité* ?
- Dans le pire des cas, je rate mes cibles, quelles conséquences plausibles cela a-t-il ?
- Est-ce que si j'échoue et que d'autres y réussissent, *tout le monde* réussit pour autant ?
- Est-ce que si je ne réussis pas du premier coup, cela est définitif ?

Il est fort probable que l'ensemble de ces questions ne soit pas utile. En effet, souvent, après quelques réponses, l'anxiété ou la peur de paraître ridicule en échouant diminue ou disparaît.

Dans le cas où Clément réalise après plusieurs mois que l'activité du billard ne lui plaît pas, il pourrait rester intégré au groupe de ses sympathiques collègues (c'était son principal but), s'il s'aide en se posant encore d'autres questions :

- Au pire, je constate que « ce n'est pas mon truc ». Ai-je d'autres qualités que je me reconnais davantage maintenant ? Ai-je d'autres compétences ?
- Si ce n'est finalement pas « mon truc », cela remet-il en cause *ma valeur* ?

Il m'arrive de dire à mes participants en groupe, lorsqu'on aborde le perfectionnisme : « Je mets sûrement la barre moins haut que vous : j'ose donner des formations, des cours, des conférences et parler à la radio ou à la télévision. Si j'ai grossi de quelques kilos, si j'ai un bouton sur la joue, je m'y rends avec le même plaisir. Si je ne trouve pas un mot, je le remplace par un autre ou je laisse le public ou le journaliste le trouver pour moi. Si je ne veux pas oublier un point, je regarde mes notes, etc. » Ceux qui se veulent parfaits d'emblée ne se déplacent pas au risque de montrer leurs imperfections. D'autres perfectionnistes assurés de leur compétence vont se lancer dans l'aventure mais avec une énorme anxiété à gérer. Ils ne renouvellent pas toujours l'expérience s'ils considèrent avoir réalisé une médiocre prestation. La prise de parole en public est un excellent entraînement pour tester son humilité. En cette occasion, beaucoup de gens se veulent parfaits en ce qui concerne leur apparence physique et vestimentaire, leur diction, leur vocabulaire, l'intelligence et la pertinence de leur propos. Ils ne veulent ni rougir, ni avoir chaud, ni transpirer, ni avoir la bouche sèche, ni bégayer, ni faire des gestes parasites (se gratter, replacer fréquemment ses lunettes, etc.). Et surtout, ils ne veulent pas se surprendre à être incapable de répondre (parfaitement) à une question qu'on leur poserait! Eh bien! s'il fallait absolument réussir tout cela en même temps, à chaque présentation, nous n'aurions personne pour nous présenter le journal télévisé! Si vous regardez et écoutez attentivement nos présentateurs vedettes au petit écran, vous observerez immanquablement des mini-dérapages de temps en temps. Pourtant, nous les trouvons tout à fait à leur place. La plupart sont même qualifiés d'excellents. Nous nous montrons la plupart du temps très tolérants devant leurs petites fautes qui passent finalement inaperçues sur la durée de la présentation. J'ai remarqué cependant un détail auquel prêtent une attention particulière nos amis les Français : la couleur de la cravate du présentateur! Un détail qui, s'il n'obtient pas leur approbation un certain jour, n'enlève en rien ses qualités principales à notre présentateur que beaucoup d'entre nous n'iraient pas remplacer, n'est-ce pas?

➤ Avez-vous des difficultés à décider?

Décider correspond à *deux* processus contigus : un choix mentalement élaboré d'une part et son expression dans l'agir, d'autre part.

Certains d'entre nous éprouvent déjà de la difficulté à élaborer un choix dès la 1re étape. Il y a plusieurs explications conjointes ou séparées à cela.

Savez-vous ce que vous voulez? Connaissez-vous vos besoins? Avez-vous des désirs? En premier lieu, il s'agit de vérifier ces points.

Prenons le cas de Marie. Celle-ci ressent un trouble pour donner une réponse à sa convenance lorsqu'on lui propose quelque chose à l'improviste. Par exemple, une copine qui lui proposerait le matin d'aller voir une exposition l'après-midi même. Elle dit «ne pas savoir quoi répondre» très souvent. Elle se dit qu'elle doit en plus donner une réponse sur-le-champ. Or, elle ne sait pas ce dont elle a envie à cet instant. Si vous êtes dans cette situation, il existe quelques «trucs» à expérimenter qui se révèlent efficaces.

Devant toute demande (ou situation), demandez-vous : «Qu'est-ce que j'accepte dans cette demande ?» et : «Qu'est-ce que je refuse dans la même demande ?» Comme ce processus interne n'est pas encore automatisé, il ne se déclenche pas assez rapidement chez des gens comme Marie. Du coup, ils restent sans voix, acceptent ou refusent en bloc, et regrettent parfois leur réponse.

Faites l'expérience suivante dorénavant : *visualisez-vous immédiatement dans la situation* telle que proposée. En même temps, posez-vous les deux questions précédentes sur un mode précis et à haute voix face à votre interlocuteur. Ce que vous êtes intéressé à connaître, ce sont les modalités concrètes comme le *Où, Quand, Qui, Quoi, Comment, Combien et Pourquoi* de la situation à venir. Ainsi, pour l'appliquer à notre exemple précédent, Marie peut répondre sur un mode inhabituel pour elle : «À quelle heure comptes-tu aller à cette expo ?» Elle doit écouter la précision donnée et immédiatement se visualiser à l'exposition au moment planifié par l'autre personne. Puis, elle demande : «Combien de temps veux-tu y rester ?» Là encore, Marie se projette et se voit rester deux heures debout (déjà là, elle ne se sent pas bien car elle ne reste jamais plus d'une heure et demie dans un musée). Elle continue : «C'est quoi comme expo ?», «C'est où exactement ?», puis : «Comment y vas-tu ?» À chaque question correspond une réponse précise dans laquelle Marie doit immédiatement se projeter, comme si elle y était. Là, son sentiment d'aise ou de gêne se manifeste spontanément. Autrement dit, c'est par cette visualisation dans le futur que Marie sait si elle a envie d'y aller et pourquoi. En connaissant les raisons d'une gêne, elle peut facilement exprimer sa position. Par ce moyen, elle a pu répondre authentiquement : «Ça me fait plaisir que tu me proposes de t'accompagner. Je ne connais pas l'art asiatique donc ça m'intéresse. Mais je t'avoue que je ne resterais pas plus d'une heure trente. Deux heures, c'est trop pour moi. De plus, est-ce que tu pourras venir me chercher en voiture?» Marie confirma être, cette fois, en totale cohérence entre son désir et sa réponse (qu'on appelle ici un refus partiel ou une acceptation conditionnée).

J'ai fait cette expérience plusieurs fois avec d'autres participants à mes stages d'affirmation de soi. Je leur dis: «Imaginez qu'à la suite de la séance, nous décidions d'aller au restaurant tous ensemble. J'en connais plusieurs dans le quartier. Nous avons le choix entre un chinois, un italien, une crêperie, un japonais, un marocain, un franco-français et un qui sert des fruits de mer. Lequel préférez-vous?» Une partie des participants ne savent pas ce qu'ils désirent. En vérifiant leur processus de pensée, j'ai réalisé que tous avaient écouté ma liste de choix (dite lentement) mais qu'aucun ne s'était projeté en train de déguster un plat chinois, des pâtes, des crêpes, etc. À ce moment, je leur demande de se visualiser au restaurant en train de manger un des plats typiques. Je recommence donc à lister les choix. Et là, ça marche! Tous ceux qui, quelques minutes auparavant, ne savaient pas ce qu'ils désiraient avaient un choix à formuler. D'ailleurs, ils expriment souvent des choix comme: «J'ai envie de viande rouge»; «J'ai envie de frites»; «Je voudrais bien manger un curry». Cela aide nécessairement à choisir le restaurant approprié...

Une autre explication à la difficulté de se décider concerne davantage les plus anxieux d'entre nous. Je parle cette fois de *l'anxiété généralisée*. Cette dernière envahit l'esprit à tout propos et met des obstacles aux actions. Elle est générée par un processus anticipatoire d'échec ou de catastrophe. Autrement dit, chaque choix devient un problème, car l'anxieux *imagine les obstacles possibles à la réussite*. C'est exactement le phénomène inverse du précédent: au lieu d'omettre de visualiser le futur, il le fait systématiquement mais avec le spectre de l'erreur, de l'échec ou de la «catastrophe». Il s'attache à tout anticiper le plus loin possible («Et si...?»), mais se trouve trop souvent bloqué sur les freins qu'il visualise.

Tentons d'illustrer ce processus à travers l'exemple d'un choix de restaurant.

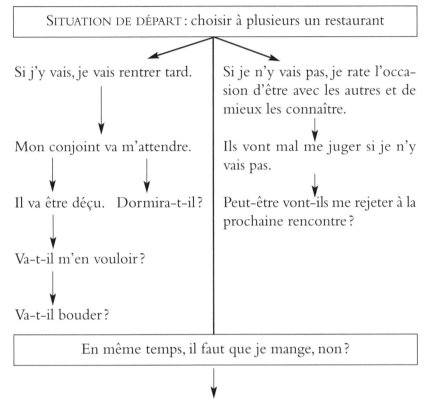

SITUATION DE DÉPART : choisir à plusieurs un restaurant

Si j'y vais, je vais rentrer tard.

Mon conjoint va m'attendre.

Il va être déçu.   Dormira-t-il ?

Va-t-il m'en vouloir ?

Va-t-il bouder ?

Si je n'y vais pas, je rate l'occasion d'être avec les autres et de mieux les connaître.

Ils vont mal me juger si je n'y vais pas.

Peut-être vont-ils me rejeter à la prochaine rencontre ?

En même temps, il faut que je mange, non ?

Le chinois, c'est bien, mais on peut être allergique au glutamate sans le savoir !

Les crêpes, oui, mais elles ne sont jamais aussi bonnes que lorsqu'elles sont faites par des Bretons.

Le japonais : je ne mange jamais assez.

L'italien : j'adore, mais ça fait grossir.

Les fruits de mer : excellent, mais trop cher !

Le couscous : je préfère celui des Tunisiens.

Le français : pourquoi pas, mais finalement, ça n'a rien d'original !

C'est à peine caricatural. On comprend aisément pourquoi, si vous êtes anxieux en général, il peut être pénible de décider rapidement de manière déterminée. Un des moyens efficaces pour atténuer cette anxiété généralisée (même si elle ne disparaît pas totalement), outre les techniques de relaxation et les anxiolytiques (dont l'effet disparaît avec leur suppression), est la thérapie cognitive.

Par la modification de la teneur des cognitions pour chaque cas où la crainte surgit, cette dernière devrait diminuer en intensité et laisser place à une décision puis à une attitude plus rationnelle. Cela dit, c'est du travail, car l'anxieux pense continuellement!

La troisième hypothèse, pour expliquer le ralentissement des décisions, concerne ceux qu'on appelle, sous le terme inspiré de l'anglais, *les procrastinateurs*. Pas aisé à prononcer, n'est-ce pas? Les procrastinateurs ont la fâcheuse tendance à remettre tout au lendemain. Ils exécutent leurs tâches au dernier moment sous la pression des échéances obligatoires. De plus, ils ont l'habitude d'arriver en retard à peu près partout où ils se rendent. Le procrastinateur décide mentalement («Il faut absolument que je...»), mais rebute à agir selon sa décision au moment judicieux. Il visualise la tâche, mais ressent particulièrement l'effort que cela va lui demander. Il n'anticipe pas le résultat positif. Dès qu'il se visualise dans l'effort, il cesse de se projeter. Il ne sait plus programmer par étapes et imagine plutôt la montagne à gravir (les choses «à faire» s'accumulent effectivement). Il a toujours autre chose de «mieux» à faire et il vit ses envies sur l'instant. Son problème ne réside donc pas dans la décision mentale mais dans l'action qui devrait suivre.

Si on reprend l'exemple du choix de restaurant, le procrastinateur sait où va sa préférence culinaire. Cet imprévu lié au plaisir le ravit. Il ira donc au restaurant avec ses compagnons. Seulement, cette décision en remplace peut-être une autre! Il est tout à fait capable d'avoir prévu qu'en rentrant de sa séance, il se mettrait au travail qu'il doit rendre pour le lendemain. Or, aller au restaurant avec les autres peut s'exécuter quasi immédiatement sans effort d'organisation. Son choix est vite pris. Il repousse son sentiment de culpabilité en se disant : « Tant pis, je travaillerai plus tard ce soir ! » En réalité, arrivé à domicile, il est plus probable qu'il lise ses messages sur Internet ou qu'il regarde la fin d'une série télévisée au lieu de s'atteler à son rapport. « Ça ne fait rien, se dit-il, je le ferai demain matin avant la réunion de 10 h. » Mais le lendemain…

CHAPITRE 13

Découvrez vos qualités !

Afin de cesser de nous considérer médiocres et sans intérêt pour autrui, nous devons découvrir et reconnaître nos qualités, nos talents et nos connaissances pour développer une nouvelle force intérieure.

Je souhaite retenir votre attention sur le fait que, quel que soit notre *âge,* nous sommes capables de *poursuivre la construction de notre estime personnelle* par une *nouvelle attitude mentale consciente.* Même si nous ne décelons pas la part précise des facteurs biologiques et environnementaux de l'estime de soi, nous savons par quoi elle se nourrit et comment elle se détériore. Inutile donc de blâmer nos parents et les épreuves de la vie qui ont été ce qu'elles ont été. Ce n'est pas parce qu'on n'a pas été aidé dans la vie que cela doit continuer. Alors, aidons-nous nous-mêmes !

La tâche suivante demande un effort quotidien peu douloureux pour atteindre des résultats très importants. Elle fait partie du travail thérapeutique que j'utilise depuis longtemps et qui a fait ses preuves.

Procurez-vous un petit agenda de l'année en cours (ou un carnet simple) et un stylo. Laissez ces deux éléments sur votre table de nuit. Dès ce soir, et ce, **tous les soirs** (pas le matin), **notez une qualité que vous avez mise en jeu dans la journée**.

Répétez ce « traitement » (peu onéreux, n'est-ce pas ?) pendant deux semaines.

Une seule qualité suffit pour commencer.

La **3e semaine** : notez **trois qualités** personnelles.
La **4e semaine** : notez **cinq qualités** au minimum par jour.

Remarques :

- Ne ratez aucune journée. Respectez votre prescription comme s'il s'agissait d'un soin médical obligatoire.
- Si vous bloquez pour noter ne serait-ce qu'une seule qualité, un soir de la 1re semaine, n'abandonnez pas. Ce phénomène est courant chez ceux qui ne s'estiment pas suffisamment. Cela peut vous prendre quelques minutes avant d'en trouver une.
- Faire cette prise de conscience le soir permet de s'endormir sur une note positive.
- Vous remarquerez que certaines qualités reviennent régulièrement. Notez-les quand même. Vous découvrirez progressivement vos qualités stables. Elles sont récurrentes et vous caractérisent. La bonne vision de soi se base justement sur ces qualités stables.
- N'attendez pas de trouver des qualités extraordinaires pour noter vos qualités ordinaires que vous qualifiez déjà de «normales». Aucune qualité humaine n'est suffisamment «normale» pour ne pas être considérée. Le but n'est pas de découvrir à quel point vous êtes fantastique, mais quelles sont vos ressources au quotidien.
- Si vous ne ressentez pas de plaisir ou de satisfaction en trouvant vos qualités les deux ou trois premières semaines, n'abandonnez pas. Cela viendra progressivement.
- Si plusieurs qualités vous viennent à l'esprit dès la première semaine, notez-les.
- Certains d'entre vous, très investis professionnellement, vont peut-être réaliser au bout de deux ou trois semaines que les qualités notées sont relatives au contexte du travail. Dès lors, ajoutez toujours une autre qualité mise en action en dehors de ce domaine. C'est très important. Si vous ne renforcez que votre estime de soi en tant que professionnel, vous contribuez

à un déséquilibre dangereux. En effet, une erreur majeure, un licenciement, une faillite ou une mise à la retraite suffiront à vous faire vous écrouler en quelques jours si vous ne vous donnez pas de la valeur ailleurs.

• Aucune notation négative n'est permise. Les lacunes et les défauts sont suffisamment présents voire envahissants dans votre esprit pour ne pas faire l'erreur de les renforcer.

• Ceux qui n'aiment pas écrire ont la possibilité de ne pas noter entièrement les circonstances où les qualités sont appliquées. Par exemple, au lieu de noter dans l'agenda «J'ai téléphoné à notre cliente, Mme Dufour, pour résoudre le contentieux financier nous empêchant de lui livrer sa commande de matériel. J'ai été courageux, calme, poli, courtois, arrangeant, diplomate, efficace et rapide», vous pouvez inscrire toutes ces qualités d'abord et mettre entre parenthèses : (cliente). L'essentiel est la prise de conscience de ses ressources.

Complément pour la 3e semaine : chaque soir, **considérez la «Liste des qualités»** en annexe, avant d'inscrire vos qualités.

Cette liste a été composée en partie grâce aux annotations de mes patients et complétée par le travail de Jean Monbourquette[41] et de ses collaborateurs psychologues, également spécialisés dans l'approche thérapeutique de l'estime de soi.

De plus, pour ceux d'entre vous qui se sentiraient négatifs, pessimistes, déprimés ou anxieux, ajoutez une autre tâche. **Notez chaque soir,** dans le même agenda ou carnet, **un fait positif** qui s'est produit dans la journée.

À quoi cela sert-il ?

---

41. Jean Monbourquette, Myrna Ladouceur et Jacqueline Desjardins-Proulx, *Je suis aimable, je suis capable,* Ottawa, Éditions Novalis, Ouvrage épuisé.

Certaines personnes, selon les périodes ou de façon chronique, ne retiennent que les éléments négatifs de leurs journées. Est-ce votre cas? Il existe, alors, un dysfonctionnement de la perception et de la traduction cérébrale. Sur le plan de la perception, c'est comme si les faits négatifs recelaient plus d'intensité émotionnelle ou affective que les évènements agréables et positifs. En fin de journée, votre mental est alors plus marqué par les problèmes, les erreurs ou les échecs que par les choses positives qui se sont objectivement produites. Quand on a l'impression que, parce qu'un élément perturbateur est survenu à 17 h 12 alors que tout s'était bien déroulé jusqu'à 17 h 11, notre journée était médiocre, ratée ou nulle, notre humeur en pâtit et l'endormissement, la nuit venue, ne se fait pas dans de bonnes conditions. De plus, cela renforce l'idée que la vie est dure, voire qu'elle ne vaut pas tant la peine d'être vécue...

Cet exercice journalier consiste à rééduquer notre perception de la vie quotidienne selon des relevés objectifs, donc *réalistes*.

Le fait d'écrire ces faits positifs oblige à une prise de conscience volontaire au début. Lorsque vous vous apercevrez que vous donnez de l'importance aux faits agréables autant, voire plus, qu'aux faits désagréables, vous pourrez en conclure à l'émergence d'une nouvelle ouverture de conscience. Votre esprit est alors disposé autrement. Les effets bénéfiques sur votre moral ainsi qu'une nouvelle philosophie de la vie marqueront ce changement.

Remarques:
- Ne ratez aucune journée.
- Prenez en compte même un fait positif qui aurait pu, tout aussi «normalement», ne pas se produire. Par exemple: «J'ai mis 15 minutes en voiture pour rentrer au lieu de 30: pas d'embouteillages!»

Un fait, ici, n'est pas une qualité personnelle et n'y a pas fait appel. Vous n'y êtes pour rien. L'exemple précédent le montre. En revanche, si vous avez fait en sorte de finir à l'heure votre travail pour partir plus tôt (ce qui explique la voie libre), cela ne doit pas être inscrit dans «fait positif» mais dans «qualités». En effet, vous avez peut-être été rapide, ponctuel, décidé, efficace, déterminé ou que sais-je encore pour ne pas vous être laissé entraîner à faire du temps supplémentaire non indispensable ce jour-là.

Lorsque vous apprécierez pleinement, dans le «ici et maintenant», chaque fait positif ou chaque qualité mise en jeu au cours de la journée, vous pourrez cesser de les inscrire dans votre carnet. Je vous conseille un minimum de six mois d'application.

Cependant, en cas de coup dur, de baisse de moral ou d'estime personnelle, reprenez votre agenda et notez-les de nouveau pendant quelque temps.

CHAPITRE 14

Arrêtez de vous dévaloriser !

Clément a retrouvé un stylo à plume dans le fond de son tiroir. Il décide de l'utiliser. Soudain, il découvre ses doigts entachés d'encre ainsi qu'une large trace sur le papier. Il s'écrie : « Merde ! Mais quel con ! Quel con alors ! » Il n'y a pas d'autres mots, Clément s'insulte.

Indéniablement, les insultes sont des marques d'irrespect ; qu'on les profère à l'endroit d'autrui ou de soi-même. Et comme le dit le psychologue Nathaniel Branden, « si je suis le premier à me manquer de respect, il y aura toujours quelqu'un pour me prouver que j'ai raison » !

Se trouver de la valeur, quel que soit son statut dans la société, à travers l'acceptation de ses nombreuses qualités et ressources, est une chose. Se condamner ou répudier violemment une partie de nous-même, dans le même temps, conduit au sentiment inverse de l'estime de soi.

Si, malheureusement, certains d'entre nous ont été élevés dans un climat de dénigrements réguliers de la part de parents ou d'un environnement néfaste, il est injuste de continuer à traiter notre « enfant intérieur » sur le même registre. Car, si nous avons la possibilité de reconstruire notre estime, *nous avons aussi le pouvoir de la détériorer !*

Et désormais, nous disons : « Non ! »

Notre enfant intérieur continue de vivre en nous, même si nous sommes adultes. S'il a été blessé et si nous ne prenons pas soin de lui d'une façon respectueuse et sincèrement aimante, nous ne comblerons jamais nos blessures. Nous continuerons à nous montrer into-lérants envers nos dérapages, nos failles et nos échecs. *Nous devons impérativement cesser de nous insulter* à la moindre maladresse, au moindre oubli ou devant toute autre faute. En particulier, ne vous attribuez plus des traits négatifs irréversibles tels que «nul», «raté», «mons-trueux», «laid» ou encore «incorrigible». Imaginez que Clément voie plutôt son beau-fils de 11 ans (fils de sa compagne) tacher ses doigts et le papier avec un stylo qui fuit. Entendez-le crier: «Merde! Mais quel con! Quel con alors!» Vous êtes choqué? Je n'en douterais pas. Désormais, cela doit être aussi choquant de vous parler de cette manière, avec des paroles et un ton insultant, car vous vous adressez alors à votre enfant intérieur sans le savoir.

Nous sommes ici en plein cœur des *consignes très importantes à appliquer pour nourrir régulièrement l'acceptation et l'amour de soi.* D'un côté, nous apprenons à nous estimer en reconnaissant nos qualités (vision de soi) et de l'autre, nous devons abandonner toute attitude qui nous reléguerait dans un sentiment totalement inverse.

Je schématise la démarche de la façon suivante:

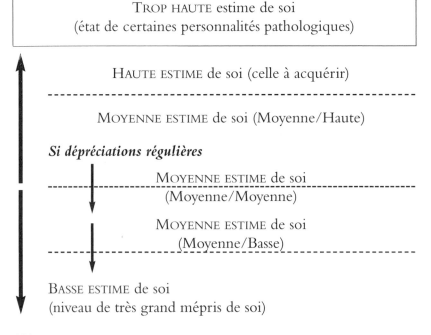

1RE CONSIGNE :

À partir d'aujourd'hui, retenez-vous de prononcer dans votre for intérieur ou à haute voix des insultes telles que «Quel con!»; «Que je suis nul»; «Quelle imbécile!»; «Je suis fou (folle), moi!» et j'en passe…

Si la phrase vous échappe, revenez immédiatement dessus en rectifiant (à haute voix ou pas) comme suit : «Non. Je ne suis pas… (nul, idiot, fou…) pour autant.» Procédez comme à une annulation. Ce qui est efficace aussi, c'est de stopper votre phrase au milieu et de ne jamais finir l'insulte que vous alliez formuler.

Si, malgré tout, vous avez envie d'exprimer votre rage contre une situation inattendue et désagréable (par exemple, en sortant de chez vous, vous avez oublié les clés enfermées à l'intérieur), criez «Merde! Que *c'est* con!», si cela vous soulage sur le moment, mais pas : «Que *je* suis con!» Petit détail qui n'en est pas un. Ne passez pas de temps à vous rendre coupable et à vous réprimander. Finalement, le plus sage est de trouver une solution immédiate à l'aide de la question : «Que puis-je faire pour limiter les dégâts, maintenant que c'est fait?» Puis d'en tirer une leçon pour éviter que cela ne se reproduise (décidez, par exemple, de fournir un double de vos clés à un voisin de confiance).

2^E CONSIGNE :

N'induisez plus des jugements négatifs à votre égard en commençant vos propos par : «Tu vas me trouver folle, mais tu sais ce que j'ai fait?» ou encore : «C'est peut-être idiot ce que je vais dire, mais…»

Dans un cas, nous portons une évaluation négative sur *notre personne* («Tu vas *me* trouver folle»); dans l'autre, sur *notre fonctionnement*. Le premier est plus négatif *a priori* du point de vue de l'estime de soi que le second mode («C'est peut-être idiot ce que je vais dire, mais…»). Selon moi, ce dernier est assez pernicieux, car il dévalorise l'auteur du propos qui suit.

Comme quand Marie demandait «Je peux poser une question idiote?», nous commençons parfois par énoncer que notre propos contient une partie à rejeter d'emblée. Nous projetons surtout notre propre avis sur nous-mêmes et craignons un tel jugement de la part de nos interlocuteurs. En apparence, c'est aussi pour ne pas être taxé d'un manque de lucidité sur notre intervention.

3ᴱ CONSIGNE:

Donnez du crédit à vos propos. Ne commencez pas vos phrases par «Non,… » alors que vous signifiez «Oui,… ».

Il n'est ni question d'un désaccord ni d'un refus ici. C'est au moment de renchérir ou de répondre par l'affirmative à une question de l'interlocuteur que certains d'entre nous ont ce réflexe. C'est d'ailleurs un automatisme non conscient. La plupart du temps, comme je l'ai déjà mentionné, la tête fait légèrement «non» en bougeant de droite à gauche en même temps. À quoi est-ce dû? Probablement à une pensée automatique sous-jacente qui pourrait être «Je vais dire des choses dont je doute de l'intérêt» ou à une autre conviction intime générant la crainte de ne pas être crédible.

Faites attention, le cerveau de vos interlocuteurs enregistre ce contraste au niveau de leur subconscient. Vous manquez secrètement de conviction quand vous prenez la parole sur ce mode et vous limitez, de fait, l'influence de votre apport.

4ᴱ CONSIGNE:

Ne minimisez pas vos propos par des mots comme «un petit peu» quand votre vraie intention est de vous prendre en compte sérieusement.

C'est une remarque apparemment anodine, mais qui comporte son importance quand on a le désir de se respecter. Si vous voulez commencer par prendre plus authentiquement en compte vos besoins, vos sentiments ou vos opinions, ne les minimisez pas quand vous osez les exprimer. Les mots parasites qui illustrent le plus souvent ce phénomène paradoxal sont: «un petit peu» ou l'adjectif «petit» placé un peu partout dans votre discours. Le but est sûrement d'atténuer la force du contenu de votre message afin de paraître doux, non exigeant, tempéré ou non déterminé. C'est un peu comme si vous redoutiez que l'on subodore une quelconque forme d'agressivité chez vous. La conséquence est telle que vous l'aviez pressentie : l'interlocuteur entend un besoin non exigé (ex. : « Je suis un peu gêné par le bruit que fait votre fils en jouant au ballon sur le mur de l'immeuble »), un goût atténué (ex. : « Je pourrais avoir une viande un peu plus cuite ? », alors que vous l'aimez *bien* cuite !), un sentiment, une émotion ou une douleur bien tempérée (ex. : « J'ai un peu mal au ventre » alors que votre douleur est spasmodique et puissante), un projet plutôt rêvé que programmé (ex. : « J'ai un petit conseil à vous demander » alors que vous en avez plusieurs, déterminants pour votre décision).

Vous l'aurez compris, avec ces quelques exemples, l'interlocuteur comprend ce qu'il entend de votre propre bouche. Vous respecter, c'est commencer à prendre conscience de la vraie intensité de vos sentiments, de vos émotions et de vos besoins et les exprimer de façon authentique.

5ᴱ CONSIGNE :

Ne détruisez jamais, par colère, les objets auxquels vous tenez. Ne détruisez pas vos constructions ou productions artistiques par déception et impulsivité.

À l'image de l'écrivain au pied duquel sont jetées à même le sol des dizaines de pages froissées en boules sur lesquelles à peine deux lignes sont inscrites, nous sommes capables d'actes impulsifs qui produisent plus de gâchis qu'autre chose. Ne jetez pas immédiatement à la poubelle un gâteau un peu brûlé tout juste sorti du four. Peut-être pouvez-vous en récupérer un goûteux morceau. Jetez ce qui est vraiment irrécupérable, mais évitez le geste impulsif du tout ou rien.

Si vous êtes déçu par votre production (manuscrit, peinture, sculpture, couture, dessin, etc.), ne déchirez rien, ne cassez rien tout de suite. Admettez que vous êtes, à certains moments, en manque d'inspiration, de concentration ou en état de non-disponibilité mentale. Un peu de tolérance pour vos faiblesses temporaires vous permet de laisser votre ouvrage de côté pendant quelques heures ou quelques jours et d'y revenir ensuite. Ne faites pas en sorte d'avoir à tout recommencer!

Par ailleurs, si, au cours d'une rare crise de colère, il vous vient à l'idée de prendre l'assiette de collection à portée de main pour la briser au sol, retenez-vous! Cet objet vous appartient et vous l'appréciez? Vous risquez des regrets inutiles…

6^E CONSIGNE :

Ne vous infligez aucun mal physique volontaire. Lorsque vous êtes malade ou blessé, soignez-vous!

L'automutilation n'est pas un acte que se réservent seules les personnalités schizoïdes. À des niveaux (très) subtils, elle existe chez des personnes qui ne s'aiment pas (*basse* estime de soi).

J'ai connu une patiente qui passait son temps à gratter des petites croûtes (une dizaine) sur ses jambes jusqu'à faire éclater l'opercule. Assise, en jupe d'été, elle avait ce geste réflexe tout en parlant. Un jour, je l'ai interrompue pour lui faire partager l'effet douloureux que cela produisait sur moi. Je lui ai dit avoir mal pour elle et que cela me perturbait. Sa réaction fut de s'excuser. De là, je lui répondis que la première excuse devrait s'adresser à la partie saine en elle, celle qui demande la guérison de ses souffrances morales et qui veut enfin se respecter. Apparemment, notre petite discussion fit son effet puisque je ne l'ai plus jamais vue se retirer les croûtes. Ses jambes furent entièrement cicatrisées en trois semaines.

Vouloir guérir notre corps blessé, brûlé ou malade et prendre les dispositions efficaces pour aller dans ce sens est relatif à la détermination légitime à préserver notre intégrité physique. Il existe un rapport direct avec *l'amour de soi*. Si on reprend la notion de l'existence de l'enfant intérieur, ne pas s'occuper de son corps blessé revient à négliger un enfant dont on devrait s'occuper de façon aimante et responsable. Le sentiment de mériter des soins médicaux en cas de nécessité doit désormais s'allier à la vigilance de ne pas se meurtrir volontairement. On doit apprendre à se sentir vivant autrement que grâce à la sensation de douleur…

Faites-vous du bien !

L'acceptation de soi est la reconnaissance, sans culpabilité ni honte, de ce que nous ressentons, de ce que nous pensons, de ce que nous faisons et de notre corps. L'acceptation de soi appartient au concept d'amour de soi.

Se «sentir bien dans sa peau» ressort sans aucun doute de cette notion. *Accepter* son corps tel qu'il est ou tel qu'il devient en vieillissant (ou à la suite d'un accident) ne veut pas obligatoirement dire qu'on *l'aime* tel qu'il est. Avez-vous un ami trop gros? Trop petit? Aux cheveux gris? Chauve? À la peau abîmée? L'aimez-vous ou le rejetez-vous pour autant? Que faites-vous lorsque vous ne supportez pas votre corps sinon le rejeter avec dégoût comme si celui-ci représentait votre identité par son simple aspect?

Notre plus grande vigilance à propos de notre corps ne devrait concerner ni sa forme ni son aspect mais plutôt ce qu'il subit (sensations, émotions, maladies, blessures...). Rappelons-nous que *rejeter la réalité est un obstacle au changement.*

De nombreuses approches, autres que cognitives et comportementales, tendent vers l'acceptation de soi. Elles font appel à la connaissance de notre corps, à l'acceptation de celui-ci par des techniques très diversifiées comme l'expression corporelle, les massages, les relaxations, le tai chi chuan, la bioénergie, le rebirth, etc. Ces approches s'appuient toutes sur la conscience de nos sensations corporelles et donc sur la perception d'être *vivant.* Accueillir ses sensations corporelles, cesser de les étouffer ou de les nier, donne accès aux sentiments et à la compréhension de ses besoins propres. De la sensation, nous passons à la perception et à l'acceptation de nous-mêmes. C'est une des finalités des thérapies à médiation corporelle. J'incite donc vivement ceux qui sont concernés à compléter l'approche appliquée dans cet ouvrage par un travail corporel établi dans ce but (attention, le sport peut apporter une meilleure confiance en soi mais pas nécessairement l'amour de soi).

Se respecter, c'est être convaincu de sa valeur personnelle. Or, les facteurs environnementaux et familiaux des anxieux sociaux ont rarement installé cette base fondamentale de l'estime de soi. Mériter le bien-être, le confort, l'épanouissement et le bonheur est une conception que les parents offrent par leur modèle de vie, leurs comportements, leurs attitudes vis-à-vis de leur propre corps, etc.

Le lecteur peut penser que s'il ne ressent pas cette conviction profonde d'avoir une valeur, il va lui être difficile de se respecter. C'est logique, mais contournable. En effet, en pratique thérapeutique, je n'espère pas que mes patients gagnent, *seuls,* ce sentiment d'amour profond pour eux-mêmes. Sans pratique, cela risque d'être très long. Le travail d'un thérapeute consiste à accompagner ses patients le plus efficacement possible dans cette voie.

Il existe des attitudes et des choix de comportements qui engagent le respect de soi. Progressivement, celui-ci prendra une importance capitale et indispensable à votre quotidien. Ne perdez pas de temps!

1RE CONSIGNE :

Occupez-vous de votre corps gentiment et joliment.

Se brosser les dents et se laver sont des soins hygiéniques. La majorité d'entre nous nous prodiguons ce type de soins quotidiens. Les sans-logis ont, pour beaucoup, perdu une telle estime que même leur dignité n'est pas préservée : ils ne se lavent plus quand les animaux continuent à le faire. Cependant, les soins prônés pour l'amélioration de l'amour de soi sont d'un autre ordre. Ce sont tous les soins corporels relatifs au plaisir et non au devoir. Comment allier les deux?

Utilisez un savon dont la texture et l'odeur vous ravissent. De même pour une crème hydratante. Cela devient un petit luxe essentiel dont le prix sera vite oublié. Pour les femmes, accompagnez votre geste d'application d'une crème avec la conscience du «ici et maintenant»; faites-le posément; massez-vous lentement sans friction intensive et ne pensez à rien d'autre qu'à la sensation agréable. Touchez et sentez votre peau après ces soins. Faites ressurgir votre féminité : allez chez le coiffeur, osez changer de coupe ou de couleur, maquillez-vous, offrez-vous de nouveaux produits, soignez vos ongles... Pour les hommes et les femmes, allez au hammam, au sauna, faites-vous masser, faites-vous faire une manucure, une pédicure, un soin esthétique professionnel ou faites-vous bronzer de temps en temps.

Bref, faites-vous plaisir et donnez-vous bonne mine! Ne doutez pas qu'en plus de vous, votre entourage appréciera.

2^E CONSIGNE :

Recherchez systématiquement votre confort!

Asseyez-vous sur les sièges, fauteuils et canapés qui vous conviennent avec le seul critère de vous sentir confortable, quand vous avez le choix.

Si vous êtes courbaturé chaque matin, changez enfin de matelas. Nous passons le tiers de notre vie dessus!

3^E CONSIGNE :

Décorez votre intérieur avec goût et harmonie.

Personne n'est obligé de garder à vie la commode donnée par des parents ou une grand-mère lors de son installation. Si vous avez chez vous des meubles, des objets, des bibelots, des rideaux désuets, d'une autre époque ou qui vous sont désagréables à l'œil, donnez-les ou mettez-les à la cave. Vous pouvez même les vendre. Bref, faites le ménage et agrémentez votre lieu de vie avec des meubles et des objets à votre goût. Parfois, il suffit simplement de changer certaines choses de place. Ajoutez, enlevez, modifiez...

Attention, l'œil s'habitue à la dysharmonie des formes, des styles et des couleurs. Dès aujourd'hui, regardez attentivement votre maison et faites des observations comme si vous étiez un étranger de passage. Ne vous habituez plus à la médiocrité !

4^E CONSIGNE :

Améliorez votre environnement sonore.

Des bruits de toutes sortes nous entourent. Certains passent inaperçus mais d'autres peuvent particulièrement être pénibles et stressants. Avons-nous les moyens d'y échapper ? Dans l'absolu, ne l'espérons pas. Le vivant fait du bruit ! Cependant, nous sommes souvent en mesure de choisir de l'atténuer ; soit mentalement (avec de l'entraînement), soit concrètement.

Tout d'abord, nous pouvons consciemment refuser d'habiter une ville ou une rue bruyante si nous sommes sensibles au bruit. La plupart des personnes concernées le font déjà.

Mais que faisons-nous de voisins bruyants ? Se respecter consiste aussi à faire respecter sa quiétude. Dans ce cas, frapper à leur porte pour leur demander gentiment une modification de la situation est de bonne inspiration. S'affirmer se manifeste aussi en osant formuler une critique constructive. Si cela ne donne pas suffisamment de bons résultats ou si on devine l'inutilité d'une telle demande (par exemple, la présence d'un enfant qui pleure régulièrement), il nous reste à prendre notre mal en patience tout en élaborant des moyens efficaces pour qu'il s'atténue.

Je me souviens d'avoir écouté une femme se plaindre des bruits de rue et de voisinage qu'elle disait ne plus supporter, car elle n'en dormait pas la nuit. Alors que nous étions deux à lui suggérer de placer des bouchons dans les oreilles, elle rétorquait, sans discontinuer : « Ah ça, non ! Je ne supporte pas les boules Quies ! » Nous lui parlions de différentes marques et genres de bouchons, mais qu'importe, elle affirmait ne pas les supporter. Que vaut-il mieux supporter pour mieux dormir, alors ?

Dans un tout autre ordre, se faire plaisir « par les oreilles » relève du choix d'écouter plus souvent des musiques ou des chansons qui vous apaisent ou qui vous font vibrer. La musique est universelle. Il y a une raison à cela : elle parle à notre âme…

5^E CONSIGNE :

Faites-vous régulièrement plaisir par le goût.

Ceux et celles qui suivent continuellement un régime amaigrissant se battent avec leur frustration et craquent parfois, mais avec un plaisir gâché par la culpabilité. Comme c'est dommageable pour la paix de l'esprit…

Mangez de temps en temps du chocolat, une excellente pâtisserie ou du très bon fromage même si cela est quelque peu onéreux. Il est alors hors de question de s'alimenter conjointement de reproches, de culpabilité et de regrets. Assumez pleinement le plaisir avant, pendant et après. Il est vrai que ceux qui n'ont pas de soucis de prise de poids par ces aliments «défendus» ont plus de chances d'assumer leurs plaisirs gustatifs. Si vous êtes dans ce cas, prenez-en conscience et profitez-en !

On dit que les gourmands et les amateurs de grands vins aiment la vie…

6^E CONSIGNE :

Faites-vous plaisir tous les jours, dès le matin !

Que vous alliez travailler ou non, prenez de nouvelles habitudes pour inclure systématiquement un maximum de plaisir dès la première heure après le réveil. Pour cela, quelques-uns devront peut-être se lever 15 minutes plus tôt. Et pourquoi pas ?

Nous répétons tous des rituels avant de sortir pour emmener les enfants à l'école ou pour nous rendre au travail. Ceux-ci sont des automatismes installés souvent dans le seul but d'agir dans un minimum de temps. Or, ce moment de la journée est généralement sous-tendu de stress, ne permettant que peu de place pour l'imprévu. Vous pourriez démarrer la journée autrement : dans le calme et la bonne humeur. Comment ?

Utilisez vos cinq sens et nourrissez-les. Voici quelques idées :

- Prendre une meilleure marque de café ou de thé.
- Aller se chercher du pain frais ou des viennoiseries.
- Se presser un vrai jus d'orange.
- Prendre un bain au lieu d'une douche rapide.
- Mettre de la mousse ou des huiles essentielles dans le bain.
- Écouter les informations à la radio ou un disque choisi et différent chaque jour.
- Faire quelques exercices physiques.
- Faire une petite méditation (si on est formé).
- Porter de jolis vêtements.
- Se maquiller (pour les femmes).
- Déjeuner assis.
- Déjeuner dans une pièce agréable ou au lit.
- Aller faire un tour dans son jardin.
- Arroser quelques plantes.
- D'autres? À vous d'en inventer!

Pour ma part, quand je suis à mon domicile, je prends mon déjeuner sur un petit plateau que je pose sur le rebord de la baignoire remplie d'eau chaude moussante, tout en écoutant les informations à la radio. Je patauge pendant 20 minutes et profite pleinement de ce moment pour me réveiller correctement sans aucun stress. C'est aussi un temps de réflexion et de visualisation de la journée qui se prépare. Quel régal!

7ᵉ CONSIGNE :
Quand vous êtes trop fatigué, reposez-vous!

Je suis la première à m'obliger à respecter cette consigne, tant j'aime travailler quitte à me pousser jusqu'à la fatigue. Il y a quelques années, j'ai frôlé à trois reprises le *burn-out* (épuisement professionnel sans dépression). Je supporte mal le manque de sommeil. Cependant, il faut savoir aussi respecter ses limites mentales et physiologiques. Si je n'ai pas subi la série de symptômes du *burn-out,* il y a une raison claire : j'ai réagi rapidement dès les premiers signaux d'alerte.

Certains se fatiguent avant d'autres en réalisant la même tâche ou en adoptant le même style de vie. Il revient à chacun de reconnaître les premières alertes de dépassement de ses limites. Une bonne et longue nuit de sommeil ainsi que la planification d'activités (ou de non-activités !) plaisantes et calmantes viennent rapidement à bout de la fatigue. Passé la phase de *burn-out,* ce n'est plus suffisant. Le repos forcé et l'arrêt de travail deviennent les seuls remèdes. À vous de ne pas en arriver là.

8ᴱ CONSIGNE :

Si le ménage ou le repassage vous rebutent, payez les services de quelqu'un.

Une femme de 40 ans se justifiait de ne pas pouvoir passer beaucoup de temps à sortir les fins de semaine avec son mari et ses enfants par : «Je n'ai pas le temps ! Je voudrais bien aller avec eux en forêt, mais j'ai mon repassage et mon ménage à faire !» Notez en passant qu'elle s'attribue d'emblée cette tache en prononçant «mon» repassage et «mon» ménage. S'il est des taches auxquelles nous ne pouvons échapper, certaines sont cependant propices à la délégation. Le ménage et/ou le repassage, par exemple. La plupart des gens qui m'entourent (pas tous) se sentent stressés à l'idée de consacrer des heures à une tâche qu'ils trouvent sans intérêt. Est-ce votre cas ?

L'idée même de s'atteler à ce qui devient une véritable corvée pompe une énorme énergie et joue sur l'humeur tant que la tâche n'est pas effectuée. Autrement dit, elle semble prendre plus de temps et d'énergie psychique que l'action elle-même n'en demande.

Plutôt que de gâcher votre humeur, d'ajouter à votre fatigue liée au travail et de sacrifier chaque semaine des moments de votre vie pour réaliser une tâche qui ne vous fera pas évoluer (sauf si vous pratiquez la méditation zen !), assurez-vous que quelqu'un s'occupe à votre place de cette corvée. Vous serez libéré d'un grand poids.

J'entends déjà certains rétorquer : «Oh ! mais je n'ai pas les moyens !» *A priori,* c'est effectivement notre première impression. Une personne qui ne travaille pas reçoit effectivement de faibles revenus. Mais dans ce cas, elle a largement le temps de s'occuper du ménage et du repassage. Ce qui n'enlève rien à sa possibilité de choisir si elle délègue le ménage ou pas. De nombreuses femmes s'occupent seules de leurs enfants à la maison, sans pouvoir travailler, mais ce n'est pas pour autant qu'elles ont le temps ou le goût de faire du ménage et du repassage. Bon nombre d'hommes n'iraient d'ailleurs pas les remplacer!

Si vous travaillez, vous avez un vrai choix. Vous êtes sûrement capable de consacrer un budget chaque semaine à deux, trois ou quatre heures de ménage ou de repassage. Cela peut même être tous les 15 jours. Calculez. Le plus important maintenant, c'est de concevoir votre vie sans vous imposer des obstacles qui vous mettent de mauvaise humeur et gâchent votre joie.

J'ai compris cette notion personnellement et je l'ai appliquée dès l'âge de 24 ans. Je venais à peine de m'installer professionnellement. J'ai eu recours à une femme de ménage et c'est toujours le cas aujourd'hui. Pourtant, je n'étais vraiment pas riche… J'ai fait moins de frais ailleurs et plus de liberté dans ma tête et dans ma vie. Et cela, *quand on est stressé* à l'idée de devoir accomplir des tâches ménagères, ça n'a pas de prix!

9ᴱ CONSIGNE :

Parlez-vous avec amour. Utilisez des petits noms doux et gentils à votre encontre.

Pour pallier au dénigrement trop fréquent chez ceux qui ne s'estiment pas suffisamment, je propose un autre comportement. Cela va sûrement vous surprendre. Appelez-vous souvent par des mots comme «ma chérie», «mon cher», «chéri», «doudou», «ma grande», «mon grand», «champion», «ma belle» («ma vieille» n'est pas recommandé!) ou tout autre surnom que votre enfant intérieur aime entendre. Surprenant, n'est-ce pas? Pourtant, bon nombre de personnes qui s'acceptent et se respectent usent de ces surnoms sans même en être tout à fait conscientes. S'interpeller de cette façon rend vos injonctions moins rudes. Au lieu de vous dire par exemple «Allez, sors! Va te prendre un café!», vous pouvez exprimer dans votre for intérieur : « Allez, ma grande ! Tu as bien bossé. Sors donc 10 minutes te prendre un café ! » C'est protecteur et gentil.

Pour ma part, j'ai deux formules assez régulières. Quand j'ai fini de me pomponner et que je jette le coup d'œil final dans le miroir, je me dis : « T'es belle, ma fille ! » La deuxième circonstance est quand je ressens de la fatigue tard le soir et que je travaille encore à mon bureau. À ce moment, je m'aide à sortir de là en me lançant : « Allez, chérie ! Au dodo ! » (En fait, j'ai d'abord entendu ces deux phrases dites par ma mère.)

En résumé, traitez-vous comme vous traitez probablement vos propres enfants (avec respect et amour). Interpellez-vous aussi par des « chéri », « mon cœur » ou d'autres petits mots empreints d'amour… N'ayez pas honte, et riez avec vous-même !

CHAPITRE 16

Faites-vous confiance !

Dans ce chapitre, nous allons être très concrets. Il arrive un temps où il faut aussi cesser de tergiverser et passer à la pratique afin d'en constater les effets. Notre objectif est de remonter et de maintenir votre estime de soi à un niveau haut et le plus stable possible. Pas de mystère, ceux qui y parviennent en font une démarche quotidienne, à vie…

Certes, prenez le temps de remettre en question vos idées sur vous-même et sur les autres, ainsi que celles concernant la réalité. Mais ce n'est pas suffisant pour acquérir une meilleure confiance en vous. Il vous faut vous comporter autrement et provoquer volontairement de nouvelles expériences par l'action.

Si, toute notre vie, nous appuyons sur les mêmes « boutons », nous aurons toujours les mêmes résultats. Pour changer, nous devons actionner des boutons jusque-là non utilisés. Nous avons les ressources pour le faire.

Retenez et appliquez quotidiennement ceci :
- Faites mentalement des confrontations par questionnement de vos convictions (cognitions) quand vous n'osez pas agir.
- Ouvrez votre esprit et expérimentez des situations nouvelles.
- Écoutez votre interlocuteur plutôt que d'être centré sur l'image que vous donnez.
- Parlez de vos erreurs comme de vos succès.

- Soyez ouvert aux critiques justes. Cherchez des solutions.
- Soyez ouvert aux compliments en les intégrant et en remerciant.
- Parlez clairement de façon audible. Articulez. Finissez toujours vos phrases. Jouez des intonations.
- Souriez sincèrement et soyez en phase avec les autres.
- Marchez de façon assurée.
- Prenez soin de votre aspect physique : soyez satisfait de votre présentation.
- Tenez-vous droit, sans rentrer la tête dans les épaules.
- Restez en équilibre sur vos pieds.
- Regardez plus souvent dans les yeux.
- Lâchez prise et amusez-vous avec les autres !

N'hésitez pas à prendre modèle sur ceux et celles qui vivent selon ces principes.

Aussi, il faut savoir se faire aider, par un livre comme celui-ci, certes, mais si ce n'est pas suffisant, par un thérapeute ou un groupe de développement personnel. Vous aurez tout à y gagner !

Dès à présent, appliquez les principes élaborés dans ce livre et, à l'issue de quatre mois, remplissez de nouveau le questionnaire de Rosenberg. Vérifiez vos progrès.

Ne cessez jamais d'améliorer puis de nourrir votre estime personnelle. Elle est fluctuante. Stabilisez-la à son niveau le plus haut (Rosenberg à 40 points) en vous regardant positivement et en agissant pour créer la vie que vous souhaitez.

CHAPITRE 17

Osez les compliments, les demandes, les refus et les critiques constructives

➤ Les compliments

Si la plupart des anxieux sociaux s'accommodent mal des petits cadeaux qu'on leur fait et des compliments, une partie seulement n'ose pas formuler les compliments qui leur viennent à l'esprit. Et c'est bien dommage…

Là encore, des convictions erronées en sont la cause. Dans leur for intérieur, ces anxieux sociaux se disent « C'est ridicule » ; « Il va penser que je le flatte » ; « Il va croire que je le drague » ou encore « Il va croire que je cache quelque chose ». Ils projettent sur autrui ce qu'ils interprètent eux-mêmes lorsqu'ils reçoivent des compliments.

L'esprit des gens est plus simple que cela. De plus, une partie de la population s'estime de valeur et reçoit pleinement les félicitations, les remerciements et les compliments sans douter de la sincérité de leur auteur. Alors, n'hésitez pas à faire plaisir. D'un autre côté, vous vous faites du bien, car vous exprimez ce que vous pensez. S'exprimer avec justesse, c'est s'affirmer.

Il reste une petite chose à éviter lorsque vous formulez un compliment : allez jusqu'au bout de votre authenticité et ne formulez pas de compliment à la troisième personne du singulier en présence de la personne concernée. Ne dites pas : « *Elle* est toujours bien habillée », mais : «J'aime ta façon de t'habiller. *Tu* es toujours élégante !» Autre exemple entendu à éviter : « On s'est mise sur son 31 aujourd'hui ?» ; il y a certes une remarque, mais rien n'affirme qu'il s'agit d'un compliment. Impliquez-vous et adressez-vous directement à la personne.

J'ai en tête une histoire simple de dérapage de la part d'un de mes patients. Un matin, celui-ci voit sa fille arriver dans le salon vêtue d'une jupe mi-longue. Une première ! Elle était toujours en pantalons. Son père était ravi. Savez-vous comment il le lui a montré ? Il s'est exclamé : « Oh ! Mais tu n'as pas mis ton sac à pommes de terre aujourd'hui ?» La jeune fille est repartie immédiatement dans sa chambre en pleurant et a remis… un sac à pommes de terre !

S'exprimer, c'est s'affirmer certes, si on le fait correctement…

Je profite de ce sujet pour dire (ou rappeler ?) au lecteur parent que la façon d'aider les enfants à découvrir en eux-mêmes ce qu'ils ont de positif et à avoir une bonne opinion d'eux-mêmes passe obligatoirement par les compliments, les encouragements et les félicitations. Un seul des parents ne suffit pas. Les deux doivent s'y atteler avec sincérité. Aussi, vous pouvez apprendre à vos enfants à être attentifs aux compliments et à les accepter.

➤ Les demandes

Osez-vous demander de l'aide ? Osez-vous demander un renseignement ? Osez-vous dire que vous n'avez pas bien compris à un supérieur hiérarchique ou à un professeur ? Osez-vous demander un prêt ou réclamer une augmentation ? Si c'est rarement votre cas, n'allez plus chercher trop loin les raisons. En superficie, il y a la peur et derrière, des croyances bien vivaces. Voici toutes celles que j'ai répertoriées avec mes patients qui hésitent parfois à demander :

LES OBSTACLES POUR OSER DEMANDER

1. Peur du refus
2. Peur de devoir me justifier
3. Peur qu'on me demande quelque chose en retour
4. Peur de me sentir redevable
5. Peur du chantage futur
6. Peur de commander
7. Ne pas me sentir en droit de commander (ex. : femme de ménage)
8. Idée qu'on ne va pas en tenir compte
9. Peur de déranger
10. Il ne faut pas s'imposer (demander = imposer)
11. Crainte que l'autre se sente obligé
12. Il ne faut pas quémander (demander = quémander)
13. Demander, c'est s'abaisser
14. Demander = faiblesse
15. Demander est la preuve que je ne suis pas autonome
16. Peur d'être maladroit et de mal m'exprimer
17. Peur d'être remarqué, d'attirer l'attention
18. Peur d'être ridicule (ex. : poser une question)
19. Sentiment de ne pas mériter
20. Peur d'être jugé : incompétent, idiot, mal organisé, faible, profiteur, dépendant, pas débrouillard, ignorant, inculte, radin, mesquin, paresseux, égoïste, emmerdeur, pas professionnel(le), mal compris, intéressé…
21. Peur de déplaire
22. Peur de blesser l'autre ou de le contrarier
23. Peur de me surestimer (ex. : augmentation de salaire)
24. Peur de ne pas être dans mon droit (crainte de ne pas être légitime)
25. Être impressionné par la personne
26. Peur de la réaction agressive de l'autre
27. Peur du scandale
28. Peur de me dévoiler
29. Peur de dévaloriser l'autre par une demande non ordinaire

30. Peur d'être dépossédé si l'autre prend tout en charge
31. Peur de devoir établir des relations
32. Peur de l'acceptation (car succès à la clé)
33. Peur du changement
34. Difficulté liée à la langue différente
35. Peur de rougir
36. Peur de l'anxiété de l'autre

Comment débloquer la demande?

En premier lieu, utilisez la démarche cognitive de confrontation entre ce que vous vous dites et votre réel.

J'ai l'exemple d'une femme célibataire de 42 ans, antiquaire à Paris, qui s'irritait de ne pas oser demander à sa femme de ménage de coudre un bouton ou d'aller faire quelques courses alimentaires. Elle savait que ce n'était pas tout à fait normal et voulait en comprendre les raisons. Mon travail de thérapeute cognitiviste consiste à l'aider dans ce sens. Il existe une méthode à la fois stricte et simple à appliquer. Elle demande cependant beaucoup de concentration, car la confrontation peut être très longue. Le dialogue socratique que je souhaite retranscrire ici a trouvé sa finalité en moins d'une demi-heure.

Thérapeute : « *Comment vous sentiriez-vous si vous lui demandiez de faire de la couture ou des courses pour vous ?*
Patiente : *Mal, justement !*
— *Mais encore ? Spécifiquement[42] ?*
— *Coupable,… embarrassée… maladroite.*
— *Pourquoi coupable ?*
— *J'aurais l'impression de l'exploiter !* (1re cognition)
— *En quoi vous l'exploitez ? Vous la payez ?*
— *Bien sûr. Cher, même. Plus cher que le taux horaire habituel ici.*
— *Si vous la payez, en quoi vous l'exploitez ?*
— *Je ne sais pas. C'est l'idée que je m'en fais.*

---

42. Consultez la classification des émotions en annexe. Vous gagnerez en précision de vocabulaire pour décrire vos sensations, émotions et sentiments.

— *Je ne sais pas non plus. Peut-être que vous l'exploitez ; c'est ce que nous vérifions. Quand vous lui parlez, lui parlez-vous correctement ?*

— *Absolument ! C'est pire que ça. Chaque fois que je veux lui demander quelque chose, comme faire les vitres, je ne sais pas comment tourner ma phrase ; alors ça devient : « Ça ne vous dérange pas si je vous demande de faire les vitres ? »*

— *Effectivement. Vous êtes très prudente. Mais est-ce que cette femme rechigne à faire les choses ?*

— *Non, pas du tout !*

— *Elle ne râle pas ou ne grimace pas ?*

— *Pas du tout.*

— *D'où sortez-vous l'idée que vous l'exploitez ?*

— *… Ça y est ! Je vois ! Je viens d'une famille du nord de la France, ouvrière et communiste en plus…*

— *Et vous êtes antiquaire à Paris…*

— *Oui, répond-elle en souriant. Toute mon enfance, j'ai entendu des discours négatifs sur les patrons. « Il n'y a que l'argent qui les intéresse ! » ; « Ils nous exploitent » ; des choses comme ça. Vous voyez, j'ai baigné dans « Les patrons sont des exploiteurs » (2ᵉ cognition)… La lutte des classes, quoi !*

— *Vous y croyez ?*

— *Non.*

— *Et pourtant, si. Quelque part… »*

Une fois les cognitions décelées, le thérapeute démarre la phase suivante : confrontation avec le réel de son patient.

Thérapeute : *« Un patron qui exploite, c'est quoi ?*
Patiente : *Quelqu'un qui retire un grand bénéfice financier du travail d'employés qu'il paye mal… Quelqu'un qui ne respecte pas ses employés sur le plan humain… C'est ça, non ?*

— *J'en donnerais la même définition. Voyez-vous autre chose ?*

— *Non.*

— *Moi non plus. Bien. Vous êtes la patronne de votre femme de ménage en quelque sorte ?*

— *Oui, c'est vrai.*

— *Vous l'exploitez ?*

— *Non, pas du tout.*

— *Pourquoi ? Vous êtes patronne, non ?*

— *Oui, mais je la respecte totalement. D'ailleurs, on s'aime beaucoup. Elle me parle de sa vie… elle se fait un petit café en arrivant.*

— *Ça fait longtemps qu'elle travaille pour vous ?*

— *Quatre ans.*

— *Elle a du travail ailleurs ?*

— *Oui, beaucoup.*

— *Et depuis quatre ans, si vous l'exploitiez, croyez-vous qu'elle aurait été capable de vous quitter ?*

— *Sans problème !*

— *Qu'est-ce qui fait qu'elle reste ?*

— *Elle aime travailler chez moi, je crois. Elle est très bien payée et notre relation est sympathique… Non, c'est sûr : je ne l'exploite pas !!! »*

(Fin. Mais à ce moment, la patiente soumet un autre souci. Cette fois, sa résolution se fait par une approche comportementale.)

Patiente : *« D'accord. Mais mon autre problème, c'est que je ne sais pas comment lui demander de me faire les courses ou de me coudre un bouton. Votre femme de ménage, elle fait ça ?*

Thérapeute : *Oui. Nous allons faire un mini jeu de rôle. Je représente votre femme de ménage. Allez-y.*

— *Dites-moi, Nadia, ça ne vous dérangerait pas d'aller me faire quelques courses, car je rentre tard ce soir et je n'ai pas le temps de…*

— *O.K., je coupe. Ne me demandez pas si cela me dérangerait. Je suis payée pour vous aider à l'intendance et je le sais. C'est même une évidence pour moi. Vous demanderiez à l'employée de votre boutique si cela ne la gêne pas de faire telle ou telle chose pour laquelle elle est embauchée ?*

— *Si, justement ! J'ai exactement le même problème avec mon employée !*

— *Bon, eh bien, on résout deux choses à la fois.*

— *Comment demandez-vous à votre femme de ménage, vous ?*

— *Toutes les tâches ont été précisées dès le début. J'ai tout envisagé. En fait, je ne la vois pas ou très rarement ; alors je lui laisse un mot si j'ai une demande particulière. D'ailleurs, j'en ai un de prêt pour demain ; je vais vous le chercher... Regardez : la note se présente comme ceci : « Bonjour Ella ! Porter pantalon à nettoyer. Coudre bouton manteau bleu (bouton dans poche). »*

— *C'est tout ?*

— *Oui, pourquoi ?*

— *Eh bien, quand j'écris une consigne, je m'aperçois que j'écris de longues phrases avec « Pourriez-vous... ».*

— *Ce n'est pas indispensable.*

— *Bon, c'est simple alors !*

— *On refait le jeu de rôle, mais pour une consigne orale encore. Énoncez ce que vous voulez, pas ce qu'elle aimerait.*

— *Nadia, pouvez-vous me chercher des courses (liste jointe) aujourd'hui ? Je rentre tard ce soir et je n'ai rien dans le frigo...*

— *Stop ! Votre femme de ménage comprend sûrement pourquoi vous avez besoin d'elle. Elle n'a nul besoin de votre justification. Que vous rentriez tard ou non ne change rien à votre légitimité à demander qu'elle fasse vos petites courses.*

— *C'est vrai. Je recommence : Nadia, pouvez-vous me faire des courses aujourd'hui ?*

— *Oui, bien sûr.*

— *Et il faudrait recoudre le bouton de cette chemise, aussi.*

— *D'accord.*

(Fin du jeu de rôle)

Thérapeute : *C'est excellent !*

Patiente : *Bon, finalement, c'est simple. Je vais faire comme ça. Avec mon employée de la boutique aussi. »*

La semaine suivante, cette patiente m'annonça avec grande satisfaction que non seulement elle avait simplifié ses demandes comme on l'avait travaillé mais qu'en plus, sa culpabilité avait totalement disparu autant vis-à-vis de sa femme de ménage que de son employée.

Si vous avez quelques soucis pour demander, utilisez la stratégie en deux temps : remettez en cause vos cognitions inhibitrices sous forme de dialogue socratique, puis préparez-vous à une formulation simple et claire. Mixez le tout et servez en action !

➤ Les refus

Procédez de la même manière pour les refus que vous souhaitez formuler que pour les demandes.

Tout d'abord, examinons les obstacles possibles :

LES OBSTACLES POUR OSER REFUSER

1. Peur de ne pas être aimé, estimé, approuvé
2. Peur de blesser l'autre
3. Peur du conflit
4. Peur de mettre l'autre dans l'embarras
5. Peur d'être culpabilisé
6. Peur de ne pas donner la bonne réponse
7. Peur de ne pas avoir la bonne solution (penser que l'autre a raison)
8. Obligation de rendre service (sentiment)
9. Sentiment d'être redevable d'un service rendu antérieurement
10. Peur d'être jugé : pas à la hauteur, incompétent, pas serviable, égoïste, radin, méchant, indifférent, non fiable, incompréhensif, ingrat, inhumain, sans cœur, pas sympa, jamais content, pas solidaire, faible, de mauvais goût…
11. Peur que l'autre interprète que je ne l'aime pas
12. Peur de décevoir
13. Peur de m'imposer (imposer un «non»)
14. Peur d'être exclu d'un groupe
15. Peur de devoir me justifier
16. Peur de faire de la peine
17. Peur de perdre un ami (rupture)
18. Peur d'un refus futur de la part de l'autre

19. Peur de me sentir coupable (sans qu'on me culpabilise pour autant)
20. Ne pas faire la différence entre une demande légitime ou non

Confrontez vos freins au refus

Confrontez chacune de vos cognitions avec la méthode de dialogue socratique rigoureuse dont nous avons vu le principe.

Si vous n'avez pas de thérapeute cognitiviste sous la main, faites-le seul ou avec quelqu'un de confiance qui ose refuser sans se culpabiliser inutilement. Voici cependant quelques questions de base pour confronter votre peur de refuser. Adaptez les questions au cas par cas.

1. Peur de ne pas être aimé, estimé, approuvé
• Ce refus risque-t-il vraiment de changer l'état affectif de l'autre à mon égard, et ce, définitivement?
• Dans le pire des cas, si cette personne m'en veut au point de ne plus m'apprécier, est-ce si grave?
• Ai-je à ce point besoin de l'amour et de l'estime de tout le monde?
• Vais-je survivre à cela?
• Vaut-il mieux me respecter cette fois ou continuer à être persuadé sans preuve que ce refus aura des conséquences à long terme sur l'estime que l'on me porte?

2. Peur de blesser l'autre
• Qui me dit que je vais le «blesser»?
• Le mot employé n'est-il pas trop fort?
• Cette personne ne serait-elle pas capable de s'en remettre?
• Ma façon de lui répondre serait-elle «blessante»?

3. Peur du conflit
• Cela devrait-il vraiment générer un «conflit»?
• Si conflit il y a, existe-t-il déjà ou vais-je le créer avec ce refus?
• Si l'autre ne peut pas supporter que je me respecte en refusant cette fois, suis-je obligé de m'y soumettre?
• Puis-je faire en sorte d'être empathique dans ma réponse pour éviter un conflit éventuel?

- Si conflit il y a, cela peut-il se résoudre?
- Au pire, s'il y a conflit, est-ce si insupportable que cela?

4. Peur de mettre l'autre dans l'embarras
- Est-ce que *je* le mets dans l'embarras ou y est-il déjà avant de me demander?
- Si je ne peux pas répondre totalement à sa demande cette fois, le mets-je *davantage* dans l'embarras?

5. Peur d'être culpabilisé
- Cette personne est-elle si douée pour me faire sentir coupable?
- Si oui, puis-je me préparer d'avance à lui répondre en quoi j'ai le droit de respecter mes besoins?
- Si c'est son habitude de culpabiliser les autres au moindre refus, suis-je obligé de m'y soumettre à longueur de vie?
- Quand arrêterai-je de m'y soumettre?
- Suis-je vraiment en faute dans ce refus?

6. Peur de ne pas donner la bonne réponse
- Sur quels critères «faut-il» que je réponde?
- Qu'est-ce qu'une bonne réponse dans un refus?
- «Bonne» pour qui?
- «Bonne» avec quelles conséquences?

7. Peur de ne pas avoir la bonne solution (penser que l'autre a raison)
- Puis-je, peut-être, prendre un temps de réflexion pour vérifier si l'autre a effectivement raison?
- Est-ce si grave de ne pas avoir le même avis?
- Puis-je argumenter mais aussi écouter les besoins et le point de vue de l'autre sans me sentir menacé?
- Quels sont mes besoins et mes envies sur ce sujet? (ex.: décision en couple d'un lieu de vacances)

8. Obligation de rendre service (sentiment)

9. Sentiment d'être redevable d'un service rendu antérieurement
- Puis-je rendre service à un moment plus propice pour moi ?
- Puis-je montrer mon empathie pour le problème de l'autre tout en refusant cette fois ?
- Suis-je en train de pervertir de mon côté le principe de réciprocité ?
- Ai-je déjà rendu des services ou renvoyé l'ascenseur auparavant à cette personne ?
- Est-ce que je lui suis redevable à vie ?

10. Peur d'être jugé : pas à la hauteur, incompétent, pas serviable, égoïste, radin, méchant, indifférent, non fiable, incompréhensif, ingrat, inhumain, sans cœur, pas sympa, jamais content, pas solidaire, faible, de mauvais goût
- Suis-je vraiment… incompétent, incompréhensif, etc. ?
- Comment puis-je être si sûr des jugements internes des autres ?
- Dans le pire des cas, on penserait cela de moi, est-ce si important ?

11. Peur que l'autre interprète que je ne l'aime pas
- Refuser quelque chose à quelqu'un prouve-t-il qu'on n'apprécie pas la personne ?
- L'autre est-il assez rationnel pour faire la différence entre un respect de mes besoins et un rejet de sa personne ?
- Est-ce que j'ai montré à cette personne en d'autres circonstances que je l'aimais ?
- Lui ai-je déjà montré que je ne l'aimais pas ?

12. Peur de décevoir
- Peut-on se remettre d'une déception ?
- Cela aurait-il des conséquences à long terme ?
- Dois-je toujours être à la hauteur des attentes d'autrui ?
- Si oui, cela m'amène-t-il la paix de l'âme depuis le temps que je ne « déçois » pas ?

13. Peur de m'imposer (imposer un « non »)

- Pourquoi, moi, n'aurais-je pas le droit, au même titre que les autres, de dire que je ne suis pas d'accord?
- À partir du moment où je refuse, est-ce une tyrannie de ma part? Une obligation pour les autres de ne prendre en compte que mon avis?
- Imposer, c'est forcer. Est-ce que je force ou manipule en refusant ici?

14. Peur d'être exclu d'un groupe

- Et si d'autres personnes étaient du même avis que moi mais n'osaient pas s'opposer clairement dans cette affaire?
- Est-ce que je peux exprimer mon désaccord sur un mode non agressif et plutôt constructif?
- Est-ce que je remettrais en cause le statut du groupe et sa légitimité?
- Si je m'exprimais librement, est-ce que je passerais mon temps à m'opposer à chaque proposition des membres du groupe?
- Est-ce que j'attaquerais les membres du groupe avec véhémence?
- Montrer son refus ou son opposition sur une proposition, par exemple, est-il prohibé dans ce groupe?
- Est-ce une secte? Un système tyrannique?
- Voudrais-je finalement m'en exclure moi-même et agir pour cela?

15. Peur de devoir me justifier

- Est-ce que je « dois » me justifier ou ai-je peur de le faire spontanément?
- Y a-t-il une différence entre expliquer et justifier?
- Est-ce si grave de s'expliquer?
- Cette personne m'obligerait-elle à me justifier?
- Si elle pense le faire par une question inquisitrice, puis-je lui répondre quelque chose comme : « c'est trop long à expliquer » ou « j'ai des raisons personnelles à cela » ?

16. Peur de faire de la peine
- Le mot «peine» est-il adapté?
- Si oui, cette personne pourra-t-elle se remettre d'une peine?
- Puis-je montrer mon empathie tout en refusant?
- Devrai-je subir des conséquences à long terme, du type haine ou rupture?
- Refuser quelque chose à quelqu'un prouve-t-il qu'on ne l'apprécie pas?

17. Peur de perdre un ami (rupture)
- Cette personne ne serait-elle pas capable de supporter que je refuse de faire ce qu'elle veut?
- Serait-elle du style à remettre notre relation en jeu parce que j'aurais voulu respecter mes besoins?
- Si oui, est-ce que notre qualité de relation est celle que je souhaite?
- Si je m'aperçois que cette personne exploite ma gentillesse et d'autres de mes qualités pour ses seuls besoins, est-ce cela ma définition de l'amitié?
- Serait-ce si grave de perdre cette relation?

18. Peur d'un refus futur de la part de l'autre
- Ne suis-je pas en train de pervertir le principe de réciprocité en exigeant implicitement qu'à la moindre demande l'autre doive accepter?
- Qu'est-ce qui me le prouverait?
- Au pire, ai-je cette personne comme seul recours futur?

19. Peur de me sentir coupable (sans qu'on me culpabilise pour autant)
- Puis-je dorénavant vérifier, par une série de questions similaires à celle-ci, si je fais effectivement une faute?
- D'autres, à ma place, refuseraient-ils ou pas?
- Au pire, je pense ne pas me débarrasser facilement de cette culpabilité chronique; puis-je répondre de telle façon que je peux, à la fois, prendre en compte mes besoins et satisfaire une partie de la demande de l'autre?

20. Ne pas faire la différence entre demande légitime ou non
- À partir d'aujourd'hui, puis-je intégrer qu'une demande légitime est de l'ordre d'une « obligation » plus légale que morale ?
- Est-ce que ce que me demande l'autre personne est légitime dans le sens de légal ?

J'ai le souhait que cette Stratégie rationnelle émotive vous soit concrètement utile en temps venu !

La 2e étape consiste à faire le choix entre *deux types de refus* : *le refus partiel et le refus total avec solutions alternatives.*

Pas moins de 80 % du temps, un *refus partiel* est possible. Il est diplomatique, car il consiste en réalité à répondre en *acceptant* sous certaines *conditions*. Cette condition émise est en lien étroit avec le respect que nous avons de nos propres besoins. Nous sommes prêts à consentir à certains points de la demande à condition que d'autres soient modifiés. Ces éléments peuvent être une question de lieu (où), de date, d'horaires (quand), de personnes concernées dans la situation (qui), de moyens (comment) et de quantité ou de durée (combien).

Le refus partiel prend comme base la formule suivante :

« Je suis d'accord si… »

Prenons un exemple. Si un voisin ou un ami vous demande de garder son chat trois jours, vous pourriez accepter sous cette forme (si vous n'avez pas peur des chats ou si vous n'y êtes pas allergique) : « Bien sûr ! Je te propose dans ce cas de me laisser une clé et des boîtes de nourriture ; et je m'en occuperai si tu le laisses chez toi. Chez moi, ça me poserait problème. »

Autre exemple. La demande est « Est-ce que je peux prendre ta voiture samedi ? ». Votre réponse pourrait être : « Oui. À condition que tu me la rapportes à 14 h, car j'en aurai besoin après. »

Bien sûr, il revient à notre interlocuteur de décider ensuite si notre proposition lui convient. Cela sera son choix d'accepter ou de rechercher ailleurs une autre solution plus à son avantage. En revanche, il est de notre responsabilité de tenir compte de notre propre besoin et de le faire connaître. Les autres ne sont pas devins.

S'ils apprennent que nous avons accepté contre notre gré, ils s'en trouveront également gênés *a posteriori*. De notre côté, ne prenons plus le risque de générer des pensées hostiles, ce qui est courant lors d'une frustration due au fait que nous avons accepté sans réfléchir.

Quand et comment utiliser un *refus total*? Lorsque l'objet de la demande ou la raison ne trouve pas grâce à vos yeux.

Pour rester diplomate, l'idée est de suggérer une solution alternative afin que l'interlocuteur trouve rapidement une solution, en dehors de vous.

Ainsi se formule un refus total :

«*Je comprends que…* (soyez sincèrement empathique),
mais je ne (peux) ou (veux) *pas,*
mais tu pourrais… (solution alternative)»

Reprenons l'exemple du chat à garder. Si vous êtes allergique, vous pourriez dire : «Oh! j'aurais bien aimé te rendre service, mais je suis allergique aux chats, alors mieux vaut demander à quelqu'un d'autre. »

Pour l'exemple de la voiture, cela pourrait être formulé comme suit : «Je sais qu'il est plus facile de s'y rendre en voiture, mais, tu sais, je ne prête jamais ma voiture, par principe ; demande à Paul ou à quelqu'un d'autre. Je suis désolé. »

En résumé, le fait de penser à recourir aux *refus partiels* en *premier* lieu vous donne la chance de vous montrer généreux tout en préservant une cohérence avec vos besoins et votre organisation. Plutôt que de répondre positivement de façon réflexe, si c'est généralement votre cas, vous pourriez reporter votre réponse à plus tard («Je suis occupé pour le moment. Je prends note de ta demande et je te rappelle vers 17 h, d'accord?»). De plus, en cas de réponse affirmative trop rapide, il est recommandé de rappeler ou de reparler le plus tôt possible à la personne pour lui annoncer qu'on a changé d'avis et en expliquer les causes (exemple: «Je t'ai dit oui trop vite tout à l'heure! J'avais oublié que… (ou) je n'aurais pas pensé qu'il y aurait un problème pour moi.)

Que vous choisissiez un refus partiel ou un refus total avec solutions alternatives, l'essentiel est de réfléchir avec sincérité aux moyens d'aider l'autre à résoudre son souci et de ne pas regretter et pester contre vous-même ou l'autre pour avoir accepté, juste pour le principe de ne jamais refuser !

➤ Les critiques constructives

Les critiques sont souvent conçues comme plus difficiles à formuler que les refus à cause de leur consonance négative. Or, il est indispensable de savoir les formuler si nous ne voulons pas rompre une relation sous la pression trop forte d'une frustration. En effet, beaucoup d'entre nous éclatons dans la colère et décidons de rompre soudainement, à la suite d'un évitement pour ne pas affronter un problème.

Quand doit-on formuler une critique constructive ? Quand une situation existe, se renouvelle ou risque de se renouveler, mais que nous y voyons un inconvénient.

De la même manière que pour les demandes et les refus, consultez en premier lieu vos cognitions. Vérifiez comment elles vous freinent pour vous exprimer. Examinez les obstacles aux refus et vous constaterez qu'ils sont assez similaires à ceux que vous pouvez découvrir pour les critiques. Ensuite, relayez cette introspection par une confrontation de vos cognitions en cours grâce aux questions que j'ai choisi de vous livrer pour vous aider à oser refuser. Ce sont à peu près les mêmes.

Le souci majeur pour bon nombre d'entre nous, même ceux qui ne sont pas des anxieux sociaux, est de *savoir formuler le plus correctement possible* une critique pour qu'elle soit acceptée et constructive. Sharon et Gordon Bower[43] ont présenté, dans les années 1970, une technique toujours en cours aujourd'hui dans les programmes d'affirmation de soi, de communication et de gestion des conflits. Cette technique est nommée DESC ; D pour *Décrire,* E pour *Exprimer,* S pour *Spécifier* et C pour *Conséquences.*

---

43. Sharon et Gordon Bower, *Asserting yourself : a practical guide for positive change,* Reading, Mass., Addison-Wesley, 1976.

L'idée sous-jacente d'une telle structure en quatre points est de rester calme et constructif afin de trouver sincèrement une solution.

Décrire : soyez précis et objectif pour décrire le comportement problème.

Exprimer : dites ce que ce comportement génère chez vous émotionnellement et concrètement, sans exagérer.

Spécifier : proposez votre solution ou exigez-la ou demandez à ce qu'on en cherche ensemble.

Conséquences : dites en quoi tout le monde peut y gagner.

Pour donner un moyen mnémonique supplémentaire, cela donnerait quelque chose comme :

« Lorsque tu fais (dis) (ceci), cela me (fait) (cela) ; je voudrais que tu (nous) fasses dorénavant comme (cela), afin que tout le monde y trouve son compte. »

Je connais une approche très similaire, en quatre points également, qui ajoute dès le début une *attitude empathique de compréhension du comportement de l'autre* (« Je comprends que tu... ») mais qui ne comprendrait pas l'expression des conséquences positives finales.

Finalement, nous pourrions inclure *cinq* points plutôt que quatre, ce qui donnerait, de façon générale :

« Je comprends que...
« mais quand tu fais ceci...
« cela me fait cela...
« je te propose...
« Ainsi, tout le monde y gagnerait. »

S'exprimer, en 3ᵉ point, sur ce que l'on ressent ou les conséquences d'un tel comportement sur soi est fondamental[44]. Il n'est plus question de l'éviter. C'est justement l'élément qui rend votre

---

44. Une exception cependant : ne pas aborder ce point dans le détail si vous avez affaire à un manipulateur(trice) avéré. Il les retournerait contre vous et vous fragiliserait volontairement afin de ne pas se remettre en question.

interlocuteur sensible à votre position. Au lieu de dire « ça me gêne » ou « ça m'embête » uniquement, précisez la façon dont le comportement agit sur vous.

N'hésitez pas à *préparer* vos propos *par écrit* avant de vous exprimer. En effet, la situation est parfois si délicate qu'un mot mal choisi, trop exagéré par exemple, peut vous amener à être mal compris. Il est même recommandé de vous exercer à parler à voix haute pour vérifier par avance que votre ton ne sera pas agressif. Cela ne prend que quelques minutes. De plus, si vous avez préparé par écrit un message délicat et que vous devez vous exprimer au téléphone, gardez sous les yeux la note et parlez avec naturel.

Prenons l'exemple d'une belle critique constructive faite à votre voisin. Vous pourriez formuler ceci : « Bonjour, je suis votre voisin de dessous. Je sais que vous venez de vous installer et donc que nous ne nous connaissons pas. Je me présente : Dominique Dufour. Vous allez pouvoir m'aider à résoudre un souci. Je sais que vous ne pouvez pas vous en rendre compte, mais lorsque votre télévision est trop forte après 22 h, j'entends tout et j'ai de la difficulté à m'endormir. Vous serait-il possible de régler le son moins fort à partir de 22 h ? »

Qu'en pensez-vous ? Cette critique n'est-elle pas plus acceptable que de monter voir le voisin avec nervosité (« Il se croit tout seul, lui ! ») et de lui souffler au visage : « Bonsoir. Je suis votre voisin du dessous. Dites, il faudrait que vous baissiez votre télé parce que, moi, je ne peux pas dormir ! »... ? Nous avons le choix de rendre nos relations sociales plus agréables, n'est-ce pas ?

Prenons un autre exemple, professionnel cette fois. Imaginez que vous vous adressiez à votre collègue : « Dis-moi, il m'est venu une idée ! Tu sais, quand on place les classeurs de factures sur l'étagère du haut, j'ai remarqué qu'ils étaient tellement lourds que j'ai de la difficulté à les attraper sans me faire mal au bras. Que dirais-tu de changer leur place avec les classeurs du bas, plus légers, hein ? »

Ce deuxième cas ne ressemble pas à une critique ? Et pourtant, techniquement, c'est une critique constructive. L'impression de légèreté est liée au fait d'être prêt mentalement à une solution, de ne pas en vouloir à l'autre de faire comme il fait et de commencer par : « Il m'est venu une idée ! » Beaucoup de critiques constructives peuvent se formuler avec cette légèreté. Une petite astuce, pour éviter de mal commencer, est d'introduire certaines critiques par un début léger comme : « Au fait ! » Évitez autant que possible les introductions du type « Il faut que je te parle » ; elles déclenchent une méfiance immédiate et une disposition mentale défensive ainsi que l'inquiétude chez votre interlocuteur.

Prenons un autre exemple, *a priori* plus délicat, pour illustrer cette possibilité. Imaginons que le Noël familial se fasse systématiquement chez vous depuis trois ans alors que la famille se compose de 15 personnes dont 9 adultes et que cela vous demande trop de travail. Imaginez téléphoner en novembre à votre sœur (pas au dernier moment !) : « Dis-moi, si on faisait Noël chez toi cette année ? Je viendrais tôt le matin pour t'aider. Ça changera ! Ça fait trois ans qu'on le fait chez nous et je préfère qu'il y ait un roulement, finalement. Ça me fera moins de rangement avant et après, cette année ; qu'en penses-tu ? » Les quatre points y sont mais dans le désordre. Cela n'a pas grande importance si l'effet désiré est obtenu.

Cela fait tout de même une différence avec : « Vous avez prévu Noël chez nous, encore ? Ça fait trois ans de suite, c'est assez, là. Il n'y a pas que nous qui pouvons recevoir. Toi aussi, tu peux faire un effort, non ? »…

Il y a de multiples façons d'exprimer son mécontentement et ses griefs. Seules quelques-unes passent mieux que d'autres. Comme les anxieux sociaux ont une grande crainte des conflits (en général), utiliser une approche constructive pour faire valoir son point de vue est une excellente solution. Cela aide à s'exprimer, n'est-ce pas ?

Quatrième partie

Que faire de sa solitude ?

CHAPITRE 18

S'impliquer dans sa communauté

Après cinq années passées en province, je suis retournée dans ma ville natale, Paris, à l'âge de 17 ans. Je n'y avais plus d'amis. Ma meilleure amie d'enfance, Christine, avait d'autres amis qu'elle s'était fait, depuis mon départ et nos intérêts communs avaient changé. Je démarrais des études de psychomotricité à la faculté de médecine et je découvrais ce qu'étaient des amphithéâtres contenant, à l'époque, 700 étudiants. Malgré ma facilité de contact avec des inconnus, je ne côtoyais pas encore de copains en dehors de nos cours. En quelques mois à peine, je suis tombée dans un état dépressif que je qualifierais de léger *a posteriori,* mais qui me semblait bien pénible. Pourtant, mes études me passionnaient. Je voyais ma famille de temps en temps, mais manifestement, cela ne me suffisait pas pour me sentir bien. Je me sentais terriblement seule. J'avais dessiné une grande affiche au fusain ; elle représentait une jeune fille aux cheveux longs (tiens donc !), de dos, sur un damier noir et blanc représentant un chemin vers de hautes montagnes derrière lesquelles apparaissait un lever de soleil. De chaque côté de ce chemin, des mains d'appels… Inutile d'être psychanalyste pour en découvrir le sens. De fait, je pris deux décisions : je m'inscrivis à des cours de secourisme et à un club de karaté (art martial que j'avais toujours voulu pratiquer). De là, le cours de ma vie changea quasi instantanément. D'une part, je me suis fait de vrais amis à travers ces deux activités ; d'autre part, je me suis engagée sérieusement dans l'équipe secouriste de l'antenne de la Croix-Rouge de mon quartier et me suis sentie utile. La suite a fait boule de neige...

Jeune, j'avais eu la bonne intuition : me mettre au service des autres redonnait un sens à mon existence et me sortait de ma déprime. Plus tard, mes expériences personnelles et professionnelles, mes recherches, les constats réalisés auprès de mes patients ainsi que des ouvrages ont confirmé ces observations.

Je me souviens d'un dialogue avec une de mes patientes déprimée et particulièrement pessimiste. Alors que nous analysions son complexe d'infériorité concernant son soi-disant manque de culture dans le cadre des conversations de groupe, je lui ai suggéré quelques options pour s'informer davantage de ce qui se passait dans le monde. Au moment où je lui donnais l'exemple de la télévision, elle s'exclama :

— *« Oh ! Surtout pas ! Cela fait bien longtemps que je n'écoute plus les informations !*

— *Pourquoi ? lui demandais-je.*

— *On ne nous montre que des choses atroces. Des guerres, des crimes, des problèmes sociaux, des marées noires, des gens qui meurent de faim, qui sont dans la merde... Ah non ! c'est trop dur : je ne supporte pas de voir la misère du monde !*

— *Pourquoi ? Cela vous fait quelque chose ?*

— *Cela me déprime encore plus. Je ne comprends pas qu'on ne fasse rien à tout cela.*

— *Et vous ?*

— *Comment ça, moi ?*

— *Que faites-vous contre cela ?*

— *Moi ? Rien. Que voulez-vous que j'y fasse ?*

— *Vous me dites que vous n'aimez pas voir le monde malheureux, que cela vous fait de la peine, c'est ça ?*

— *Exactement.*

— *Que faites-vous pour les gens dans le besoin ?*

— *... rien.*

— *Vous pourriez y faire quelque chose ?*

— *Je ne vois pas comment. C'est aux gouvernements, à la société de changer ça !*

— *Et pourquoi pas vous ?*

— *Comment cela ? Je ne comprends pas ce que vous dites.*

— *Pourriez-vous faire partie d'une organisation humanitaire pour récupérer des médicaments, pour servir la soupe populaire ; d'un club d'entraide qui s'occuperait de l'alphabétisation, d'aide aux devoirs scolaires, de visites de personnes âgées ou malades ou même de prisonniers ? Que sais-je encore ?*

— *Je n'y ai jamais pensé. »*

Nombreux sont ceux qui ne pensent pas un instant à s'engager dans une démarche d'aide à la communauté, et ce pour plusieurs raisons.

Tout d'abord, *ils imaginent que pour aider autrui, il faut être déjà bien dans sa peau.* Cela est faux, et heureusement ! Personne n'a véritablement intérêt à attendre que nous sortions de nos affres personnelles pour donner du temps, de la disponibilité, des coups de main de toutes sortes à notre communauté. À l'époque où je travaillais bénévolement à la Croix-Rouge, j'ai constaté qu'il y avait, parmi mes camarades, un nombre impressionnant de célibataires anxieux sociaux, sans amis extérieurs. Nos actions pour secourir des inconnus de leurs suicides ratés, de leurs accidents réussis ou d'une autre mauvaise affaire les rendaient incontestablement indispensables. Ils sortaient de leur cocon (comme moi à l'époque), ménageaient leur anxiété et s'extirpaient de leurs propres souffrances affectives. Peu importe nos troubles internes, nous étions efficaces dans ce domaine pour soulager momentanément les autres de leurs souffrances. On ne nous demande pas d'être des thérapeutes avant de servir autrui sur un mode tel que celui-là. Pour s'engager dans un tel service, c'est-à-dire le secourisme, nous avions besoin de deux choses : la compassion et la compétence. Nous avions les deux.

Deuxièmement, il est possible de comprendre pourquoi nous ne nous sommes pas encore investis dans notre communauté pour la raison suivante : notre *attentisme* personnel ou culturel *vis-à-vis de « la société »*. C'est le cas de la femme décrite dans l'exemple précédent.

Il se peut qu'il y ait en nous une certaine confusion entre ce qui relève de nos devoirs et responsabilités individuels et de ceux de la «société». La société n'est pas une entité abstraite. Elle est uniquement composée d'individus, c'est-à-dire, nous! Lorsque nous nous disons trop sensibles à la misère des autres et que nous affirmons ne rien pouvoir y faire, car «la société actuelle» est ainsi faite, nous faisons état d'une fausse impuissance pour y remédier. Nous laissons aux autres, soi-disant plus puissants, le choix de décider de notre avenir sur cette terre, et nous nous comportons en victimes impuissantes. Toutes ces conceptions nous arrangent quand nous ne nous croyons pas la force d'agir. Or, c'est justement l'inverse qui est vrai : c'est parce qu'on agit qu'on devient puissant! À petite échelle individuelle et finalement à grande échelle. Il est dommage d'attendre de voir ce que la société peut faire pour nous, alors que nous pouvons faire beaucoup pour elle!

S'engager dans l'entraide communautaire est non seulement salutaire pour améliorer la société mais aussi thérapeutique pour sortir de la déprime et de l'isolement. Si on croit ne pas pouvoir faire sortir la société de la «déprime générale», sortons au moins de la nôtre!

En effet, des études en sociobiologie ont démontré que le sens existentiel représenté par le lien altruiste avec nos congénères était génétiquement programmé chez les êtres humains. Par conséquent, il faut s'attendre à éprouver une émotion particulière comme la paix intérieure lorsqu'on s'occupe de ses semblables. La santé s'en trouve effectivement améliorée par des sécrétions d'endorphines (hormones de la connexion affective) plus fréquentes et un système immunitaire plus actif[45]. De plus, d'autres études ont pu montrer qu'il existait systématiquement deux facteurs chez les gens heureux : des liens affectifs stables avec des personnes de leur entourage et une implication active dans leur communauté.

La paix intérieure qu'espèrent atteindre les personnes déprimées trouve aussi son chemin grâce aux actions altruistes. Ces per-

---

45. Études de J. S. House et K. R. Landis (1988). *Science,* 241, p. 540-545.

sonnes vont combler leur profonde sensation de vide, leur sentiment d'inutilité, régénérer leurs pensées en laissant moins de place
aux idées noires qui les assaillent tout en faisant du bien.

Je ne suis pas sûre qu'il faille nécessairement agir de façon bénévole et donc ne pas tirer de bénéfice matériel ou financier de son
action pour sentir les mêmes effets. Ceux parmi nous qui détiennent la valeur « Aide aux autres » choisissent généralement de passer leur vie à aider médicalement, psychologiquement ou socialement leurs semblables. À moins de faire partie d'une communauté
religieuse (qui reçoit des dons financiers et matériels pour survivre),
nous choisissons d'en faire un métier. Pratiquer sa valeur et pouvoir en vivre est un idéal de vie pour tous. Dans un autre registre,
rappelons que tous les artistes en rêvent. Leurs valeurs prioritaires
sont « Créativité » et « Expression de soi ». Comme nous l'avons vu,
vivre de façon cohérente avec ses valeurs apporte bien-être intérieur, harmonie et bonheur. En revanche, la grande majorité d'entre
nous ne détient pas la valeur « Aide aux autres » (je rappelle qu'il ne
s'agit pas d'un choix). Ces personnes n'en font pas leur métier. Mais
comme les observations du genre humain le constatent, il est dans
la nature de l'homme (cette attitude est également programmée
chez beaucoup de mammifères) de trouver un plaisir, une émotion
dans l'altruisme. Probablement parce que se sentir relié à nos semblables nous fait grandir spirituellement. Cela donne un sens à notre
existence. Ne serait-ce qu'élever et aimer nos enfants…

CHAPITRE 19

Entouré et seul

Faites-vous la différence entre «être seul» et «se sentir seul»? D'un point de vue sémantique, sans aucun doute. Il arrive cependant que nous fassions une expérience confuse de ces deux états. Être seul représente l'unicité sur un plan quantitatif. On vit seul quand on est célibataire, par exemple. Mais on peut se sentir seul au milieu d'une foule, d'un groupe, dans une famille et même dans un couple. Ainsi, un célibataire peut être seul sans jamais se sentir seul. De même qu'un voyageur solitaire se sent rarement seul. Se sentir seul relève d'une réalité qualitative et non pas quantitative. C'est la raison pour laquelle lorsque, dans un hôpital, un malade exprime aux infirmières ou aux médecins «Je suis seul», il n'est pas judicieux de lui répondre que cela ne peut être vrai puisqu'il a un conjoint et des enfants. Ce que certains d'entre nous expriment confusément par «je *suis* tout seul» est à interpréter par «je *me sens* seul». C'est une réalité interne. Il n'est pas facile aux interlocuteurs de répondre de façon adéquate. Tout simplement parce qu'il n'y a rien à répondre. Si c'est un appel, pouvons-nous changer l'état interne de cette personne? Peut-être à court terme, si la personne ne souffre pas de solitude chronique et qu'il ne s'agit que d'un sentiment passager. Pour le vérifier, nous pouvons lui demander si cela fait longtemps qu'elle se sent seule. Selon la nature de sa réponse, nous pouvons y remédier par des attentions et des initiatives immédiates ou au contraire ne la soulager que très partiellement, voire pas du tout.

Se sentir seul peut donc être un état tout à fait transitoire ou bien être le reflet et la conséquence de plusieurs facteurs de vie. En aucun cas, nous ne pouvons décemment rendre les autres responsables de notre sentiment de solitude. Ce n'est pas par le fait que nous habitons un village de 200 habitants, que nos enfants ne viennent pas souvent nous voir, que notre conjoint est décédé il y a deux ans, ou par toute autre situation en apparence causale que nous justifions ce sentiment. Si ces éléments en étaient la cause, alors tous ceux qui se trouveraient dans la même situation se sentiraient ainsi. Et c'est loin d'être le cas. Autrement dit, **se sentir seul ne vient pas des évènements ou de notre situation mais de nous-mêmes**. Uniquement nous-mêmes. Cela vient de ce que nous faisons de notre vie intérieure et de notre vie extérieure. Quelle est notre estime personnelle? Où en est notre respect de nous-mêmes et, donc, notre conviction à mériter le bonheur? Que faisons-nous pour entretenir l'amitié? Les amitiés, devrais-je dire! Que faisons-nous pour nous rendre utiles à la communauté? Et enfin: avons-nous donné un sens à notre vie?

Si nous sommes honnêtes envers nous-mêmes, et que nous nous rendons compte que notre système se trouve en faillite, il est encore temps de réagir. Il est temps de reprendre sa vie en main. Il est temps de cesser d'accuser les autres d'indifférence. Il est temps de stopper les ruminations sur son pauvre sort (qui n'en est pas un)… Il est temps d'agir et, justement, pas tout seul! Ce livre est écrit pour vous accompagner comme un ami dans vos réflexions et vos actions. Utilisez-le et usez-le!

Si nous interrogeons les gens qui donnent un sens à leur vie, nous remarquons que toutes les réponses ont un rapport final, soit avec *l'aide aux autres,* soit avec *la transmission* à ses congénères (même s'il s'agit uniquement de ses enfants). Si vous ne travaillez plus et que vos enfants sont élevés et sortis du nid, **donnez de votre personne et de votre temps** dans le but que cela serve à au moins une personne dans le besoin. On devrait davantage indiquer *le bénévolat* sur les prescriptions médicales de beaucoup de patients!

Il me vient à l'esprit un exemple de reportage sur ces hommes pompiers qui, à l'été 2003 en France (pour ne parler que de ceux-là), se sont battus contre des feux gigantesques, jusqu'au-delà de l'épuisement physique et biologique. Un journaliste leur a demandé s'ils comptaient continuer malgré ces épreuves. En dépit de morts comptés parmi eux à l'occasion de ces luttes, tous ont répondu : « Oui, bien sûr. » Autant les professionnels que les bénévoles. Ils ne se battent pas seulement contre des feux, ils donnent un sens profond à la protection vitale de leurs congénères. Dans ce cas précis, on peut voir jusqu'où en est rendue cette énergie.

J'ai été absorbée et fascinée par les propos de Victor Frankl dans son livre *Découvrir un sens à sa vie*[46]. Le Dr Victor Frankl est un juif qui a survécu à trois années passées dans quatre camps de concentration allemands lors de la Deuxième Guerre mondiale. Ce psychiatre a résisté, comme quelques autres, aux pires traitements et humiliations qu'on puisse imaginer. Outre la faim, le froid, le manque de vêtements, de chaussures, les blessures et l'absence de soins, les prisonniers étaient régulièrement battus. Mais certains ont survécu, dont lui-même. Il fit ses observations comme un psychiatre sait le faire et en retira une conclusion étonnante. Ceux qui survivaient ont toujours donné un sens à leur vie ! Lui-même n'avait cessé de penser qu'il réécrirait le manuscrit qu'on lui avait confisqué. Encore une démonstration de l'étonnante énergie dont l'humain est capable…

---

46. Les Éditions de l'Homme, Montréal.

CHAPITRE 20

Faire de la solitude notre amie

Être solitaire, vivre seul n'est pas synonyme de solitude. Être seul n'implique pas le sentiment de solitude. Pourtant, bon nombre d'entre nous vivent mal la solitude. Ils font face au vide intérieur et ne savent que faire de cette horrible impression. Nous venons de voir que la solitude n'est pas une fatalité et que nous pouvons en sortir, si nous le voulons, en donnant de notre personne aux amis et aux autres en général. Paradoxalement, l'état de solitude peut se gérer en apprenant à être bien tout seul! Autrement dit, nous avons la possibilité de vivre harmonieusement seul avec nous-mêmes sans souffrir de solitude.

Pour commencer, voici un petit questionnaire :
Date :

- Êtes-vous à l'aise de rentrer seul chez vous ?
- Aimez-vous la décoration de votre domicile ?
- Aimez-vous disposer de temps seul chez vous ?
- Seul à la maison, vous sentez-vous sans énergie, anxieux, vide ou déprimé ?
- Seul chez vous, prenez-vous le temps de vous occuper de vous-même ?
- Vous asseyez-vous seul, de temps en temps, à la terrasse d'un café (ou à l'intérieur) ?

- Allez-vous parfois manger seul au restaurant?
- Allez-vous parfois au cinéma seul?
- Au concert seul?
- Au spectacle seul?
- Vous balader seul?
- Faites-vous du sport sans être accompagné?
- Allez-vous faire des achats (autres qu'alimentaires) sans être accompagné?
- Partez-vous en voyage (non professionnel) seul?

Pour ceux et celles qui éprouvent quelque malaise à vivre ces situations du quotidien en solo, voici un vrai **programme d'entraînement**.

Si vous l'appliquez régulièrement, vous réussirez à diminuer de façon significative votre anxiété. L'objectif est même, à long terme, de l'annuler complètement dans la plupart des contextes de vie. Il y a *trois facteurs de réussite* à ce programme d'exposition aux situations anxiogènes:
- l'application réelle;
- la répétition;
- l'augmentation progressive de la durée.

N'oubliez pas que le préalable est d'ordre cognitif: *confrontez vos pensées automatiques* «Je ne peux pas!» ou «Je n'en suis pas capable»; «J'ai peur»; «Mon Dieu, tout le monde va voir que je suis seul(e) et se demander pourquoi» ou encore «Les autres vont bien voir que ce n'est pas normal d'aller au cinéma tout seul!» *dès qu'elles apparaissent.*

Les stratégies suivantes sont d'ordres *comportementaux*. Se dire capable de faire les choses en solo, mais ne *jamais* les expérimenter doit nous ouvrir les yeux sur nos évitements. Il se peut que vous ayez un conjoint dépendant affectif ou manipulateur et que ce soit l'obstacle principal à vos initiatives en solo. La simple annonce de votre décision d'aller au cinéma seul(e), par exemple, le met dans une très grande insécurité relative à son anxiété de vous perdre. Comme si le fait que soudain vous décidiez de partir quelques heures en solo ou quelques semaines en vacances sans lui (elle) prenait la signification du signal de rupture. Alors que faire ? En ce qui concerne un couple comportant un manipulateur (féminin ou masculin), la réalité est claire : c'est un couple déjà raté. Notre désir de s'émanciper (il est temps !) est effectivement en rapport avec la tension vécue dans le couple. Cependant, certains manipulateurs peuvent être violents. Dans ce cas, je vous propose d'appliquer le programme qui va suivre de façon discrète et sans hésiter à inventer des prétextes à vos escapades en solo. Si votre partenaire de vie est plutôt dépendant de vous, je préconise l'inverse. Parlez-en entre vous et proposez-lui de faire la même chose. Rassurez-le (la) quant à vos intentions. Répétez-vous au besoin. Ce sera une lutte pendant quelque temps. Expliquez-lui que votre couple n'a pas tout à fait fonctionné sur un mode «normal» jusque-là. Que ce besoin de ne pas se lâcher même pour quelques heures ou quelques jours n'est pas en rapport avec l'amour (même s'il y en a beaucoup), mais plutôt avec la peur de perdre l'autre. Il n'est pas question de se perdre mais au contraire de faire perdurer le plaisir d'être ensemble pour longtemps en «travaillant» chacun sur la peur de l'abandon. Expliquez qu'il ne s'agit pas de ne plus rien faire en binôme, mais d'ajouter à votre fonctionnement des moments en solo. Dans l'hypothèse où vous seriez le dépendant affectif en question, la démarche est exactement la même. Le programme d'entraînement fait partie des traitements thérapeutiques des dépendants affectifs.

Hormis le cas de certains couples, ce programme s'adresse à toutes les personnes qui se sentent anxieuses ou déprimées dès qu'elles sont seules.

Afin de vous encourager à distance, je vous propose de noter ce que vous appliquez dans un «Journal de bord». Notez les dates et les durées pour vérifier les progrès.

➤ Programme d'entraînement

Revoir la décoration de son intérieur

Le sentiment de solitude peut se déclencher dès qu'on ouvre la porte de chez soi, que l'on soit célibataire ou en couple. Comme nous l'avons dit, l'impression d'être trop seul n'est pas relative à une situation extérieure mais au sentiment de vide intérieur. Or, s'il existe un symbole typique de son état intérieur, c'est bien ce qu'on vit dans son «intérieur», c'est-à-dire chez soi!

Première question que nous pouvons nous poser : quand j'entre chez moi, est-ce que la décoration me rend joyeux ou apaisé ? *Est-ce que j'ai du plaisir à regarder ce que j'ai sous les yeux ?*

Si ce n'est pas le cas, prenons sur-le-champ la décision d'y remédier. Pour apprivoiser la solitude, il faut commencer par être bien chez soi. Pour peindre un tableau, on choisit d'abord le cadre de fond... Examinons les obstacles que vous pouvez opposer (s'il n'y avait pas d'obstacles, le changement serait déjà fait!).

Fréquemment, le premier obstacle semble être d'ordre financier. Certaines personnes gardent des vieilleries de famille qui ne leur plaisent pas depuis des années sous le prétexte qu'elles attendent d'avoir assez d'argent pour acheter ce qu'elles aiment vraiment. *A priori,* l'idée est justifiable mais elle devient inadéquate quand le temporaire devient définitif. On finit par «s'habituer» et on ne voit même plus le manque de beauté et d'harmonie dans son ameublement. Il faut se méfier de ce phénomène, car la motivation à changer ses meubles, ses rideaux ou sa vaisselle passe en quelques années. Si ce qui vous plaît vraiment coûte une petite fortune, n'attendez pas vos 45 ans, quand votre pouvoir d'achat sera supérieur, pour commencer. Nous n'avons pas à tout acheter d'un seul coup. Je prends un exemple personnel : j'ai un immense plaisir à utiliser quotidiennement la gamme «Naïf» de Villeroy et Bosch, et ce depuis plus de 20 ans. Chaque pièce coûte cher. J'ai commencé par acheter deux assiettes à l'âge de 18 ans. J'ai mis 10 ans à compléter la gamme! En attendant, je m'étais acheté une autre vaisselle très jolie et adaptée à ma bourse. En effet, il est préférable, en attendant l'extraordinaire, de faire l'acquisition d'autres ameublements moins onéreux qui nous plaisent beaucoup aussi. Par ailleurs, qu'est-ce qui nous oblige à acheter des meubles et des objets neufs? Avons-nous réalisé que beaucoup de personnes qui déménagent vendent leur ameublement? À moins de connaître ces gens, l'accès à cette information se trouve dans les journaux locaux. Ils en fourmillent. Demandons toutes les descriptions par téléphone et ne nous déplaçons que si cela paraît correspondre à notre idée. Mon propre frère a fait cette démarche plusieurs fois et lui et sa femme ont aménagé leur intérieur magnifiquement à peu de frais. Dans le même registre des bonnes idées, n'hésitez pas à faire un tour dans les marchés aux puces. On y découvre de très bonnes affaires ; mais attention de ne pas vous laisser aller à acheter n'importe quoi sous le prétexte que cela ne coûte que quelques sous !

Un obstacle autre que financier pourrait être un manque d'idées ou un manque de bon goût. Beaucoup d'hommes célibataires ne se sentent pas très doués en la matière. Partons, dans ces cas-là, de ce que nous ne voulons surtout pas chez nous. Aimons-nous le style rustique ? classique ? coloré ? contemporain ? dépouillé ? provençal ? zen ? Une fois que nous détenons une idée claire d'un style, nous avons un grand intérêt à faire appel à quelques amis pour nous conseiller et nous accompagner. Ceux qui aiment décorer un intérieur ont un sens critique développé et recherchent l'harmonie des couleurs, des matières et des styles. L'on s'habitue vite à son aménagement intérieur, mais ce n'est pas le cas pour les visiteurs : la disharmonie leur saute aux yeux bien plus qu'un logement en désordre.

Outre l'aspect de nos meubles, le désordre peut nous déranger. Plutôt que de continuer à râler contre nous-mêmes (ou nos enfants qui apportent leurs trésors dans le salon), nous pouvons y remédier en établissant de nouvelles règles. S'il y a du désordre, c'est peut-être parce qu'il n'y a pas assez d'aires de rangement, tout simplement. Un petit tour dans un magasin d'étagères (jolie, l'étagère, s'il vous plaît) serait de bon augure. Dorénavant, imposez-vous la discipline de mettre les choses aux mêmes endroits ; d'une part, pour les retrouver sans stress et d'autre part, pour éviter l'accumulation d'objets divers qui ne ferait qu'accroître votre irritation en rentrant chez vous.

Se sentir bien chez soi est tellement important que j'ai constaté que de nombreux patients le décidaient spontanément. C'est le signe qu'ils vont mieux. Cependant, les thérapeutes ont remarqué que l'inverse est aussi vrai : adopter un nouveau comportement génère de nouveaux sentiments. Ainsi, changer l'aspect de son environnement pour le rendre joli, harmonieux et chaleureux donne une nouvelle énergie.

Journal de bord

Dates	Applications « DÉCORATION PERSO » et vos impressions

S'occuper seul chez soi

Le sentiment de solitude nous fait tourner en rond, regarder la télévision sans véritable intérêt (juste pour briser le silence) ou nous atteler à des tâches ménagères systématiques. Si on a un animal de compagnie, on lui donne une importance démesurée pour ne pas s'occuper un peu plus de soi. Commençons par s'aménager un nouveau programme pour toujours inclure des activités pour soi seul. Les besoins personnels et les objets de plaisir de chacun ne sont pas identiques. Ils le sont d'autant moins qu'on est un homme ou une femme. Les exemples ci-dessous sont donc à adapter selon votre propre plaisir et vos intérêts. Voici de nouvelles possibilités d'occupations à faire seul :

- S'isoler (si on est en couple ou en famille) et écrire.
- S'isoler et composer ou créer.
- Débrancher le téléphone et faire une relaxation ou une méditation (à condition d'avoir appris) pendant 20 à 45 minutes.
- Prendre un bon bain moussant ou avec des sels.
- Prendre soin de son corps : traitement des cheveux, de la peau, des mains, des ongles, des pieds, épilation.
- Lire un livre ou un magazine intéressant.
- Jouer d'un instrument de musique.
- Trier ses photos.
- Découvrir les autres possibilités d'un logiciel d'ordinateur.
- Recoller ou réparer des objets cassés.
- Changer ses meubles ou ses bibelots de place.
- Classer ses livres.
- Ranger ses affaires d'été ou d'hiver.
- Se débarrasser de vieilleries (vêtements à donner ou à jeter, objets inutiles et encombrants).
- Faire un tour dans sa cave et trier (en plusieurs fois selon l'encombrement).
- Se faire bronzer dans son jardin en été.
- S'acheter régulièrement des fleurs.
- S'occuper de ses plantes.
- Autres ?

Journal de bord

Dates	Applications « M'OCCUPER en SOLO » et vos impressions

Aller seul au café

À une certaine époque, il était mal vu qu'une femme «traîne» seule au café. Ce temps est révolu. Non seulement il n'est pas question de «traîner» dans un café où on n'a rien à faire, mais l'intention ici n'est pas d'aller se faire draguer et de rechercher de la compagnie. L'objectif de cette démarche est de s'habituer à penser à s'asseoir seul au café en attendant l'heure d'un rendez-vous, un départ de train ou de bus ou tout simplement pour y lire à la terrasse sous le soleil. En effet, pour éviter cela, de nombreuses personnes «traînent» dans la rue, au froid parfois, en attendant leur rendez-vous. Le programme d'entraînement demande à ce que vous alliez au café sans autre but que d'y rester seul, au moins un quart d'heure la première fois. La durée de l'exposition doit augmenter au fur et à mesure: 30 minutes, puis 45, puis une heure entière. Le seul critère pour évaluer la durée nécessaire utile est la diminution claire de notre anxiété. Nous ne devons pas partir du café si nous sommes dans le pic d'anxiété. Nous ne partons que quand nous nous sentons finalement mieux qu'en arrivant. Deux indications utiles: ne pas prendre d'alcool, car l'alcool est anxiolytique, et changer de café chaque fois pour éviter l'habitude.

Les évitements subtils

Ces deux dernières recommandations anticipent ce que l'on appelle les évitements subtils. C'est-à-dire une confrontation avec la situation anxiogène mais en faisant en sorte de ne pas ressentir d'anxiété. Autrement dit, le contre-conditionnement que l'on veut obtenir n'est pas assez efficace. La démarche d'exposition *in vivo* implique justement de se laisser envahir par l'anxiété jusqu'à ce que celle-ci diminue d'elle-même. C'est ce qui se produit si nous restons le temps suffisant dans la même situation, sans nous sauver. Si nous sortons du café au bout de 10 minutes car nous nous sentons regardé ou ridicule, la stratégie a échoué et elle peut même renforcer l'évitement avec la conclusion: «Tu vois bien que c'est trop dur!» L'évitement subtil nous donne l'illusion que nous sommes capables de soutenir émotionnellement la situation, alors que nous

nous sommes débrouillés subtilement pour en atténuer l'intensité émotionnelle. Voici un exemple courant : s'attabler dans un café (ou un restaurant) et s'installer volontairement dos à la salle et face au mur afin de ne pas croiser les regards des autres consommateurs.

Nous mettre directement en contact avec la situation anxiogène comporte des règles précises pour réussir : le faire, le répéter et laisser passer une durée suffisante pour que l'anxiété diminue d'elle-même, et ce, à chaque répétition. Autre postulat important : jamais une exposition *in vivo* ne vous sera proposée par un thérapeute en dehors de ces règles et si la situation est dangereuse, inutile ou ridicule.

Journal de bord

Dates	Applications «CAFÉS en SOLO» et vos impressions	DURÉE

Manger seul au restaurant

Il vous paraît probablement très désagréable de manger seul au restaurant si vous ne le faites jamais. Les premières fois, l'aventure ne va pas vous paraître très extatique. Et pourtant, être capable d'entrer demander le couvert pour une personne est fort utile. Que l'on ait des amis ou de la famille ne change rien au problème quand, à midi ou le soir, nous nous retrouvons en dehors de notre lieu habituel. Des personnes préféreront manger un sandwich en marchant dans la rue, voire ne pas se restaurer du tout plutôt que de se sentir ridicules. La peur d'être jugé « bizarre » ou « louche » parce qu'on est en solo est une raison. Craindre de s'ennuyer en est une autre.

Examinons la première idée qui est celle d'imaginer que le regard d'autrui est empreint de questionnement à notre sujet. La dernière fois que vous êtes allé au restaurant avec des amis, votre conjoint ou de la famille, combien y avait-il de gens attablés seuls ? Vous ne savez pas répondre à cette question ? Cela n'a rien d'étonnant. Si votre cerveau a enregistré les aspects de cet environnement, il n'a cependant pas trouvé d'intérêt à relever ce détail. Cette information est en effet inutile pour vous et elle n'a généré aucun traitement de l'information tel qu'un jugement de votre part. Ni de la part des autres d'ailleurs. Autrement dit, quand nous allons seul au restaurant, cela n'intéresse personne en particulier. Personne ne s'en émeut, et pour cause : il n'y a rien d'extraordinaire à cela.

La prochaine fois que vous vous rendez au restaurant, même accompagné, relevez volontairement le nombre de gens qui y mangent seuls. Ensuite, dites-vous : « D'accord ; et alors ? » Vous verrez que vous ne tirerez qu'une conclusion : vous ne pouvez rien en déduire. Qui dit que ces personnes n'ont pas de conjoint ou d'amis ? Qui dit qu'elles sont de la région ? Que font-elles toutes seules ? Elles mangent et c'est une bonne chose qu'elles ne s'en empêchent pas à cause du fait qu'elles soient à cet instant en solo, n'est-ce pas ?

Il va donc en être de même pour vous. Vous serez très bien accueilli, vous aurez la table qui vous inspire et vous serez très bien servi. Rien de plus, rien de moins.

Maintenant, passons à la considération «Je vais m'y ennuyer». C'est un fait probable. Il ne s'agit pas seulement d'une question d'anxiété. Apportez un livre, un magazine, un rapport à lire, votre courrier à consulter ou à écrire… mais vous pouvez aussi regarder les passants ou réfléchir à des projets.

Une recommandation cependant quand vous irez seul au restaurant: installez-vous sans tourner le dos au reste du monde. Vous comprenez maintenant pourquoi…

Comme pour le café, renouvelez l'occasion en changeant d'établissement.

Journal de bord

Dates	Applications «RESTOS en SOLO» et vos impressions	DURÉE

Sortir en solo

Au cours du mois, réalisez au moins une fois chaque sortie suivante :

- Une séance de cinéma seul (si vous êtes en couple, choisissez un film que votre partenaire ne souhaite pas voir).
- Un concert, un spectacle ou une pièce de théâtre (qui n'intéresse pas le conjoint).
- Une exposition, une galerie ou un musée.
- Une promenade à pied, en vélo, en barque ou en ce que vous voulez.
- Du sport (même de la marche rapide).
- Des achats de vêtements, de chaussures ou d'objets décoratifs pour la maison.

Journal de bord

Dates	Applications «SORTIES SOLO» et vos impressions

Voyager en solo

Il y a peu de temps, une jeune femme de 33 ans me disait: «Oui, j'aimerais visiter ce pays, mais ce sera pour plus tard, car je suis seule...»

Beaucoup de célibataires et de partenaires en couple rechignent à partir une semaine, 15 jours ou un mois en voyage seuls. Vous ne savez pas ce que vous perdez! Cette expérience est extraordinaire. Malgré cela, je ne vous recommande pas de commencer à voyager seul si vous n'avez pas encore perdu un peu de votre anxiété à fréquenter les cafés, les restaurants et à sortir sans compagnie. Cependant, certaines personnes anxieuses sociales, timides ou phobiques sociales disent se sentir capables de tenter l'aventure à l'étranger *avant de s'exercer «à domicile»*. Elles expliquent cela par deux observations: d'une part, elles se sentent rassurées à l'idée de ne rencontrer aucune personne connue qui pourrait se poser des questions à leur sujet; et, d'autre part, elles prévoient, dès le départ, ne pas donner suite aux rencontres. À bien y regarder, ces cas constituent des *formes d'évitement* malgré les apparences de courage.

Contrairement à ce qu'on imagine quand on n'a jamais pris de vacances en solo, on rencontre une foule de gens sur notre chemin avec qui échanger. Dix fois plus que quand on voyage à deux. Tout d'abord parce que ceux qui voyagent solo n'ont pas peur des autres. Ils ont l'habitude (ou la prennent) de faire appel aux autres pour obtenir de bons tuyaux. Ils aiment recueillir les impressions d'autrui quant à tel site, telle route, tel hébergement, tel restaurant... Avides de découvertes, ils n'ont pas pour but de trouver l'âme sœur en voyageant. En revanche, discuter avec des inconnus, manger avec eux ou partager un taxi, une visite ou une partie de pêche est au cœur de leur plaisir. **Paradoxalement, l'intérêt de voyager seul est de s'ouvrir aux autres et de se joindre à eux.** Justement parce qu'on ne les connaît pas encore et qu'ils vont contribuer à nous enrichir par leurs propres expériences.

Pour avoir parcouru une partie du monde depuis plus de 20 ans, seule ou accompagnée d'un conjoint ou d'amis, je peux vous rassurer sur une chose: on ne connaît pas la solitude en voyage solo. Et si c'est le cas, je peux avancer que nous l'avons voulu ainsi.

Personnellement, je ressens davantage de plaisir à bouger en solo, car j'expérimente une grande liberté et la sérénité due à des réflexions intérieures que cette dimension espace-temps m'offre.

Je me permets de vous rappeler qu'il n'est pas judicieux de partir seul, qui plus est à l'étranger, si vous craignez encore trop le contact humain. Cela sera un obstacle au bon déroulement de votre séjour et cela risque d'augmenter votre sentiment de solitude. Mais dès que vous vous sentez libre d'anxiété, n'hésitez pas à vous y engager. Commencez par un week-end, puis trois jours, puis cinq, puis une semaine au moins. Pour les séjours en pays de langue étrangère, partez avec un minimum de connaissances en anglais. Utilisez aussi un journal de bord daté pour y exprimer vos impressions et y noter vos actions.

Journal de bord

Dates	Applications «VOYAGES et SÉJOURS en SOLO» et vos impressions

S'il est ici recommandé de pouvoir se supporter tout seul à travers des activités en solo, cela ne veut pas dire qu'il faille *toujours* les faire seul, entendons-nous bien. Le programme d'entraînement à bien vivre la solitude veut cependant que l'on se réserve des moments volontaires en solo et qu'on refuse justement la compagnie systématique. Une fois le programme terminé (ce qui peut prendre un an), vous ne connaîtrez plus d'anxiété et vous vivrez ces situations avec le plus grand naturel et les rechercherez, même. Et ce… pour la vie!

La solitude n'est pas notre ennemie. À bien y réfléchir, ce qui nous crée le plus d'anxiété et nous vide de notre énergie, c'est de tenter chaque fois de la rejeter. Apprivoiser la solitude, c'est ne plus ressentir la souffrance mais une fabuleuse impression de pouvoir.

Conclusion

Deux choses peuvent empêcher notre évolution : le manque de conscience et le manque de responsabilité.

Comprendre ce qui détermine nos actions, nos intentions et nos buts, ainsi que nos valeurs, n'est possible que grâce à notre conscience. *Avoir un haut niveau de conscience* permet de faire un discernement entre notre monde intérieur (nos pensées, nos besoins, nos opinions, nos émotions) et le monde extérieur tel qu'il est. En adoptant ce haut degré de conscience, nous refusons de fermer les yeux sur des aspects de nous-mêmes et de la réalité. J'ose espérer que cet ouvrage y aura contribué. N'oublions pas cependant toutes les autres voies comme la méditation, la relaxation, les approches psychocorporelles et l'art...

Vivre de façon consciente rejoint un autre concept fondamental : *être responsable de soi*. C'est une composante essentielle de la confiance en soi tout comme elle en est la manifestation. Quel que soit notre vécu antérieur, l'adulte qui devient conscient, qui analyse et qui agit à propos est entièrement responsable de ses choix. Nous ne devons plus attendre qu'un tiers respecte nos besoins si nous n'en prenons pas la charge nous-mêmes. Il en est de même pour nos actes, pour nos comportements à l'égard de ceux qui nous environnent, pour nos valeurs profondes, pour le soin que nous nous apportons et le renforcement de notre estime personnelle.

Personne n'est responsable de notre bonheur, mis à part nous-mêmes.

La vie nous offre des occasions de rencontres peu ordinaires. L'anecdote suivante le montre.

Alors que mon mari et moi passions notre dernière soirée sur une petite île d'Indonésie, nous avons engagé la conversation avec deux voisines à peine installées dans le bungalow jouxtant le nôtre. Deux heures plus tard, nous continuions la discussion autour d'une table de restaurant. Chacun parlait de sa vie, de ses plaisirs, de son métier et de ses quelques expériences en tout genre. C'est ainsi que nous apprîmes que l'une d'entre elles était dentiste à Paris et collaborait avec un confrère qu'elle appréciait beaucoup. La soirée se termina tard. Nous avons échangé nos coordonnées afin de nous revoir à Paris. Trois semaines après notre retour, la femme dentiste m'appelait. Elle m'annonça une chose extraordinaire. Comme elle parlait de ses vacances avec son confrère, celui-ci avait reconnu qui était ce couple qu'elle avait rencontré à l'autre bout de la planète. Ça ne pouvait être qu'Alfred et Isabelle ! En effet, le hasard fait que ce dentiste est également notre ami !

Aussi incroyable qu'il puisse paraître, ce phénomène est fréquent. Je l'ai vécu dans de très nombreuses autres circonstances. Et encore récemment. Un formidable sentiment d'appartenir à une communauté humaine cohérente m'envahit chaque fois. C'est comme si des individus évoluaient sur le même sillon, à l'image d'un disque vinyle, et qu'à tout moment leur rencontre devait se produire. Aucune expérience de ce type ne pourrait se manifester s'il n'y avait pas, de part et d'autre, l'envie d'aller vers l'inconnu et une action dans ce sens.

On dit que le battement d'ailes d'un papillon qui changerait ainsi la stabilité de l'air peut produire, d'une conséquence à une autre, un effet météorologique impressionnant à l'autre bout du continent. L'analogie avec l'expérience humaine est réaliste. À partir d'une rencontre anodine et inattendue, notre vie peut prendre un tournant radical. À y regarder de près, ce que nous vivons actuellement est le fruit d'une somme de conséquences qui sont parties d'une rencontre (c'est par l'ami de l'ami que…). De plus, les autres contribuent sans aucun doute à notre réussite dans tous les domaines. À condition que nous sortions de notre coquille pour aller vers eux avec authenticité…

L'attitude mentale qui consiste à croire que « l'homme est un loup pour l'homme » ne peut que générer méfiance et distance. Elle est contraire à la nature de l'humain, génétiquement social. Elle est dangereuse à grande échelle et terriblement handicapante sur un plan individuel ; de nombreuses croyances irrationnelles comme celles-ci continuent de passer de génération en génération. Il ne tient qu'à nous de ne pas nourrir le processus et d'élever notre niveau de conscience afin que nos enfants vivent pleinement le bonheur du lien amical et social.

Regardons l'autre sans peur, mais avec amour et bienveillance. Ouvrons notre cœur avec des pensées chaleureuses. Pensons plus souvent que l'inconnu à côté de nous qui ne sourit pas, ne nous parle pas est peut-être, lui aussi, dans cette peur qui nous rend si misérables.

Aimer les autres, avoir de la compassion pour autrui, c'est bien. Le montrer, c'est mieux !

Bibliographie

ALBERONI, Francesco. *L'amitié,* Pocket Éditions, 1995. Titre original : *L'amicizia,* traduit de l'italien par Nelly Drusi, Garzànti Editore s.p.a., 1984.

ALBERT, Éric et Laurent CHNEIWEISS. *L'anxiété,* Paris, Éditions Odile Jacob, 1999.

ALBERTI, Robert E. et Michael LEMMONS. *S'affirmer. Savoir prendre sa place,* Montréal, Le Jour, éditeur, 1992. Titre original : *Your Perfect Right,* Impact Publishers, 1970.

ALESSANDRA, Tony. *Développer votre charisme,* Montréal, Les Éditions de l'Homme, 1999.

ANDRÉ, Christophe. *Vivre heureux. Psychologie du bonheur,* Paris, Éditions Odile Jacob, 2003.

ANDRÉ, Christophe et Patrick LEGERON. *La peur des autres. Trac, timidité et phobie sociale,* Paris, Éditions Odile Jacob, 1995.

ANDRÉ, Christophe et François LELORD. *L'estime de soi,* Paris, Éditions Odile Jacob, 1999.

AUGER, Lucien. *La démarche émotivo-rationnelle – Théorie et pratique,* Montréal, Éditions Ville-Marie - Éditions du CIM, 1986.

AUGER, Lucien. *S'aider soi-même. Une psychothérapie par la raison,* Montréal, Les Éditions de l'Homme, 1974, 2004.

AUGER, Lucien. *S'aider soi-même davantage,* Montréal, Éditions de l'Homme, 1993.

AUGER, Lucien. *Vaincre ses peurs,* Montréal, Éditions de l'Homme, 1977, 2004.

BECK, Aaron T. et coll. *Cognitive Therapy of Depression*, New York, The Guilford Press, 1979.

BECK, Aaron T. *Cognitive Therapy and the Emotional Disorders,* New York, International Universities Press, 1976.

BECK, Aaron T et Gary EMERY. *Anxiety disorders and phobias,* Basic Border, 1985.

BERNFIELD, Lynne. *Quand on peut, on veut,* Montréal, Le Jour, éditeur, 1994.

BERNIER, Diane. *La crise du Burnout,* Claire Vigne Éditrice, 1995.

BOISVERT, Jean-Marie et Madeleine BEAUDRY. *S'affirmer et communiquer,* Montréal, Les Éditions de l'Homme, 1995.

BOWER, Sharon et Gordon. *Asserting yourself : a practical guide for positive change,* Addison-Wesley, Reading, Mass., 1976.

BRACONNIER, Alain. *Le sexe des émotions,* Paris, Éditions Odile Jacob, 1996.

BRAIKER, Harriet B. *Ces gens qui veulent plaire à tout prix,* Montréal, Les Éditions de l'Homme, 2004. Titre original : *The Disease to Please,* McGraw-Hill, 2002.

BRANDEN, Nathaniel. *Les six clés de la confiance en soi,* Paris, Éditions J'ai lu, 1995. Titre original : *The six pillars of self-esteem,* New York, Bantam Books, 1994.

BRINSTER, Philippe. *La thérapie cognitive,* Paris, Marabout n° 3549, 1995.

CORRAZE, Jacques. *Les communications non verbales,* Paris, PUF, 1988.

COTTRAUX, Jean. *Les thérapies cognitives,* Paris, Retz, 1992.

D'ANSEMBOURG, Thomas. *Cessez d'être gentil, soyez vrai!,* Montréal, Les Éditions de l'Homme, 2001.

DEBRAY, Quentin et Daniel NOLLET. *Les personnalités pathologiques,* Paris, Masson, 2001.

De SAINT PAUL, Josiane. *Estime de soi, confiance en soi,* Paris, Inter-Editions, 1999.

DUCLOS, Germain. *L'estime de soi, passeport pour la vie,* Collection Parents, Montréal, les éditions de l'Hôpital Sainte-Justine, Université de Montréal, 2000.

ELLIS, Albert. *Dominez votre anxiété avant qu'elle ne vous domine,* Montréal, Les Éditions de l'Homme, 1999. Titre original : *How to control your anxiety before it controls you,* Birch Lane Press Book, 1998.

ELLIS, Albert. *Maîtrisez vos émotions,* Paris, Marabout, 1995. Titre original : *How to keep people from pushing your buttons,* Birch Lane Press Book, 1994.

ELLIS, Albert et Robert A. HARPER. *L'approche émotivo-rationnelle,* Montréal, Les Éditions de l'Homme, 1992.

EMMET, Rita. *Ces gens qui remettent tout à demain,* Montréal, Les Éditions de l'Homme, 2001. Titre original : *The Procrastinator's Handbook,* Walker Publishing Company, 2000.

ENGEL, Lewis et Tom FERGUSSON. *La culpabilité,* Montréal, Le Jour, éditeur, 1992. Titre original : *Imaginery Crimes,* Houghton Mifflin, 1990.

FANGET, Frédéric. *Affirmez-vous !,* Paris, Éditions Odile Jacob, 2000.

FANGET, Frédéric. *Oser ; Thérapie de la confiance en soi,* Paris, Éditions Odile Jacob, 2003.

FISCHER, Gustave-Nicolas. *La psychosociologie de l'espace,* Collection Que sais-je ?, Paris, PUF, 1981.

FRANKL, Victor. *Découvrir un sens à sa vie,* Montréal, Les Éditions de l'Homme, 1993. Titre original : *Man's search for meaning.*

GEORGES, Gisèle et Luis VERA. *La timidité chez l'enfant et l'adolescent,* Paris, Dunod, 1999.

GLASS, Lillian. *Comment s'entourer de gens extraordinaires,* Montréal, Les Éditions de l'Homme, 1998. Titre original : *Attracting Terrific People,* Saint Martin's Press, 1997.

GOLEMAN, Daniel. *L'intelligence émotionnelle,* Paris, Robert Laffont, 1997. Titre original : *Emotional intelligence,* New York, Bantam Books, 1995.

HAHUSSEAU, Stéphanie. *Comment ne pas se gâcher la vie,* Paris, Odile Jacob, 2003.

HALL, Edouard T. *La dimension cachée,* collection Point, Paris, Éditions du Seuil, 1971 ; Titre original : *The Hidden Dimension,* New York, Doubleday and C°, 1966.

JALENQUE, Isabelle, LACHAL, Christian et André-Julien COUDERT. *Les états anxieux chez l'enfant,* Paris, Masson, 1992.

JEFFERS, Susan. *Oser briser la glace,* Paris, Éditions Marabout, 2001.

JOULE, Robert-Vincent et Jean-Léon Beauvois. *Petit traité de manipulation à l'usage des honnêtes gens,* Collection Vies sociales, Presses Universitaires de Grenoble, 1987.

KAUFMAN, Barry Neil. *Le bonheur, c'est un choix,* Montréal, Le Jour, éditeur, 1993. Titre original : *Happiness is a choice,* Fawcett Columbine Book, 1991.

LELORD, François et Christophe ANDRÉ. *La force des émotions,* Paris, Éditions Odile Jacob, 2001.

LEVESQUE, Aline. *Guide de survie par l'estime de soi,* Saint-Hubert, Canada, Un monde différent, 2000.

MIRABEL-SARRON, Christine et Bernard RIVIÈRE. *Précis de thérapie cognitive,* Paris, Dunod, 1993.

MONBOURQUETTE, Jean, LADOUCEUR, Myrna et Jacqueline DESJARDINS-PROULX. *Je suis aimable, je suis capable : parcours pour l'estime de soi,* Ottawa, Novalis, 1996.

MONBOURQUETTE, Jean. *À chacun sa mission,* Ottawa, Novalis, 1999.

MONBOURQUETTE, Jean. *De l'estime de soi à l'estime du soi,* Ottawa, Novalis, 2002.

MONBOURQUETTE, Jean ; LADOUCEUR, Myrna et Isabelle D'ASPREMONT. *Stratégies pour développer l'estime de soi et l'estime du soi,* Ottawa, Novalis, 2003.

NAZARE-AGA, Isabelle. *Les manipulateurs sont parmi nous,* Montréal, Les Éditions de l'Homme, 2000, 2004.

NAZARE-AGA, Isabelle. *Les manipulateurs et l'amour,* Montréal, Les Éditions de l'Homme, 1997, 2004.

NOLLET, Daniel et Jacques THOMAS. *Dictionnaire de psychothérapie cognitive et comportementale,* Paris, Ellipses Éditions Marketing S.A., 2001.

PICKHARDT, Carl. *Développez l'estime de soi de votre enfant,* Montréal, Les Éditions de l'Homme, 2001. Titre original : *Keys to developing your child's self-esteem,* Barrons'Educational Séries, 2000.

RAMIREZ BASCO, Monica. *Y a-t-il des perfectionnistes heureux ?,* Montréal, Le Jour, éditeur, 2000. Titre original : *Never Good Enough,* The Free Press, 1999.

SALOMÉ, Jacques et Sylvie GALLAND. *Si je m'écoutais, je m'entendrais,* Montréal, Les Éditions de l'Homme, 1980, 2004.

SERVAN-SCHREIBER, David. *Guérir le stress, l'anxiété et la dépression sans médicaments ni psychanalyse,* Paris, Robert Laffont, 2003.

VAN RILLAER, Jacques. *La gestion de soi,* Liège, Éditions Mardaga, 1992.

VAN RILLAER, Jacques. *Peurs, angoisses et phobies,* Éditions Bernet-Danilo, 1997.

WALLON, Henri. *De l'acte à la pensée,* Paris, Flammarion, 1970.

WALLON, Henri. *Les origines du caractère chez l'enfant,* Paris, PUF, 1949.

WATSON, O.M. *Proxemic Behaviour,* Den Haag, Pays-Bas, Mouton, 1970.

WATZLAWICK, Paul. *Faites vous-même votre malheur,* Paris, Seuil, 1984.

WATZLAWICK, Paul. *Comment réussir à échouer,* Paris, Seuil, 1988.

WATZLAWICK, Paul, BEAVIN, J et Don D. JACKSON. *Une logique de la communication,* Paris, Seuil, 1972. Titre original: *Pragmatics of human communication,* New York, Norton and Company, inc, 1967.

YOUNG, Jeffrey E et Janet S. KLOSKO. *Je réinvente ma vie,* Montréal, Les Éditions de l'Homme, 1995, 2003. Titre original: *Reinventing your life,* Dutton, 1993.

ZILLER, R. C. *The social self,* New York, Pergamon, 1973.

ZIMBARDO, Philip G. *Comprendre la timidité,* Paris, InterEditions, 1979. Titre original: *Shyness. What it is, what to do about it,* Addison-Wesley, 1977.

Qualités que l'on peut découvrir chez soi

(je peux être une personne...)

Accueillante
Accessible
Aimante
À l'écoute
Amoureuse
Attentive
Avenante
Aimée
Appréciée
Affectueuse
Attentionnée
Accommodante
Agréable
Affable
Bonne
Bonne écoute
Bonne communication
Bien élevée
Brave
Bienfaisante
Capable de s'adapter
Charitable
Compréhensive
Compatissante
Conciliante
Consolatrice
Courtoise
Cordiale
Coopérative
Dévouée
Disponible

Empathique
Fidèle
Généreuse
Gentille
Hospitalière
Indulgente
Maternelle
Ouverte
Participative
Paternelle
Polie
Présente
Qui est à l'aise
Qui a du tact
Rassurante
Réconfortante
Respectée
Respectueuse
Solidaire
Sociable
Serviable
Souriante
Sympathique
Tolérante
Tendre

Authentique
Confiante
Équitable
Explicite
Franche

Honnête
Intègre
Juste
Loyale
Sincère
Solide
Saine
Vraie

Charmante
Calme
Délicieuse
Discrète
Docile
Douce
Délicate
Flexible
Humble
Intérieure
Modeste
Pacifique
Paisible
Patiente
Prudente
Reconnaissante
Romantique
Réservée
Sensible
Sentimentale
Souple
Tranquille

Active
Amusante
Aventurière
Chaleureuse
Contente
Comique
Détendue
Dynamique
Enthousiaste
Empressée
Enjouée
Fraternelle
Gaie
Humoristique
Joyeuse
Libérée
Libre
Naturelle
Optimiste
Plaisante
Pétillante
Rayonnante
Riante
Spontanée
Stimulante
Taquine
Vivante
Vive

Adroite
Artistique
Créatrice
Cordon bleu
Drôle
Éloquente
Expressive
Imaginative
Innovatrice
Intuitive
Inventive
Novatrice
Originale

Observatrice
Qui a de l'imagination
Surprenante
Talentueuse

Ambitieuse
Adéquate
Assidue
Appliquée
Audacieuse
Assurée
Astucieuse
Autonome
Capable de…
Concise
Compétente
Constante
Concrète
Consciencieuse
Curieuse
Courageuse
Cohérente
Convaincante
Convaincue
Débrouillarde
Diplomate
Désireuse
Disciplinée
Diligente
Déterminée
Économe
Exemplaire
Experte
Entreprenante
Érudite
Excellente
Efficace
Fiable
Ferme
Fonceuse
Flexible
Intellectuelle

Intelligente
Intéressée
Indépendante
Influente
Informée
Innovatrice
Laborieuse
Leader
Logique
Méthodique
Minutieuse
Motivée
Obéissante
Ordonnée
Organisée
Organisatrice
Patiente
Perfectionniste
Persévérante
Pédagogue
Persistante
Perspicace
Ponctuelle
Persuasive
Pleine de ressources
Pratique
Précise
Prévoyante
Qui a osé…
Qui comprend vite
Qui a de l'esprit
   (sens de la repartie)
Qui va de l'avant
Qui a le sens pratique
Rigoureuse
Qui s'est bien exprimée
Qui apprend vite
Qui a du bon sens
Qui décide rapidement
Réactive
Réfléchie
Renseignée

Reposée
Savante
Sérieuse
Soigneuse
Structurée
Stable
Studieuse
Synthétique
Travailleuse
Tenace

Admirable
Adorable
Agile
Articulée
Athlétique
Attirante
Attrayante
Belle
Brillante
Désirable
Éblouissante
Éclatante
Élégante
Endurante
Énergique
Équilibrée
Gracieuse
Grande
Harmonieuse
Jolie
Magnifique

Merveilleuse
Propre
Qui a un fin palais
Radieuse
Raffinée
Ravissante
Remarquable
Suave
Séduisante
Sexy
Splendide
Sportive
Sublime

Apaisante
Clairvoyante
Chanceuse
Chaste
Comblée
Capable de lâcher prise
Digne
Éveillée
Éclairée
Émerveillée
Élogieuse
Extraordinaire
Fière
Fine
Heureuse
Heroïque
Honorable
Importante

Inimitable
Incomparable
Inébranlable
Intense
Intime
Lumineuse
Louable
Libératrice
Magnanime
Majestueuse
Miséricordieuse
Nourrissante
Posée
Pondérée
Positive
Profonde
Protectrice
Philosophe
Prophétique
Pure
Raisonnable
Réaliste
Relaxe
Religieuse
Sage
Sainte
Sereine
Simple
Spirituelle
Sobre
Unique
Vénérable

Adjectifs qualifiant des émotions et des sentiments

PEUR	COLÈRE	TRISTESSE	JOIE
angoissé	mécontent	déprimé	en forme
timide	fâché	désespéré	heureux
troublé	furieux	découragé	gai
émotif	contrarié	abattu	enthousiaste
anxieux	amer	apathique	libre
coupable	énervé	honteux	agréable
démuni	renfrogné	ennuyé	ravi
paniqué	révolté	blessé	optimiste
effrayé	hystérique	vaincu	amoureux
perdu	provoqué	vidé	chanceux
plein			
d'appréhension	insatisfait	humilié	affectueux
agité	rancunier	nostalgique	intense
inhibé	choqué	malheureux	joyeux
timoré	frustré	léthargique	aimé
confus	bougon	fatigué	passionné
désorienté	critique	dégoûté	tendre
craintif	hostile	honteux	confortable
faible	jaloux	détaché	en harmonie
nerveux	envieux	embarrassé	amical
défensif	mesquin	rejeté	merveilleux
chancelant	trompé	triste	chaleureux
tendu	sous pression	inadéquat	amical
pessimiste	suffisant	isolé	en communion
incertain	déplaisant	négligé	exubérant
coincé	excité	désolé	bon
seul	trahi	affligé	plein d'espoir
humble	détesté	mal à l'aise	reconnaissant
	dur	sot	allègre

COLÈRE	TRISTESSE	JOIE
agacé	laid	en sympathie
rebelle	inintéressant	décontracté
impatient	stupide	satisfait
	incompétent	excité
		détendu
		intéressé
		calme
		réceptif
		tranquille
		ambitieux
		sécurisé
		confiant
		imaginatif

ÉCHELLE DE ROSENBERG

(Traduction de O. CHAMBON 1992)

Indiquez la réponse qui vous semble correcte pour chacune des 10 affirmations suivantes, selon que vous soyez : fortement en accord, en accord, en désaccord, ou fortement en désaccord.

Faites particulièrement attention à l'affirmation n° 8 (*note d'Isabelle Nazare-Aga*).

La cotation à utiliser est la suivante :

1 = fortement en accord
2 = en accord
3 = en désaccord
4 = fortement en désaccord

1. Dans l'ensemble, je suis satisfait de moi . . . . _2_ _3_
2.* Parfois je pense que je ne vaux rien. . . . . _3_ _3_
3. Je pense que j'ai un certain nombre de bonnes qualités . . . . . . _1_ _4_
4. Je suis capable de faire les choses aussi bien
   que la plupart des gens. . . . . _1_ _4_
5.* Je sens qu'il n'y a pas grand-chose en moi dont
   je puisse être fier . . . . _4_ _4_
6.* Parfois, je me sens réellement inutile . . . . _4_ _4_
7. Je pense que je suis quelqu'un de valable, au moins
   autant que les autres gens . . . . _1_ _4_
8.* J'aimerais pouvoir avoir plus de respect pour moi-même . . . . . _3_ _3_
9.* Tout bien considéré, j'ai tendance à penser
   que je suis un(e) raté(e) . . . . _4_ _4_
10. J'ai une opinion positive de moi-même . . . . _2_ _3_

Total. . . . . ____ _36_

Ne remplir cette case qu'après la correction

Date :

Correction de l'échelle de Rosenberg

Procédure de correction:

Inverser les chiffres obtenus aux éléments 1, 3, 4, 7, et 10, là où il n'y a **pas** d'astérisque, de la façon suivante:

1 devient 4
2 devient 3
3 devient 2
4 devient 1

Puis, vous ajoutez ces notes au total des notes des éléments 2, 5, 6, 8, 9.

Inscrivez maintenant le total dans la case prévue à cet effet.

Le résultat obtenu correspond à une note d'estime de soi.

Résultat:

Score de 10 à 16: estime de soi *basse*
Score de 17 à 33: estime de soi *moyenne*
Score de 34 à 40: *haute* estime de soi

Table des matières

Troisième partie
Reprendre confiance en soi

Quatrième partie
Que faire de sa solitude ?

Achevé d'imprimer au Canada
en septembre 2004
sur les presses des Imprimeries Transcontinental Inc.